Martin Tamcke

Christen in der
islamischen Welt

Von Mohammed bis zur Gegenwart

Verlag C. H. Beck

Mit 12 Abbildungen und 1 Karte

Originalausgabe

© Verlag C. H. Beck oHG, München 2008
Gesamtherstellung: Druckerei C. H. Beck, Nördlingen
Umschlagentwurf: +malsy, Willich
Umschlagbild: Eine orthodoxe Kirche
vor dem Felsendom in Jerusalem.
Photo: Mikkel Ostergaard/VISUM
ISBN 978 3 406 56819 0

www.beck.de

Inhalt

Vorwort 7
Einleitung 13

I. Der Islam und das Christentum 20

Mohammed und der Koran 21
Zwischen Toleranz und Demütigung: Schutzverträge 24
Die Konversion zum Islam 33
Vermittler der griechischen Kultur 37
Die «Minderheitenpsyche» 41
Die frühislamische Zeit: Der Fall Qatar 48

II. Christliche Völker im Orient 62

Armenier 66
Kopten und Nubier 71
Melkiten – Rum-Orthodoxe – Christliche Araber 75
Syrer – Westsyrer – Jakobiten – Aramäer 79
Maroniten 85
Ostsyrer – Nestorianer – Assyrer – Chaldäer 87
Die protestantische Mission 91

III. Interreligiöse Dialoge 94

Mittelalter: Sieben Fragen an Patriarch Johannan I. 97
Zeit der Mission: Eine Debatte in der Zeitschrift
«Balkan» 103
Vor dem Ersten Weltkrieg: Das religiöse Gespräch
als Ritual 112
1994: Ein Religionsdisput in Geiselhaft 117

IV. «Fünfte Kolonne des Westens» oder
«Motor der Modernisierung»? 122

Erwartungen und Enttäuschungen des Westens 123
Napoleon und das Beispiel Ägypten 126
Emanzipation und Nationalismus 132
Christliche Autoren in der modernen arabischen
Literatur 136
Die Sicht der Anderen: Bat Yeor und Prinz Hassan 143
Engagement vor Ort oder Auswanderung? 147

V. Zur gegenwärtigen Lage der Christen im Orient 152

Irak und Iran 154
Libanon 167
Türkei 171
Äthiopien 180
Ägypten 182

Karte zum christlichen Orient 184

Christen in der islamischen Welt: Ein Überblick 186

Anmerkungen 189

Literaturhinweise 200

Bildnachweis 201

Personenregister 202

Vorwort

Ein Buch unter dem anspruchsvollen und umfassenden Titel «Christen in der islamischen Welt» hätte ich, wenn überhaupt, erst in einigen Jahren geschrieben. Christliche und muslimische Freunde aus dem Orient aber haben mich angehalten, es schon jetzt zu tun. Das freundliche Drängen des Verlages tat ein Übriges. So verdankt sich das Buch wesentlich den Menschen aus der islamischen Welt, die seit Jahren meine wissenschaftliche Arbeit begleiten: Kollegen an den islamisch-theologischen Fakultäten ebenso wie Repräsentanten und kirchliche Würdenträger der orientalischen Christenheit. Ohne die Verbundenheit, die zwischen meinen Partnern und mir wuchs, hätten sich meine Interessen nicht so gebildet wie durch sie und mit ihnen.

Die Diskussionen vor Ort waren und sind oft schwierig – gerade, wenn wir uns menschlich verstanden und verstehen. Wie kann einer zum Völkermord an den Armeniern forschen und zugleich mit türkischen Muslimen, die den Völkermord leugnen, wissenschaftlich kooperieren? Befremden löste das sowohl hier in Deutschland als auch bei manchen Vortragsveranstaltungen in der Türkei aus. Einfacher wäre es da zweifellos, sich nur der weniger umstrittenen Geschichte zu widmen und die Gegenwart auszublenden. Doch selbst wo das erklärter Vorsatz bei wissenschaftlichen Veranstaltungen war, ergaben sich schwierige Situationen. Bei einer Einladung zu einer interreligiösen Sommeruniversität einer kirchlichen Einrichtung in Norddeutschland lautete der Auftrag, dass die miteinander auf dem Podium sitzenden Referenten – ein Jude, ein Muslim und ein Christ – jeweils über die Verletzungen berichten sollten, die ihrer Religion von den anderen Religionen in der Geschichte zugefügt wurden. Beim jüdischen Referenten war das nicht schwer. Alle Welt weiß, was in Deutschland in der Mitte des 20. Jahrhunderts den Juden widerfuhr, aber auch von Pogromen in Spanien oder Russland. Alle Welt sah auch, was Juden von Muslimen widerfahren konnte in der islamischen Welt, nicht erst in der Folge des Nahostkonflikts. Auch die eher beiläufig eingebrachten Hinweise des muslimischen Referenten auf Kreuzzüge, Kolonialherrschaft und Bedrückung der Palästinenser lösten weder bei Juden noch Christen großen Widerspruch aus; das gehört heute ebenfalls zum anerkannten Wissensstand einsichtiger Menschen weltweit. Problematisch wurde es erst, als auf den Völkermord an Armeniern und syrischen Christen, die unhaltbare Lage der Christen im Süden des Sudan und auf die so genannte Knabenlese auf dem Balkan hingewiesen wurde. Es kostete die Veranstalter Kraft und Einsatz, die aufgebrachten muslimischen Zuhörer davon zu überzeugen, die Veranstaltung nicht zu verlassen. Einen zweiten Versuch wagte man seitdem nicht mehr, und aufgrund der mittlerweile geführten Terrorismusdiskussionen mag das auch verständlich sein. Wie aber kann Verständigung erreicht werden, wenn sich beide Seiten nicht auch in ihrem jeweiligen Versagen wahrnehmen? Wie können die einen auszusprechen lernen, was von den anderen tabuisiert wird? Oder wie können die anderen verstehen, dass das Zulassen eigenen Versagens nicht eine Entehrung darstellt, sondern ein wesentlicher Schritt dahin ist, den Beitrag der eigenen Religion zur «Humanisierung» des Menschen zu stärken?

Ich kann nicht behaupten, für diese schwierigen Themen Lösungen gefunden zu haben. Nur so viel will ich beanspruchen: mich mit muslimischen und christlichen Gesprächspartnern im Orient auf Gespräche eingelassen zu haben, deren Ziel es war und ist, einen verstehenden Zugang zu schaffen zu Bereichen, die ansonsten ausgeblendet würden. Dass ich in Teheran ebenso lehren durfte wie in Damaskus, in Aleppo und Beirut, in Kaslik ebenso wie in Kairo, das schätze ich als großes Glück. Ich bin mir bewusst, dass dieser vor Ort geerdete Dialog nie einfach war für meine Partner, weder für die christlichen noch für die muslimischen. Ich musste selbst erst immer wieder neu wahrnehmen lernen, welchen Gesetzmäßigkeiten die Gespräche unterliegen, was erlaubt und was unerwünscht ist, manchmal auch durch die Gegenprobe. Den islamisch-theologischen Fakultäten, die sich auf feste Kooperationen mit meinem Institut eingelassen haben, bin ich dankbar für eine oftmals überwältigende Gastfreundschaft, für den Mut zu Dialogseminaren zwischen christlichen und islamischen Theologiestudenten und zur Begegnung mit den Christen vor Ort, deren Beteiligung am Dialog unerlässlich ist – wenngleich auch der Weg oft lang ist, den es für die Christen dort zurückzulegen gilt, um sich frei zu äußern. (Der Weg für türkische Partner etwa zu vorurteilsfreien Diskussionen zum Völkermord an den Armeniern ist nicht kürzer.) In diesen Diskussionsprozessen waren auch die religiösen Migranten hilfreich, jene Christen, die aus diesen Ländern flohen und uns nun in der einen oder anderen Weise im Dialog begleiteten. Jedes Jahr gehen jetzt Studierende von Göttingen nach Damaskus, Beirut, Istanbul, Sakarya, Kairo und an andere Orte, um dort Arabisch oder Syrisch zu lernen, um dort Theologie zu studieren und die Situation der Christen unter den Bedingungen der islamischen Welt sozusagen aus der beobachtenden Teilnahme kennenzulernen. Es gehen aber auch junge Menschen an islamisch-theologische Fakultäten, um dort als christliche Theologiestudenten im steten Kontakt zu den Christen vor Ort ihre Perspektive in die Wirklichkeit islamischen Theologietreibens einzubringen. Und es kommen junge Muslime nach Göttingen, um christliche Theologie zu studieren und sich mit ihren christlichen Mitstudenten auszutauschen. In der Regel standen in Deutschland für all diese Interaktionen keine oder nur sehr dürftige staatliche Mittel zur Verfügung; daran hat sich bis jetzt nichts geändert, und daran wird sich wohl leider auch in Zukunft wenig ändern. So war und ist Eigeninitiative und Großzügigkeit seitens der christlich-orientalischen und muslimischen Gastgeber gefragt.

Mein Dank darf aber nicht ausbleiben an jene, die mir Freunde und Wegbegleiter waren. Sie hier alle aufzuzählen musste ich auf ausdrücklichen Wunsch einiger unterlassen, die fürchteten, ihnen könnten dadurch Nachteile in ihrer Heimat entstehen. Doch waren Bischöfe ebenso hilfreich wie Professoren, halfen Gespräche mit Papst Schenouda III., dem Oberhaupt der koptisch-orthodoxen Christenheit weltweit, ebenso zu besserem Verstehen, wie die mit dem Scheich Tentawi von der Großen Moschee von Al-Azhar oder dem damaligen iranischen Staatspräsidenten Mohammed Chatami sowie mit der gerade aus dem Amt geschiedenen irakischen Ministerin für Migrationsfragen, Pascale Ischo Warda, die in Göttingen in Begegnungen und einer öffentlichen Vorlesung eine Lanze brach für einen offenen Irak, der danach so schnell unmöglich zu werden schien. Ich habe für Einladungen der syrischen, der iranischen, der ägyptischen wie der armenischen Regierung zu danken. Kirchenführer in Syrien, der Türkei, dem Libanon beherbergten mich und stellten sich dem Gespräch. Ich durfte mich in Klöstern im Libanon, in Syrien und in der Türkei ebenso aufhalten wie mancherorts in religiösen Stiftungen der Muslime, wo ich in wenigen Fällen gar Menschen begegnet bin, die sich als islamische Fundamentalisten zu erkennen gaben und etwa politisch als Muslimbrüder in Ägypten wirken. Besonders nahe gegangen sind mir meine Aufenthalte in den Dörfern in entlegenen Gegenden des Vorderen Orients – auch die manchmal ganz realen, leibhaftigen Erfahrungen, wenn ich mir Flöhe eingefangen habe oder den Schwächen meines Körpers Tribut entrichten musste und so die Unzulänglichkeiten eines europäischen Schreibtischwissenschaftlers kostete. Und natürlich hatte und habe ich Kontakte zu christlichen Missionen, die als ihr einziges Ziel die Missionierung von Muslimen betrachten. Über sie bekam ich Kontakt zu den Gemeinden ehemaliger Muslime, die zum Christentum übergetreten waren. Und auch die Säkularisten, die es so offiziell in einer religiös fraktionierten Welt nicht wirklich gibt, stellten mir ihre Sicht zur Verfügung, um auch aus ihr auf die islamische Welt zu schauen.

Ihnen allen, die meine Arbeit im und am Orient seit 32 Jahren mittragen, bin ich herzlich dankbar. Es wäre schön, wenn man diesem Buch anmerkte, dass es einer geschrieben hat, der zwar in diesem Bereich forscht und dazu in der Regel mit Texten umgeht, aber dessen Forschen doch mehr als nur unterfüttert wird von den Begegnungen vor Ort. Ohne sie käme mir alles Forschen wie Trockenschwimmen vor.

All diese gegenwärtigen Interaktionen bilden den aktuellen Hintergrund für das, was in diesem Buch versucht wird: einen Blick zu werfen auf Geschichte und Gegenwart der Christen in der islamischen Welt. Dazu bin ich weder als Menschenrechtler ausgewiesen noch als politisch Verantwortlicher, ich bin nicht einmal hauptberuflicher Orientalist. Ich freue mich aber, dass ich immer wieder eingeladen werde, in diesen Bereichen mitzuwirken. Solche Nachfrage nach meinem Arbeitsfeld hat sich hoffentlich als Elementarisierung historischer Perspektiven niedergeschlagen, ohne Komplexität zu leugnen, ohne nur Bekanntes zu wiederholen, ohne um des lieben Friedens willen einzuebnen, ohne in Aufgeregtheiten zu verfallen. Es sei ausdrücklich gesagt, dass dieses Buch nicht geschrieben wurde als eine bewusste Anklage oder gar als Rechtfertigung für bestimmte Sichtweisen schwieriger Entwicklungen in der Geschichte. Vielleicht kann hier und da Geschichte aus sich selbst heraus sprechen. Vielleicht können Texte und Beispiele etwas von der Wirklichkeit einer numerischen Minorität vermitteln, die sich sonst kaum adäquat zu Wort melden kann. Dann hätte das Buch sein Ziel erreicht: die Sensibilisierung für das wichtigste Feld, für den Umgang der Muslime mit der einzigen noch quantitativ bedeutenden anderen Weltreligion in der islamischen Welt. Hier wird sich erweisen, ob sich die islamische Welt auf offene und partnerschaftlich gleichwertige Multireligiosität hin zu entwickeln vermag oder nicht. Dass hier nicht nur die islamische Welt zu lernen hat, versteht sich von selbst angesichts der Tatsache, dass auch das europäische Christentum erst mühsam den Weg zur kritischen Selbstreflexion finden musste, ehe es sich diese als seine Errungenschaft meinte auf die Fahnen schreiben zu dürfen.

Es ist übrigens nicht schwer, Lücken in diesem Buch zu finden. Selbst Themen, denen ich seit Jahren mit Leidenschaft nachgehe, fanden zuweilen nicht einmal Erwähnung.[1] So etwas wie Vollständigkeit wird man hier noch weniger erwarten dürfen als anderswo – wie sollte auch auf so kleinem Raum die Vielfalt der christlichen Kirchen, Völker und Kulturen in diesen geografischen Dimensionen über beinahe 1500 Jahre auch nur annähernd «erschöpfend» behandelt werden? Das Ziel ist ein anderes: Es möchte einen Zugang schaffen zum Verständnis der Christen im Orient, etwas von den spezifischen Bedingungen und Verhältnissen, Möglichkeiten und Grenzen christlichen Lebens unter muslimischer Herrschaft vermitteln. Angesichts der Forschungssituation bleibt dies ein gewagtes Unternehmen, weil derzeit weltweit intensiv auf die Christen im Orient geschaut wird. Sie sind längst so etwas wie ein Fieberthermometer für die tatsächliche Befindlichkeit im Inneren der islamischen Welt.

Der enge Rahmen zwang zur manchmal auch schmerzhaften Auswahl. (Auf die Auseinandersetzung mit der Forschung musste daher fast gänzlich verzichtet werden.) Dies gilt auch für die Anmerkungen, die so knapp wie möglich gehalten werden sollten. Dennoch hoffe ich, genügend Hinweise gegeben zu haben, damit interessierte Leser grundlegende und weiterführende Literatur finden können. Alle Zitate sind der gültigen Rechtschreibung angepasst. Bei der schwierigen Frage der Transkription fiel die Entscheidung schließlich gegen eine wissenschaftliche Umschrift zugunsten einer pragmatischen Lösung, die unter Verzicht auf diakritische Zeichen eine mögliche Ausspracheform der Namen und Begriffe aus den verschiedenen Sprachen anbietet.

Einleitung

Im Gefolge des Islam- und Orientbooms haben die Ereignisse der letzten Jahre im Vorderen Orient das Interesse an den dort lebenden Christen, den Nachfahren der einstigen Mehrheitsbevölkerung, neu belebt. Als Amerikaner, Briten und ihre Verbündeten 2003 im Irak einmarschierten, gehörte in dessen zu stürzendes Regime ein Christ als zweiter Mann im Staat. Als 2006 israelische Bomben auf den Libanon fielen, um die Hisbollah zu bekämpfen, trafen sie, wenn sie die Verkehrsverbindungen der Hauptstadt Beirut in den Norden zerstörten, den Lebensnerv auch der das Land führend mitgestaltenden Christen. Seit die Türkei um ihren Beitritt zur Europäischen Union nachsucht, intensiviert sich die Diskussion um den Völkermord an den Armeniern. Als 1979 die Islamische Revolution im Iran die Amerikaner aus dem Land trieb, mussten auch angesehene Institutionen wie die Anstalten der Christoffel-Blindenmission in Isfahan ihre Tore schließen.

So zeugt schon der Blick auf die neuere politische Situation des Orients einerseits von der Schicksalsgemeinschaft der orientalischen Christen mit der muslimischen Mehrheitsbevölkerung, andererseits von ihrer gefährdeten Lage. Der Vordere Orient wurde im 20. Jahrhundert zunehmend islamisiert. Die Juden, einst in allen Ländern der Region mit bedeutenden Minderheiten vertreten, haben die meisten Länder fast vollständig verlassen. Die Bahai sind in vielen islamischen Ländern verboten oder unter massivem Druck. Auch die Situation der Christen ist gekennzeichnet von der Abwanderung aus der Region. Noch aber sind sie die Vertreter der letzten großen Weltreligion außerhalb des Islam, die von der einstigen multireligiösen Wirklichkeit dieser Region zeugen. Noch Jahrhunderte nach der islamischen Eroberung stellten sie in vielen Regionen wenn nicht gar die Bevölkerungsmehrheit, so doch einen erheblichen Prozentsatz der Bevölkerung. Der religiösen Verkümmerung des Vorderen Orients, der Reduktion auf die Angehörigen nur noch einer der Weltreligionen, stehen in den Ländern des muslimischen Herrschaftsbereiches nur noch die Christen als öffnender Faktor entgegen, der zu allen Bestrebungen, die auf religiöse Engführung zielen, in Widerspruch geraten muss.

Natürlich gibt es Berührungen zwischen Juden und Christen, was die Bedingungen für die Koexistenz in der islamischen Welt betrifft.[2] Doch die Christen haben in vieler Hinsicht andere Grundvoraussetzungen als die Juden. Sie waren konfessionell in verschiedene Kirchen gespalten, die zumeist zugleich Ethnien repräsentierten. Nur die Kirche in Persien, im Sassanidenreich, hatte schon jahrhundertlange Erfahrungen mit fremdreligiöser Herrschaft. Sie, die Kirche des Ostens, wie sie sich selbst nennt, reagierte besonders früh auf die neuen Umstände. Auch die Kirchen der sich von der Reichskirche emanzipierenden Völker der Syrer, Armenier und Kopten verfügten freilich über Erfahrungen mit einer Herrschaft, die sie unterdrückte und bedrängte. Diese Bedrücker aber waren Angehörige der eigenen Weltreligion in einer etwas anderen Spielart: die Byzantiner. Diese fanden sich auch knapp zweihundert Jahre nach dem Zerbrechen der kirchlichen Einheit nicht mit der Aufsplitterung der Kirche ab. Da alle theologischen Verständigungsversuche scheiterten, verfolgten sie die im Orient sich von der Reichskirche emanzipierenden Kirchen und Völker mit staatlicher Gewalt. Die theologischen Streitigkeiten, die zum Bruch der kirchlichen Einheit im Orient geführt hatten, hielten noch bis in die Zeit der islamischen Eroberung an, und selbst dann waren sie nicht beendet, nicht einmal in der griechischsprachigen Reichskirche der Byzantiner selbst. Organisatorisch verfügten diese Kirchen über feste Strukturen, die auch nach der Eroberung bestehen blieben.

Sprachlich unterschied sich die jeweilige Mehrheit in diesen Kirchen von den Eroberern – Kopten, Syrer, Armenier, Nubier oder Griechen pflegten ihre je eigene Sprache. Nur ein Teil der Christen Arabiens war arabischsprachig. Theologische Diskurse fanden auf der Arabischen Halbinsel in vorislamischer Zeit vorrangig auf Syrisch statt, gewissermaßen das Latein des Ostens. Bis heute zeichnen sich vor allem die autochthonen Kirchen vor den anderen Kirchen der Christen in der islamischen Welt dadurch aus, dass sie die alten Sprachen als Liturgiesprachen weiter verwenden und die eigene Sprache zu modernen Verkehrssprachen fortentwickelt haben. Dies gilt besonders für das Armenische, das Ost- und Westsyrische, während das Koptische ebenso wie das Griechische aufgegeben wurde zugunsten des Arabischen; das Nubische ging unter.

Wer erstmalig mit der bisweilen irritierenden Vielfalt des orientalischen Christentums in Kontakt kommt, der wird auch die verschiedenen Bezeichnungen für die christlichen Völker und ihre Kirchen verwirrend finden. Und das nicht zu Unrecht. Hier sind etwa für die syrischsprachige Christenheit mehrere Bezeichnungen in Gebrauch, die jeweils unterschiedlich motiviert sind und in den seltensten Fällen die Zustimmung der syrischen Christen selbst finden. Am neutralsten ist noch die Unterscheidung zwischen West- und Ostsyrern, wobei der Euphrat als Trennungslinie fungiert; allerdings gibt es beispielsweise auch ostsyrische Jakobiten. Die Bezeichnungen «Jakobiten» bzw. «Nestorianer» sind konfessionspolemisch, «Aramäer» bzw. «Assyrer» primär politisch gemeint. Als «Chaldäer» bezeichnet man heute die mit Rom unierten Ostsyrer oder «Nestorianer». Bis heute gibt es leider keine akzeptierte Selbstbezeichnung, die diese Namensvielfalt vereinfachen würde.

Die Verbindung von Konfession und Sprache weist bereits auf das entscheidende Moment für das Christsein in den autochthonen Kirchen in der islamischen Welt hin: In den kirchlichen Traditionen manifestieren sich eben auch die jeweiligen Ethnien. Noch heute kämpfen zahlreiche Armenier und Syrer leidenschaftlich dafür, nicht als Araber gesehen zu werden. Sie sehen sich als die seit Jahrtausenden in der Region lebenden Völker, die von den Arabern zwar erobert, nicht aber assimiliert wurden. Demgegenüber betonen besonders die Nachfahren der einstigen byzantinischen Staatskirche im Vorderen Orient oft vehement, dass das Arabische ihre Sprache und auch ihre ethnische Identität sei. Parallel zum zahlenmäßigen Niedergang der Christen im Orient, die noch bis ins 11. Jahrhundert vielerorts die Mehrheit stellten, erfolgte sprachlich der Wechsel zum Arabischen. Während die Angehörigen der Kirche des Ostens und diejenigen der alten byzantinischen Staatskirche, soweit sie sich auf dem Boden der islamischen Herrschaft befanden, bereits relativ früh das Arabische verwandten, bedienten sich zuletzt alle Konfessionen des Arabischen und verschafften sich und ihrer Tradition damit in mancher Hinsicht Eingang in die entstehende islamische Kultur. Die Sprachen, die neben dem Arabischen in der islamischen Welt gesprochen wurden – Urdu, Türkisch, Persisch –, wurden von den orientalischen Christen hingegen kaum genutzt, es sei denn, ihr zahlenmäßiger Niedergang zwang sie dazu.

Noch ein Wort zum Verständnis des hier verwendeten Begriffs «islamische Welt». Darunter könnte man die Muslime in aller Welt verstehen. Man könnte sich dann auch die Lage der Christen in muslimisch dominierten Stadtteilen in der westlichen Diaspora anschauen oder die der katholischen Kroaten und orthodoxen Serben in den seit dem Zerfall Jugoslawiens muslimisch dominierten Teilen Bosniens oder die Lage der Christen in islamisch dominierten Teilen nichtislamischer Länder, etwa im Süden Thailands, auf den Philippinen oder im Nordwesten Chinas. Aber dies sind eben Sonderfälle. Die militant ausgetragenen Konflikte in Südthailand und im Süden der Philippinen erklären sich auch aus der besonderen Minderheitssituation der Muslime dort. Sie können daher natürlich nicht als Beispiele herangezogen werden für die Konditionen, die islamisch dominierte Regionen den Christen zur Koexistenz bieten. Auch die massiven Konflikte zwischen Christen und Muslimen in Indonesien gelten heute als in erster Linie ethnische Konflikte, denen der religiöse lediglich folgt.

Man könnte den Ausdruck «islamische Welt» auch so verstehen, dass der Blick historisch auch auf all jene Länder geworfen wird, die einmal in der Geschichte von Muslimen beherrscht wurden. Dazu würden dann nicht nur etwa Indien und der Nordwesten Chinas gehören, sondern auch die Ukraine, Rumänien, Bulgarien, Makedonien, Serbien, Griechenland, Spanien, Sizilien, Zypern. Diesen Blick üben zahlreiche Arbeiten ein, die aus historischer Sicht an dem Verhältnis interessiert sind, das etwa die Länder Westeuropas zum Osmanischen Reich hatten. Oft genug kommen solche Arbeiten leider daher, als wäre aus diesen historischen Konstellationen direkt etwas für die Gegenwart und das Verhältnis der beiden Weltreligionen zu folgern. Derlei oft durchweg aus Gegenwartsinteressen konstruierte Wolkenkuckucksheime, die der zerklüfteten Historie Europas nicht gerecht werden und ihr auch

nicht gerecht werden wollen, sind wenig hilfreich für die Wahrnehmung der Wirklichkeit von Christen innerhalb der islamischen
Welt. Sie leben von dem Bild, das in der Geschichte vom Islam ent-
worfen wurde, oder von den Wirkungen dieses Bildes auf die europäischen Kulturen. Der schon seit Jahrzehnten umstrittene Begriff
vom «christlichen Abendland» wurde früh gerade auch von Theologen zurückgewiesen, etwa von Albert Schweitzer mit Blick auf
das Vorgehen der deutschen Truppen in Afrika, systematisch-
reflektiert dann vom Dogmatiker und Historiker Gerhard Ebeling,
der mit Recht darauf hinwies, man könne zum Beispiel vom mittel-
alterlichen Europa allenfalls von einem christianisierten, nicht aber
von einem christlichen Europa sprechen. Hier entpuppen sich historische Darstellungen zuweilen als Träger ideologischer Positionen und decken ungewollt mehr die Partizipation von Historikern
an der Macht und am Machterhalt auf, als dass sie der oft recht
komplizierten historischen Wirklichkeit zum Recht verhelfen.
Wenn etwa anhand von Regionen wie Spanien mit Blick auf die
Muslime und von Sizilien mit Blick auf die Christen Randregionen
zu Zentren religiöser Begegnung erhoben und dabei das Harmo-
nische der Koexistenz der beiden Weltreligionen hervorgehoben
wird, oder wenn vorgeführt wird, wie Muslime im Umfeld Fried-
richs II. weiter ihren Glauben ausüben durften und umgekehrt
Christen respektiert wurden im islamischen Spanien, so ist das eben
in diesen beiden Fällen nur ein Teil der Wirklichkeit, auch wenn
ihm vielleicht seine Stimulanz für die Gegenwart nicht abgespro-
chen werden kann. Für die gegenwärtigen Diskussionen mag es
auch aufgrund der durch die Muslime in die europäischen Gesellschaften getragenen Veränderungen sinnvoll sein, solche Sonderfälle ins Gedächtnis zu rufen, um mit Ideen wie der vom
Euro-Islam umgehen zu können. Ein in den durchschnittlichen
Rechtsschulen des Islam geschulter Muslim, der eine durchschnitt-
liche theologische Grundbildung genossen hat, wird diese Beispiele
kaum als richtungsweisend für seine Zukunftsvisionen akzeptieren
können und wollen.

Vielleicht kann dieses Buch verständlich machen, warum die Ge-
genüberstellung «Christentum versus Islam» (die mit «Christentum» die Position des durch die Aufklärung gegangenen Christen-

tums der meisten europäischen Länder meint und mit «Westen» oder «Okzident» gleichsetzt) sich angesichts der Wirklichkeit des Orients als falsch erweist. Bei allen Einflüssen des Westens auf Teile des orientalischen Christentums ist der Orient zunächst eben die Heimatregion des Christentums. Dass es sich in Europa dann so hat inkulturieren können und diesen Kulturraum über Jahrhunderte zumindest äußerlich prägte, kann nicht darüber hinwegtäuschen, dass in Gestalt der orientalischen Christen eine geografisch an den Ursprüngen des Christentums gewachsene «Variante» dieser Weltreligion vor Augen steht, die weithin in ihren Standards und Sitten typisch für ihre Region ist. Ein Blick auf die Auseinandersetzung mit dem Westen in einem Teil der orientalischen Christenheit fördert eine erhellende Einsicht zutage: dass nämlich christlich-orientalische Autoren sehr ähnliche Bilder vom Westen entwerfen wie ihre muslimischen Mitbewohner der Region. Gerade wo sich die orientalische Christenheit herausgefordert fühlt – etwa durch westliche Missionen oder «Sekten» –, greifen oft dieselben Instrumente der Abwehr, die ihre muslimische Umwelt ihnen gegenüber zuweilen verwendet.

So konzentriert sich dieses Buch auf jene Länder, die heute als Kernländer der islamischen Welt betrachtet werden können. Hier wird also pragmatisch verfahren: Wo immer orientalische Christen in einer vom Islam dominierten Gesellschaft leben, da ist «islamische Welt», mögen nun europäische oder muslimische Betrachter dies akzeptieren oder nicht. Es geht ja um die äußeren Lebensbedingungen und die innere Wahrnehmung dieser Angehörigen des Christentums, nicht aber um einen muslimisch-theologisch möglichst korrekt zu verstehenden Begriff oder eine europäisch-kulturwissenschaftlich möglichst korrekte Zuschreibung. Es geht um den «Normalfall» christlich-islamischer Koexistenz. Angemessen ist diese pragmatische Lösung deshalb, weil sie erfahrene und erfahrbare Wirklichkeit erfasst. Gerade dieser Ausgangspunkt dürfte Wesentliches enthalten und auch für die von anderen Ausgangspunkten her bestimmten Definitionen und Sichtweisen wichtige Ergänzungen bieten.

Natürlich ist auch der hier veranschlagte «Normalfall» eine Fiktion, zumal in einer Region, die sich seit Jahrhunderten, wenn nicht seit Jahrtausenden (Bibel und Koran legen dafür auf ihre Weise beredtes Zeugnis ab) keines dauerhaften Friedens erfreuen konnte. Wer die islamische Welt so betrachtet, als sei der Terrorismus ihr Normalfall, weil er etwas Typisches offenbare, oder aber einen Mogul wie Akbar und die friedliebenden, oft mystischen Traditionen zum Herzen des Islam erklärt, weil da islamische Religiosität in ihrer wahren Gestalt zum Tragen komme, der verzerrt von vornherein das Bild. Freilich wäre es auch bedenklich, wenn einer dieser Aspekte einfach ausgeschlossen würde, wie manche religiösen Apologeten es hinsichtlich des Terrorismus und manche rechtschaffenen muslimischen Theologen es im Blick auf die Mystiker tun. Beide Aspekte gehören zu der komplexen Wirklichkeit dessen, was islamische Welt sein kann, beschreiben sie aber gerade nicht in ihrer Komplexität.

I. Der Islam und das Christentum

In wenigen Jahrzehnten des 7. Jahrhunderts eroberten die Araber die alten Stätten der Christenheit. Hier lag die Wiege des christlichen Mönchtums in Ägypten, Syrien und Palästina, hier wuchsen die großen Schulen theologischen Denkens in Alexandria und Antiochia heran, hier, wo heute der Muezzin zum Gebet ruft, befand sich im heutigen Tunesien die Heimat Augustins. Selbst die Stätten in Jerusalem, die sich wie keine anderen mit dem Leiden und Sterben Jesu Christi verbinden, waren nun in muslimischer Hand.

Die Sieger zwangen nach der Eroberung den Besiegten ihre Religion nicht auf. Es dauerte oft Jahrhunderte, ehe das Christentum dort begriff, dass die Niederlage eine endgültige war und jede Hoffnung auf gleichberechtigte Koexistenz oder gar auf Restitution der christlichen Herrschaft eine Illusion. Die Niederlage sollte sich auch über die Jahrhunderte der politischen Dominanz des Westens hinaus als endgültig erweisen. Wenn auch in Modifikationen, so musste doch das Christentum dort lernen, den Rahmen der islamischen Welt als den für das eigene Überleben allein maßgeblichen zu akzeptieren. Der Weg, auf dem sich das Christentum auf den immer dominanter werdenden Islam einstellte und dem immer stärkeren Druck zur Konversion zum Islam zu widerstehen suchte, führte letztlich in die Massenabwanderung der orientalischen Christen in unserer Zeit. Weniger denn je können Christen ihre Zukunft in der muslimisch-orientalischen Welt und deren politischen Systemen sehen. Selbst Länder, in denen sie zeitweilig mit den Muslimen vor dem Gesetz gleichgestellt waren, degradieren nun die Christen wieder zu Menschen zweiter Klasse in muslimisch bestimmten Staats- und Gesellschaftsstrukturen. Die Stellung der orientalischen Christen lässt sich nur verstehen aufgrund der Rahmenbedingungen, die ihnen fortan gesetzt waren.

Mohammed und der Koran

Was das Verhältnis des Islam zum Christentum angeht, so berufen sich islamische Gelehrte zunächst auf den Koran und die sich anschließende Auslegungstradition.[1] Wenigstens kurz seien darum einige Anmerkungen zum Befund im Koran gemacht, wenngleich dessen literarische Genese im Blick auf seine Wahrnehmung des Christentums bis heute noch nicht abschließend überzeugend analysiert wurde. Immerhin mehren sich nicht ohne Grund Versuche, ihn nicht nur als Antwort auf das zeitgenössische Judentum, sondern auch als Antwort auf das Christentum in der Zeit von Mohammed (ca. 570–632) zu lesen. Daraus aber kann man heute noch keine oder höchstens recht hypothetische Rückschlüsse auf die christlich-islamische Interaktion ziehen.

Fest steht, dass ein Teil der Zuhörerschaft, der zunächst die Verkündigung des Korans in Arabisch galt, arabischsprachige Christen waren. Im Verhältnis zu Tora und Evangelium verstand sich der Koran als erhärtende Schrift in Arabisch im Blick auf die vorangehenden göttlichen Offenbarungen (Sure 46,12.30). Wenn aber die, die die Botschaft des Korans hörten, im Zweifel seien über den Inhalt der zu ihnen herabgesandten Botschaft, so sollten sie die fragen, die vor ihnen die Schrift gelesen hatten (Suren 10,94; 21,7). Im Koran wird bei den Hörern eine Vertrautheit mit den wichtigsten Geschichten und Figuren des Alten und Neuen Testaments vorausgesetzt. Zugleich geht er von einem deutlichen Wissen um christliche und jüdische religiöse Praxis und Lehre aus. Das «Volk der Schrift», Christen und Juden, wird vor Übertreibungen und vor dem Verfehlen des rechten Weges gewarnt. Der Koran erweist sich hier auch als Kritik am christlichen Glauben und seiner religiösen Praxis.

Die Kritik hatte ihre Spitze besonders in der Lehre. Jesus, der Sohn der Maria, sei nur ein Gesandter Gottes, nicht aber Gottes Sohn. Daher fordert der Koran die Christen gezielt auf, an Gott und seinen Gesandten zu glauben. Ausdrücklich werden die Christen ermahnt, nicht «drei» zu sagen: Von der Trinität gelte es abzulassen (Suren 4,171; 5,73), das sei besser für die Christen. Gott sei

Christen suchen den Propheten Mohammed auf, der als Flamme dargestellt ist (Buchmalerei Kaschmir, 19. Jh.). Bei der muslimischen Eroberung wurden den anfänglich geachteten Christen durch Schutzverträge erniedrigende Bestimmungen aufgezwungen, die sie zur Konversion bewegen sollten. Wirksam wurden dann besonders die scharfen, ablehnenden Passagen des Korans: «Kämpfet wider jene von denen, welchen die Schrift gegeben ward, die nicht glauben an Allah und an den Jüngsten Tag und nicht verwehren, was Allah und Sein Gesandter verwehrt haben, und nicht bekennen das Bekenntnis der Wahrheit, bis sie den Tribut aus der Hand gedemütigt entrichten.» (Sure 9,29)

nur ein einiger Gott. Dass er einen Sohn haben solle, sei fern seiner Heiligkeit. Gottes sei, was im Himmel und auf der Erde sei, er genüge als Beschützer. Auch hier zeigt der Koran seine christentumskritische Perspektive: Er weist Christologie und Trinität in ihren für die Christen wesentlichen Gehalten zurück und lehrt einen seiner Göttlichkeit enteigneten Christus. Mit der Lehre von der Gottheit Jesu Christi hätten die Christen die Lehre verfälscht und einen Teil dessen vergessen, womit sie ermahnt worden waren: Wer sich zur Gottheit Christi bekenne, der sei gewiss ungläubig (Suren 2,116; 5,72; 9,30). Damit brächen die Christen die von ihnen bereits akzeptierte Verpflichtung, Strafe wird angedroht. Gerade aufgrund der Kritik an der Göttlichkeit Christi kann schlicht festgestellt werden: «Unser Gott und euer Gott ist ein einiger Gott» (Sure 29,46). Mohammed aber sei bereits von Abraham und Jesus vorausgesagt worden. Ausdrücklich stellt der Koran die Christen als dem Islam besonders nahe stehend heraus. Das sei so, weil es bei ihnen Priester und Mönche gebe und sie nicht hochmütig seien. Ihnen als Rechtschaffenen werde Gott als Belohnung Gärten mit Bächen zukommen lassen, in denen sie ewig weilen werden (Sure 5,65 f.82–85).

Die Einwände der Christen gegen die göttliche Sendung Mohammeds beweisen den Muslimen, wie hartnäckig sich Christen der Botschaft des Propheten verweigern. Man mag ihnen mit allen möglichen Zeichen kommen, sie würden dennoch nicht der Botschaft folgen, sondern die Verheißungen exklusiv für sich reklamieren und zur Bekehrung zu ihrer Religion einladen (Sure 2,111). Doch solch ein Anspruch stehe allein dem Islam zu. Dem sei aufgetragen, die Christen wegen ihres Unglaubens und ihrer Verstocktheit zu bekämpfen, bis zu ihrer vollständigen Unterwerfung. Das Ziel dabei müsse sein, sie so zu stellen, dass sie zuletzt von dem, was sie besitzen, «Tribut […] gedemütigt entrichten» (Sure 9,29).

Da aber die Christen, deren geringe Zahl auf der Arabischen Halbinsel sie zunächst nicht als ernsthafte Gefahr erscheinen ließ, halsstarrig bei ihren eigenen religiösen Überzeugungen blieben, rüstete Mohammed 629 zu dem (schließlich fehlschlagenden) Feldzug gegen sie in Nordarabien. Nun steigerte sich die Verbitterung, und es wurde zur Unterwerfung aller Nicht-Muslime aufgerufen.

Ein neuer und erfolgreicher Waffengang gegen die Christen erfolgte 630/31. Gezielt wurden nun die christlichen Herrschaftsgebiete im Norden und Süden angegriffen. Zwar hatten die Christen eigentlich aufgrund ihrer guten Taten nichts zu befürchten, und es galt der Grundsatz «Es gibt keinen Zwang im Glauben» (Sure 2,256), doch setzte sich schlussendlich durch, dass sie zu bekämpfen und zu erniedrigen waren. Sie wurden in die Haltung der Erniedrigung gedrängt und mussten für ihr Leben in ihrer Religion zahlen. So wurden sie zu Abhängigen, zu Schutzbürgern (Dhimmi). Wirksam wurden in erster Linie oft nicht die wenigen anerkennenden Passagen des Korans zum Christentum, sondern die teilweise äußerst negativen Formulierungen, die zu rechtfertigen schienen, dass das Christentum eine zu degradierende Form von Religion darstelle (vgl. Suren 3,71; 5,51.57; 9,29 f.).

Zwischen Toleranz und Demütigung: Schutzverträge

Die meisten, die der Botschaft des Korans in dessen geografischer Keimzelle begegneten, waren ursprünglich syrischsprachig, genauer: Sie sprachen die dem Syrischen verwandte ältere aramäische Sprachvariante. Syrisch war die dominierende Kirchensprache der arabischen Region und wurde von Melkiten, Jakobiten und Nestorianern gesprochen. Das Verhältnis der frühen Muslime besonders zu den alteingesessenen Christen auf der Arabischen Halbinsel ist historisch schwer zu erhellen. Klar ist, dass sich syrische Christen bis ins hohe Mittelalter und in Einzelfällen noch darüber hinaus – etwa auf der vorgelagerten Insel Sokotra – auf der Halbinsel befanden. Historisch kann als erwiesen gelten, dass die Mohammed beigelegten Aussprüche, die die Ausweisung der Juden und Christen befohlen haben sollen, um die Halbinsel ganz den Muslimen zu überlassen, dem Propheten nicht anzulasten sind. Das gilt auch für die Forderung der Vertreibung der christlichen Bevölkerung aus der Handelsstadt Nadschran und die Parole, dass nicht zwei Religionen im Land der Araber existieren könnten. Die muslimische Überlieferung selbst ist hierin uneinig, geht davon aus, dass nur die nicht durch Schutzverträge geschützten Christen betroffen gewesen seien, oder zieht die Grenzen Arabiens in unterschiedlicher Weise. Faktum aber ist, dass es eine juden- und christenfreie Halbinsel zu keiner Zeit gegeben hat und auch heute nicht gibt. Die historische Fiktion wird allerdings aus inneren Gründen in der muslimischen Tradition oft bis heute aufrechterhalten.

Die meisten muslimischen Berichte zur Verständigung der Christen von Nadschran mit Mohammed sind von späteren Legenden, Fabeln und Verzerrungen überformt.[2] Nadschran, eine Oasenstadt, die heute in Saudi-Arabien liegt, bis 1934 aber zum Jemen gehörte, war ein wichtiger Handelsknotenpunkt. Hier siedelte sich seit dem 4. Jahrhundert ostsyrisches Christentum an, im 5. Jahrhundert auch äthiopisches Christentum (beide in Spannungen zur jüdischen Herrschaft), und vor allem westsyrisches Christentum unter Leitung eines Bischofs. Zu Anfang des 6. Jahrhunderts war es hier zu Christenverfolgungen gekommen, die auch die Christen im Reich der Himjariten erfassten. Die schrecklichen Metzeleien führten infolge eines äthiopisch-byzantinischen Feldzuges zum Neuaufbau der Kirchen und des Christentums im Bereich des heutigen Jemen; es entstand auch die große Kathedrale in Sana. In der zweiten Hälfte des 6. Jahrhunderts gliederten schließlich die Sassaniden das Gebiet als Provinz in ihr Reich ein, ehe deren Statthalter 628 den Islam annahm. Noch in der zweiten Hälfte des 9. Jahrhunderts ist ein ostsyrischer Bischof in der Region des Jemen nachgewiesen, und es sind christliche Familien belegt.

Die Christen von Nadschran nun entsandten eine vermutlich politisch-wirtschaftliche Delegation zu Mohammed. Das überlieferte Geschehen ist nicht mehr eindeutig historisch zu rekonstruieren. Ein möglicher Ablauf nimmt seinen Anfang bei einem christologischen Streitgespräch zwischen den Nadschranern und Mohammed. Es sei dabei besonders um die Beschaffenheit der gottmenschlichen Natur Jesu gestritten worden, wobei Mohammed Verse der Sure 3 ins Feld geführt habe; darauf hätten sich die Christen geschlagen geben müssen. Doch auch die erneute Aufforderung Mohammeds, die Christen sollten sich zum Islam bekehren, habe nicht verfangen. Damit seien sie dem Gericht verfallen: ihnen drohte die Tötung. Sie hätten aber Aufschub erbeten, um sich zu beraten. In den Beratungen sei ein Ausgleich gefunden worden, schließlich sei Mohammed aber doch umgestimmt worden: jeder blieb bei seinem Glauben. Die Christen hätten sich bereit erklärt, ein Vertragsverhältnis einzugehen. Darin seien ihre Rechte und Pflichten, dies besonders in Gestalt finanzieller Verpflichtungen, bestimmt worden.

Der Vertrag wurde tatsächlich wirksam. Er wurde unter dem ersten Kalifen Abu Bakr 634 erneuert, von dessen Nachfolger Omar schließlich 640 aufgekündigt. Obwohl Omar die Nadschraner auswies, sicherte er ihnen Schutz und Hilfe der Muslime zu. Eine historische Überlieferung weiß von Nadschranern, die, statt gemäß Vertrag Christen zu bleiben, zum Islam konvertiert waren (um der Ausweisung zu entgehen), dann aber wieder zum Christentum zurückgekehrt seien. Sie seien dann in die Gegend des heutigen Irak gezogen, wo ihnen brachliegendes Land zur Bewirtschaftung überlassen worden sei. Sie hätten sogar das Zugeständnis genossen, zwei Jahre von der Kopfsteuer befreit zu sein.

Die heute erhaltenen Formen des Vertrages sind spätere Ausgestaltungen, die aber nicht in Abrede stellen, dass tatsächlich ein Vertrag bestand. Ausdrücklich werden die Christen darin vor Beleidigungen geschützt und nicht erniedrigt, nur Wucherzins nehmende Christen sind ausgenommen. Eindeutig belegen auch spätere Varianten des Vertragstextes noch die Zusage, dass kein Bischof aus seinem Bischofssitz versetzt werde, kein Mönch sein Kloster verlassen müsse und kein Priester seiner Gemeinde verlustig gehe.

Wie sich die Geschichte der Christen dieser Region unter islamischer Herrschaft dann konkret gestaltete, ist heute ebenso wenig auszumachen wie die Umstände ihres Unterganges irgendwann nach dem 9. Jahrhundert. Dieser Blick auf eines der zentralen Gebiete der Arabischen Halbinsel zeigt aber schon, wie sich Muslime und Christen in der Anfangszeit ihrer Koexistenz zu verständigen suchten und wie dann schließlich doch die Christen wichen. Sie verschwanden allerdings nachweislich nicht aufgrund eines Befehls Omars, wie die Legendenbildung von muslimischer Seite dann später geltend machte.

Eine Vielzahl von so genannten Schutzverträgen parallel zu dem für Nadschran bildete bereits seit dem 7. Jahrhundert den rechtlichen Rahmen für die Fortexistenz des Christentums in der islamischen Welt.[3] Die Deutung der Schutzverträge ist bis heute strittig. So meint man etwa, sie hätten zur Abgrenzung der Muslime von den Christen gedient, die in den eroberten Ländern (Ägypten, Syrien, Palästina) noch lange die Mehrheit stellten. Oder, so eine andere Meinung, sie enthielten den Aufruf zur Konversion vom Christentum zum Islam: Im Zusammenleben mit den Muslimen sollten die Christen von den Vorzügen des islamischen Glaubens und Gesetzes überzeugt werden. Andererseits wurde schon früh ein Widerspruch zwischen der universalen Mission des Islam und diesen Schutzverträgen empfunden. Schließlich gelten sie besonders im innermuslimischen Diskurs als deutlich sichtbare Zeugen für das, was in Anlehnung an die intellektuellen Traditionen Europas und der europäisierten Welt als Toleranz verstanden wird.

Wie auch immer: Die Verträge, die etwa mit der christlichen Bevölkerung Nadschrans oder mit dem Taglib-Stamm in Nordmesopotamien, mit den Mardaiten bei Antiochien oder mit der lahmidischen Metropole Hira, mit den syrischen Metropolen Raqqa, Edessa, Damaskus, Baalbek und Emesa abgeschlossen wurden, aber auch mit Jerusalem, Dwin, Armenien, Ägypten und Nubien, regelten die Grundlinien des Miteinanders von Christen und Muslimen. Sie erhoben nicht den Anspruch, das Leben in all seinen Feinheiten zu regeln und zu bestimmen, vielmehr ließen sie Spielraum für die alltägliche Gestaltung.

Das zentrale literarische Dokument ist das so genannte Omar-Abkommen, von dem sich mehrere, zumeist kurze Versionen erhalten haben. Der ausführlichste Text beruft sich für seine Überlieferungsvariante auf einen 687 gestorbenen Autor. Die Christen hätten da dem Kalifen Omar nach der Eroberung Syriens einen Brief geschrieben, in dem sie ihn um die Garantie ihrer Sicherheit baten. Dafür verpflichteten sie sich, keine Kirchen, Klöster oder Einsiedeleien zu bauen, baufällige Gebäude von Christen in muslimischen Vierteln nicht zu restaurieren, Muslime jederzeit zu beherbergen, keinen Spionen Asyl zu gewähren, den Muslimen nichts zu verheimlichen, was diesen schaden könnte, den christlichen Kindern nicht den Koran zu lehren, Kulthandlungen nicht öffentlich zu zeigen, den Übertritt zum Islam nicht zu behindern, auf Sattel und Waffen zu verzichten, besondere Kleidung zu ihrer Kennzeichnung zu tragen, keinen Alkohol zu verkaufen und kein lautes Glockengeläut ertönen zu lassen.

Der Brief wirft viele Fragen auf. Ist es nicht unwahrscheinlich, dass Christen sich selbst eine solch demütigende Regelung auferlegten? Da keine konkreten Orte genannt werden, auch keine Stämme, wurde gemutmaßt, es handele sich um ein Muster für die Abkommen zwischen den Muslimen und ihren christlichen Schutzbefohlenen, das die wichtigsten Bestimmungen zusammenfasst und für das auf die Autorität Omars zurückgegriffen wurde, um es zu einer Grundlage für die Rechtsprechung machen zu können. Allerdings weisen nur wenige Varianten dieses Textes die am stärksten demütigende Belastung für die Christen aus: die Abgaben. Keiner der anderen uns bekannten Verträge enthält so viele erniedrigende Bestimmungen wie dieser. Wieder gehen die Lösungsvorschläge für die Erklärung dieses Abkommens in der Wissenschaft weit auseinander. Ist es ein Muster, das im 9. Jahrhundert als Schulübung für Rechtsgelehrte entstanden ist, oder aber ein Vertrag des Kalifen Omar II. (reg. 717–720), der für seine strengen Maßnahmen gegen die Christen bekannt war?[4] Sachlich hätten dessen Schritte zumindest Vorbild für den Text sein können, denn christliche Autoren berichten tatsächlich in dieser Weise vom Kalifen und seinen Maßnahmen. Arabische Autoren, die um den religiösen Dialog bemüht sind, lassen es sich angelegen sein, die Bedeutung dieser Texte herunterzuspielen. Prinz Hassan von Jordanien etwa meint, die entehrenden Bestimmungen seien so nicht wirklich zur Ausführung gekommen.[5] Doch da unterscheiden sich die kollektiven Erinnerungen der marginalisierten Christen in den islamischen Staaten deutlich von denen der muslimischen Mehrheit. Das ist an sich nicht nur im Orient so, aber für das Erfassen der Wirklichkeit kann hier die Sicht der Minderheit nicht einfach ignoriert werden, und wenn es um die Rahmenbedingungen christlicher Existenz im Haus des Islam geht, dann zeugen diese Texte nur zu genau von der sozialen Wirklichkeit der Christen im Herrschaftsbereich der Muslime.

Das Spektrum ähnlicher Bestimmungen ist groß. Es musste markierte Kleidung mit Gürtel getragen werden, Häuser durften prinzipiell nicht höher gebaut werden als die der Muslime, Glocken durften nicht geläutet werden, die Heiligen Schriften und Texte über Jesus durften nicht laut gelesen, Kreuze nicht gezeigt werden, in der Öffentlichkeit durfte kein Wein getrunken werden und Schweine durften nicht sichtbar sein, die Toten waren still zu begraben, Pferde waren nicht zu besteigen, sondern nur Maulesel und Esel, es durften nur hölzerne, nicht lederne Sättel benutzt werden. Auch ein honiggelbes Kopftuch oder einen gelben Turban zu tragen konnte den Christen verbindlich vorgeschrieben werden; mit einem gelben Schleier hatten die christlichen Frauen sich zu verdecken, an den Türen mussten Dämonenfiguren angebracht werden. Bei Bruch des Abkommens oder dieser Vorschriften drohte Hinrichtung.[6] Solche vertraglichen Verpflichtungen wurden Ausdruck der Niederhaltung der christlichen Schutzbürger in der islamischen Welt. Demütigung als Druckmittel zur Annahme des Islam wurde zum erklärten Ziel dieser Texte. Damit verloren sie das in ihnen enthaltene Toleranzpotential.

In diesen Rahmenbedingungen spielte sich ab, was den Christen an Religionsfreiheit zugestanden wurde. Fest steht, dass ein Christ, der zum Islam übertrat und dann wieder Christ wurde, hinzurichten war. So erging es dem heiligen Elias in Damaskus; tragisch auch der Fall des heiligen Bachus, der Sohn einer christlichen Mutter und eines muslimischen Vater war und sich in Jerusalem nach dem Tod des Vaters taufen ließ: Er wurde in Ägypten hingerichtet. Die Liste der als Märtyrer in den orientalischen Kirchen verehrten Bekenner ist lang und wird bis heute liturgisch wach gehalten. Stets gebührte dem Muslim der Vorrang vor dem Christen. In den Augen der muslimischen Autoren handelt es sich bei dem Schutzvertragssystem, das in Form des Milletsystems in der Türkei noch bis ins 20. Jahrhundert galt, primär darum, dass die Christen als Bürger zweiter Klasse den Muslimen nicht als Beute schutzlos ausgeliefert wurden. Doch dies als islamische Toleranz zu preisen wäre verfehlt und anachronistisch.

Die Folgen für die Christen waren massiv: Sie wurden zu Fremden in ihren Heimatländern, die Eroberer aber eigneten sich das Land als das ihre an. Schlimmer noch wirkte das System auf Dauer auf die Psyche der orthodoxen Christen des Orients. Wehrlosigkeit und Erniedrigung – mit dem Effekt der Verwundbarkeit einhergehend – reduzierten christlich-orientalische Existenz auf ein labiles und vom Geld abhängiges Überleben. Die Schutzbürger nahmen sich zusehends als minderwertige Menschen wahr, und partiell akzeptierten sie sich als solche. Dann schlüpften sie in die ihnen vorgegebene Rolle, erkannten von sich aus den Bereich des ihnen Erlaubten an. Solche psychologische Konditionierung beeinflusste alle Aspekte des Lebens und formte Verhalten, Erscheinungsbild und Selbstwertgefühl des Schutzbürgers.[7] Die ursprünglich in ihrer Zeit und ihrem Kontext durchaus beachtenswerte Ordnung der Schutzverträge fand keine progressive, sondern nur eine regressive Fortschreibung und führte schließlich in die fast ausschließliche Verwendung als für den Staat finanziell attraktives Repressionsinstrument.

Im Osmanischen Reich erwuchs aus der Vielzahl der Überlieferung zu Schutzverträgen das Milletsystem.[8] In einer Millet (von arab. *milla* «Religion») sind die anerkannten Religionsgruppen zusammengefasst; außerhalb ihrer gab es keinerlei Rechtssicherheit. Bei den Christen bedeutete diese nun mehr oder weniger flächendeckende Struktur, dass für die jeweils anerkannte Religionsgruppe das Oberhaupt in Istanbul zu sein hatte und damit in der Nähe zum Hof des Sultans und Kalifen. Die Eigenständigkeit der auf der Stufe zweitklassiger Bürger des Reiches zusammengefassten jeweiligen Gruppe bezog sich vorrangig auf die Rechtsprechung und die Anerkennung ihrer ohnehin schon vorhandenen kirchlichen Verwaltung. Im Gegenzug unterlagen die in den Millets zusammengefassten Gruppen einer erhöhten Steuer.

Die Zusammenfassung in Millets nahm auf die historisch gewachsenen Strukturen der christlichen Ethnien keine Rücksicht. In allen Millets wurden die angestammten liturgischen Sprachen gepflegt, die zur Zeit der Herrschaftsübernahme der Osmanen noch in Gebrauch waren: Griechisch, Armenisch, Ost- und Westsyrisch, Arabisch wurden dabei zugleich als Verkehrssprachen genutzt, Koptisch aber nur noch als Liturgiesprache. Zunächst blieben nur zwei Millets bestehen, die eine vom ökumenischen, die andere vom armenischen Patriarchen von Konstantinopel geleitet. Die Osmanen und späterhin die Türken lehnen jedoch bis heute die angestammte Bezeichnung «ökumenisch», die den internationalen Ehrenvorrang des Patriarchen innerhalb der orthodoxen Kirchenfamilie betont, nicht nur ab, sie schufen vielmehr mit dem armenischen Patriarchat bewusst ein Gegengewicht in der Hauptstadt. Der ökumenische Patriarch versammelte in seiner Millet neben den Patriarchaten Antiochia, Alexandria und Jerusalem auch die ihre kirchliche Eigenständigkeit einbüßenden Völker des Balkans: Bulgaren, Serben, Albaner, Rumänen, Griechen. Das Patriarchat der Armenier hingegen war für alle Kirchen der orientalischen Orthodoxie zuständig, also für die Syrisch-Orthodoxe Kirche, die Armenische Apostolische Kirche, die Koptisch-Orthodoxe Kirche. Nicht wirklich Bestandteil des Milletsystems war die «nestorianische» Kirche des Ostens, die in das kurdische Stammessystem fest integriert war und ebenso autonom agieren konnte wie die kurdischen Herrscher der Region.

Diese künstliche Struktur zerfiel aufgrund der realen historischen, ethnischen und kulturellen Voraussetzungen im Laufe der Jahrhunderte wieder in die alten ethnisch-religiösen, dann auch nationalen Einheiten. Die im anfänglichen Milletsystem nicht erfassten Denominationen strebten zunehmend nach ihrer Verselbständigung als eigene Millet. So entstanden die jeweils an die sprachlichen und ethnischen Merkmale einer Gruppe sich angliedernden Millets der mit Rom unierten Kirchen, aber auch die ebenfalls aus den verschiedenen Gruppen erwachsenen protestantischen Millets. Ende des 19. Jahrhunderts erhielt auch die Syrische-Orthodoxe Kirche den Status einer Millet.

Die zeitweilig enormen Finanzforderungen an die Millets sicherten dem Staat eine seiner wichtigsten Einnahmequellen. Die Folgen des Systems waren von erheblicher sozialer Bedeutung. Nach wie vor waren die Christen schutzlos, das Waffentragen war ihnen verboten. Obwohl ein erheblicher Teil der Bevölkerung besonders Kleinasiens weiterhin christlich war, konnten Christen nur sehr eingeschränkt in höhere Verwaltungspositionen des Staates aufsteigen und waren, wenn es ihnen dennoch gelang, stets besonders gefährdet. Konversion bedeutete da einen geringeren Verlust an Finanzen, verhieß aber auch soziale Integration. Während die Millets kaum verhindern konnten, dass immer wieder Christen zum Islam konvertierten – durch Heirat oder um persönlich vorteilhafter leben zu können –, war eine Rückkehr ins Christentum an sich ebenso wenig möglich wie der Übertritt eines Muslim zum Christentum. Fälle wie der des türkischen Verwaltungsbeamten Ibrahim waren selten: Er hatte sich 1671 heimlich taufen lassen und war 1693 in Venedig in den Dominikanerorden eingetreten. Freilich nahmen Konversionen vom Islam zum Christentum tendenziell zu, je mehr sich die religiöse Grundstrukturierung des Osmanischen Reiches auflöste.

Infolge der wachsenden wirtschaftlichen Not des Osmanischen Reiches gerieten die Angehörigen der Millets in entfernteren Provinzen immer stärker unter Druck durch Übergriffe einer chronisch unterfinanzierten Verwaltung und der sich parallel dazu etablierenden Strukturen. Der (wieder) erwachende Nationalgedanke der einzelnen religiös strukturierten Völker machte sich in den Millets zuweilen noch stärker als in den großen muslimischen Gruppen der Mehrheitsgesellschaft bemerkbar. So lösten sich die Länder des Balkans aus dem osmanischen Vielvölkerstaat heraus, es organisierten sich aber beispielsweise auch armenische Parteien. Ereignisse wie die massiven Übergriffe rivalisierender kurdischer Führer auf die Kirche des Ostens in der Mitte des 19. Jahrhunderts, die Massakrierung syrisch-maronitischer Christen in Syrien 1860, schließlich die erste massive Verfolgungswelle gegen die Armenier 1895/96 riefen die europäischen Mächte auf den Plan. Denen war freilich erst in zweiter Linie am Wohlergehen der christlichen Völker im niedergehenden Osmanischen Reich gelegen, zuvörderst rangen sie um ihre jeweiligen Einflusssphären, was zuweilen einherging mit offen erkennbaren Strategien zur Annexion osmanischer Gebiete. Die Russen übernahmen zusehends die Aufgabe einer besonderen Schutzmacht für die Orthodoxen, die Franzosen traten ein für die mit Rom unierten Kirchen, besonders die Maroniten, die Engländer verbanden sich besonders mit Armeniern und Syrern, aber auch den nichtchristlichen Drusen. Die Verwandlung der Millets in nationale Größen vollzog sich äußerlich aus der Sicht der muslimischen Herrschaft als Wandel einer religiösen in eine nationale Einheit, innerlich freilich war der Nationalgedanke in den meisten Millets, besonders in denen der so genannten «orientalischen Nationalkirchen» stets vorhanden gewesen.

Die Konversion zum Islam

Übertritte zum Islam stellten und stellen die zentrale Herausforderung der Zurückbleibenden dar. In den meisten Kirchen entwickelten sich Lieder und einprägsame Texte, die auf Konversionen Bezug nehmen und die Gläubigen teilhaben lassen an einer kollektiven Trauer der vom Übertretenden Zurückgelassenen. Als Beispiel der Bewältigung solcher Übertritte kann ein Lied aus dem ostsyrischen Gesangbuch des Giwargis Warda (13. Jh.) dienen, das sich seit Jahrhunderten in den ostsyrischen liturgischen Feiern großer Beliebtheit erfreut.[9]

Das Lied gibt gleich zu Beginn an, worum es sich im Kern handelt: Der Diakon Abraham aus dem Bezirk Arbela war abgefallen, und ein anderes Mitglied (wohl Giwargis) der von ihm verlassenen Gemeinde habe daraufhin dieses Lied gedichtet. Auf den ersten Blick handelt es sich hier um ein Gespräch mit einem Muslim, präziser: um ein Gespräch zwischen einem ostsyrischen Christen und einem zum Islam konvertierten Ostsyrer. Die Erschütterung, die sein Schritt bei den Zurückgebliebenen auslöst, wird umgelenkt in eine direkte, aufrüttelnde Anrede an den Konvertiten: «Wache auf, du Schläfer, aus deinem Schlaf / Und aus deinem schweren Rausch / Und siehe, wie schlimm deine Sünde ist / Und wie groß dein Frevel!»

Wer sich dem Druck der gesellschaftlichen Mehrheit ergibt und zu deren Religion übertritt, weil er die Benachteiligung aufgrund seiner Religionszugehörigkeit durch die muslimische Mehrheit satt hat, scheint schleichend, nicht einmal durch Druck, sondern durch Ermattung und Ermüdung, seine angestammte Religion zu verleugnen: «Was ist dir, du Träumer, was ist dir, / Dass du nicht merkst, was mit dir geschehen ist?» Unterstellt wird dem Übertretenden, dass er diesen Schritt gewissermaßen in Unwissenheit, geradezu unbewusst getan habe, schlafend, im Rausch, also nicht Herr seiner Sinne, nicht nüchtern abwägend.

Der Sündhaftigkeit des Übertrittes nimmt diese eingeschränkte Zurechnungsfähigkeit nichts; er bleibt schlimm. Der Konvertit wird aufgefordert, reuevoll zu weinen über seinen Schritt, und diese Aufforderung wird eingebunden in die Trauer der Verlassenen, die er mitweinen lassen soll. Die Erschütterung der Verlassenen oder Zurückgebliebenen wird expressiv erfasst in einer Auflistung der Emotionen: Trauer, Schrecken, Empörung, Grauen, Entsetzen, Schmerz und Niedergeschlagenheit, Betrübnis und Erschütterung – das ganze emotionale Szenario der Reaktion. Indem das Lied diese Befindlichkeiten aufgreift, ermöglichte es späterhin den zurückbleibenden Christen eine erste Verarbeitung ihres Schocks. Die Trauer machte sich dabei gerade an den Stätten des Glaubens fest: «Siehe, in den Kirchen weint man um dich, / Siehe, in den Klöstern trauert man um dich.»

Die Koexistenz der ostsyrischen Christen mit den Muslimen wird konfrontativ gesehen, der Übertritt des Diakons zum Islam deshalb eingebunden in das Schema des Überganges von den Freunden zu den Feinden. «Groß war dein Name unter deinen Brüdern / Und dein Ansehen unter deinen Genossen; / Warum hast du deinen Freunden Trauer bereitet / Und Freude deinen Feinden?» Der Liederdichter also hält an der ehemaligen Zugehörigkeit des Konvertiten fest, indem er von den Christen als den Brüdern und Freunden spricht, den Muslimen hingegen nichts als die Bezeichnung «Feinde» übrig lässt. Der Ton liegt ganz auf dem, was der angesehene Konvertit verloren hat. «Deine schönen Gegenstrophen / Und deine zahlreichen Wechsellieder / Und deine langen Gesänge: / Wem hast du dieses als Erbteil hinterlassen?» In unablässiger Wiederholung wird ihm nun der Wert dessen vor Augen gestellt, was er da durch seinen Übertritt verschmähte, indem gefragt wird, wer denn an seine Stelle treten werde in der Liturgie. Ostern und Weihnachten, Karfreitag, Himmelfahrt und Pfingsten werden als Trauernde aufgeboten, die ihn und seinen Gesang vermissen, aber auch die verschiedenen liturgischen Feiern, die Sakramente, ja die ganze Kirche mit ihren Gebräuchen, die Musik und die Lieder.

Auch nimmt Giwargis Bezug auf das durch den Übertritt zerrissene Sozialgeflecht und konkretisiert es zunächst anhand der engsten Familienangehörigen. Dem greisen Vater sei er «wie ein Feind geworden». Christsein steht dafür, dass man ein guter Mensch sei, das Konvertitendasein qualifiziert zum «Bösewicht». Seine vier Brüder gingen nun seinetwegen gebeugt statt aufrecht: «Ihr Herz hast du krank gemacht, / Und ihre Krankheit ist schlimmer als jede Krankheit.» Konversion betrifft also das Herz, aber nicht einfach nur das eigene, ebenso das der anderen. Schwestern, Onkel und Lehrer werden als Weinende aufgeführt. Anscheinend war Abraham allein übergetreten, ohne seine Töchter mit in die neue Religion zu überführen; jedenfalls gehören sie mit in die Aufreihung der Trauernden. Sie seien «wie Waisenkinder» zurückgeblieben. Über die Familie hinaus treten auch die Nachbarn und die Leute seines Dorfes in die Reihe der Betrübten ein.

Der Übertritt wird gesehen als Tod vor dem Tod, und gerade diese Art des Todes mache den Tag des Todes zum Tag des Todes im Tode, lasse ihn also der Hoffnung auf die Auferstehung verlustig gehen und damit auch all dessen, was Kirche und Priester zu bieten haben als Begleitung nach dem Tode. Dem Konvertiten droht ungeschützt das Feuer des Gerichts. «Wenn Höhe und Tiefe beben / Und Menschen und Engel zittern / Und Berge und Hügel zergehen: / Was werden dann die Verleugner Christi tun?» Wie könne denn der Vater den lieben, den der Sohn hasst, weil er – hier geht Giwargis Warda von Mt 10,32 und Lk 12,8 aus und einen Schritt weiter – verleugnen werde, wer ihn verleugnete? Das Lied macht keinen Hehl daraus, dass man sich erhofft, der Konvertit möge angesichts des Vorgeführten sich selbst zum Richter werden, somit dem Endgericht zuvorkommen und bereuen. Es sieht sich dabei im Kontext der Suche nach dem verlorenen Schaf, für das immerhin im Falle der Reue Wiederaufnahme erbeten wird: «Wer sich dir wieder zuwendet, den nimm auf.»

Alles, was Giwargis Warda hier aufzubieten hat, scheint nicht gerade ein Element des Dialogs zwischen Christentum und Islam zu sein. Muslime erscheinen nur schemenhaft als «Feinde», «Verleugner Christi». Lediglich in der Strophe zum Kreuzfest wird einmal inhaltlich etwas deutlich, nämlich wenn das Kreuz zur scheidenden Wegmarke zwischen Christen und Muslimen wird: «Weinen wird das Fest des Kreuzes / Um den Diakonus, den Sohn des Kreuzes, / Der verließ die Verehrer des Kreuzes / Und lieb gewann die Verleugner des Kreuzes.» Der gesungene Dialog mit dem Konvertiten, der mit den Seinen gebrochen hat, um sich aus der bedrängten Situation der Minderheit zu befreien, gab den Gefühlen der Verlassenen Ausdruck, verlieh ihrer Ohnmacht eine Stimme. Die Gläubigen singen dieses Lied bis heute. So wird der Einzelne, bedrückt vom Übertritt seiner Verwandten und Bekannten zum Islam, eingebunden ins Kollektiv, das ihn in dieser Erfahrung nicht allein lässt, sondern mit ihm die Trauergesänge singt, die seit dem Mittelalter angestimmt werden.

Zuweilen konnten Konvertiten ihren verlassenen Glaubensgeschwistern hilfreich unter die Arme greifen, gerade dann, wenn sie aus Opportunismus auf die Seite der Mächtigen oder der gesicherten Mehrheit gewechselt waren. Sie konnten aber auch zu besonders heftigen Gegnern des Christentums und seiner Lehre werden; etwa, weil sie sich ihrem neuen Umfeld empfehlen mussten, um den Makel christlicher Herkunft loszuwerden, oder weil sie nun mit denen abrechnen konnten, die einst ihr Leben bestimmten (beispielsweise in Ehefragen), oder auch, weil sie sich so in ihrer Kompetenz darstellen konnten, denn wer wüsste schon Trefflicheres zu den Christen zu sagen als der, der selbst einmal einer gewesen ist?

Ein herausragendes Beispiel ist Ali ibn Rabban al-Tabari (geb. ca. 780).[10] Er stammte aus einer christlichen Familie im nördlichen Persien. Sein Vater scheint, ausgezeichnet durch den Titel «Meister» (syr. *rabban*), ein christlicher Gelehrter gewesen zu sein, durch den al-Tabari sicherlich von Kindesbeinen an gründlich im angestammten Glauben unterwiesen wurde. Schnell stieg er auf und trat, bekannt wegen seiner medizinischen Kenntnisse und seiner Tüchtigkeit in der Verwaltung, in die Dienste des Kalifen. Schließlich aber, gegen Ende seines Lebens (nach eigenen Angaben im Alter von 70 Jahren), konvertierte er zum Islam. Erstaunlich ist, dass er so lange Christ blieb, noch erstaunlicher aber, dass er in einem relativ späten Lebensalter noch Muslim wurde und dann vehement gegen seinen vormaligen Glauben schrieb. In zwei Schriften begründet er seine Ablehnung des Christentums und die Annahme des Islam. Er habe mit der Konversion den Schritt vom fehlgeleiteten, ignoranten Unglauben hin zum richtigen und wahren Weg getan. Zwei Vorwürfe macht er dem Christentum: Es sei vernunftfeindlich und habe sich von den Lehren Jesu entfernt. Der Islam hingegen sei die vernünftige Religion. Wenn er auch mit dieser Stoßrichtung nicht originell ist, so hebt sich seine Argumentation durch die intime

Kenntnis der christlichen Schriftauslegung von ähnlichen Werken ab. Er will demonstrieren, dass die Christen ihre eigenen Schriften falsch interpretiert und sich durch die Abkehr von Jesu eigentlicher Botschaft selbst in intellektuelle Wirrnis manövriert haben. Bemerkenswert ist dabei, dass er die christlichen Schriften nicht ablehnt, sondern sogar für seine Begründung einspannt und ihnen auch weiterhin seine Achtung erweist. Auch will er nicht gegen die polemisieren, die wahrhafte Nachfolger Christi seien – aber scharf schreibt er gegen die, die er für Abweichler von Jesu Lehre und unvernünftige Spekulanten hält. Die wahre Bedeutung der Bibel liege darin, dass sie auf Mohammed hinweise: nur von ihm und vom Koran her sei sie richtig zu verstehen. Er meint, sich nicht vom wahren Christentum, sondern nur von seiner denkfaulen Entstellung getrennt zu haben: durch die Konversion habe er vielmehr die Wahrheit von Jesu Lehre anerkannt. So versteht sich der zum Islam konvertierte al-Tabari als wahrer Nachfolger Christi.

Vermittler der griechischen Kultur

Die orientalischen Christen vermittelten den Arabern den Schatz des antiken griechischen Wissens. Natürlich nahmen hier die Angehörigen der einstigen byzantinischen Staatskirche zunächst eine herausragende Position ein, denn sie sorgten für direkte Übersetzungen aus dem Griechischen ins Arabische, aber daneben traten Angehörige anderer Denominationen hervor, die griechisches Gedankengut vermittelten. Besonders beachtlich war auch hier die Leistung zahlreicher ostsyrischer Gelehrter. Sie übersetzten vom Griechischen ins Syrische und machten so die Welt griechischer Medizin, Philosophie und Theologie im syrischsprachigen Kulturraum präsent. Dabei kam es natürlich auch zu Anpassungen und Veränderungen des Gedankengutes aus der griechischen Antike, das dann schließlich weitervermittelt wurde durch die Übersetzungen vom Syrischen ins Arabische nach der Eroberung des syrischsprachigen Kulturraums durch die Araber.

Die Werke des Sylvanus von Qardu (erste Hälfte 7. Jh.) fallen noch in die politische Übergangszeit. Er verfasste eine Schrift über die griechische Philosophie in Gestalt einer Zusammenfassung von Isagoge, Kategorien und den aus neuplatonischem Schulbetrieb hervorgegangenen Prolegomena. Für den späteren Katholikos-Patriarchen Henanischo (gest. 700) war die politische Lage bereits zugunsten der Araber entschieden. Er schrieb einen Kommentar zu den aristotelischen Analytika und ein Buch über die Ursachen des Existierenden. Henanischo, Schüler des Katholikos-Patriarchen Ischojahb III., dem er auch eine Vita widmete, stellte unter Beweis, dass es im Umfeld Ischojahbs ein reges und ungebrochenes Interesse an der griechischen Philosophie gab. Ein Jahrhundert später setzte mit dem Katholikos Timotheos I., dem Kommentator Theodor bar Koni (8. Jh.) und den großen Übersetzern vom Syrischen ins Arabische, Abu Zaid Hunain ibn Ishaq (808–873) und seinem Sohn Ishaq ibn Hunain (gest. 910), die konkrete Vermittlung in eine sprachlich sich neu formierende Umwelt ein.

Hunain ibn Isḥaq, den man den «Erasmus der islamischen Renaissance» genannt hat, gehört zweifellos zu den herausragenden Vertretern dieser Vermittlungs- und Übersetzungsbewegung.[11] Der Sohn eines christlichen Apothekers aus Hira lernte zunächst an der berühmten ostsyrischen Hochschule von Gondaischapur, reiste nach Ägypten und Syrien, erwarb in Konstantinopel seine Kenntnisse des Griechischen, schulte sich grammatisch in Basra und beschäftigte sich mit der persischen Kultur. In dem vom Kalifen Al-Mamun gegründeten «Haus der Weisheit» in Bagdad fand auch Hunain seinen geistigen Ort. Zugleich wirkte er als Leibarzt des Kalifen. Dem Ansinnen, zum Islam zu konvertieren, widersetzte er sich, trug stolz die Zeichen der Christen und nahm auch die Beschlagnahmung seiner Bibliothek in Kauf. Zeitweilig war er infolge von Verleumdungen sogar in Haft. Zu seinen wirkungsreichsten Werken gehören seine Übersetzungen des Galen, daneben sind auch Übersetzungen zu Platon oder Aristoteles erwähnenswert.

Im 9. Jahrhundert begann die Übersetzung der Bibel ins Arabische, im 11. und 12. Jahrhundert blühte dann die Übersetzungstätigkeit. Nun wurden griechische Kirchenväter in arabischer Übersetzung zugänglich. Zu einem der Zentren für die Übersetzungen wurde das palästinische Sabas-Kloster. Johannes von Damaskus und Johannes Chrysostomus, Ephraem der Syrer und Gregor von

Nazianz, Theodor Studites und Isaak der Syrer, Basilius von Caesarea und Maximus Confessor waren nun auch für die arabischsprachigen Gläubigen des Patriarchats zu lesen. Der aus Baalbek stammende Arzt, Philosoph, Mathematiker und Astronom Qusta ibn Luqa (820–912), der sich in Bagdad niederließ, und der in Antiochia ansässige Diakon Abdallah (11. Jh.) gehören zu den großen Namen dieser Übersetzungsbewegung.

Aber nicht nur griechische Philosophen und Kirchenväter wurden vermittelt, sondern auch die Welt der ägyptischen Wüstenväter. Als es im 6. Jahrhundert zur Reform und Wiedereingliederung des seit Ende des 5. Jahrhunderts marginalisierten Mönchtums in die Apostolische Kirche des Ostens kam, da geschah dies nicht so sehr aus alten syrischen Wurzeln der Askese, sondern unter bewusster Aufnahme ägyptischer Vorbilder. Schon der erste große Reformator Abraham von Kaschkar (503–588) griff bei der Abfassung seiner Klosterregel auf Gedankengut aus den Apophthegmata Patrum zurück.[12] Bei seinem Nachfolger ist unübersehbar, wie die Klosterregel des Pachomios auf ihn eingewirkt hat. Beide zeugen davon, dass über alle dogmatischen Hindernisse der verfeindeten Konfessionen hinweg spirituelles Erfahrungswissen über den gesamten Kulturraum hin vermittelt wurde und eine augenfällige dogmatische Säuberung der adaptierten Überlieferungen dessen Einpassung in den neuen Kontext ermöglichte. Der Mönch Henanischo (6./7. Jh.) erstellte schließlich die herausragende Sammlung der Apophthegmata Patrum im ostsyrischen Raum.

Diese Kulturvermittlerposition der ostsyrischen Schriftsteller wirkte tief auf die sich entwickelnden muslimischen Lehrsysteme ein, wie wiederum diese auf die später schreibenden christlichen Autoren. Bedeutende muslimische Philosophen hatten ostsyrisch-christliche Lehrmeister: Al-Farabi den Logiker und Mönch Matta ibn Yunus, Ibn Sina (Avicenna) den Arzt und Philosophen Abdallah ibn at-Taiyib. Doch die Vermittlung der antiken Kultur an die Araber hatte ihren Preis: Die Christen verloren das Monopol auf das antike Wissen, und es ging in den geistigen Besitz der Muslime über. Die Dominanz der christlichen Hochschule von Gondaischapur in medizinischer Hinsicht basierte auf der Synthese griechischen, syrischen und indischen medizinischen Wissens. Bis in die

Die Übertragung eines Werkes des berühmten persischen Philosophen und Arztes Abu Ali ibn Sina, genannt Avicenna (um 980–1037) aus dem Arabischen ins Syrische. Ibn Sina hatte, wie viele islamische Gelehrte, einen nestorianischen Lehrer. Besonders die Ostsyrer übersetzten die großen Werke der griechischen Wissenschaft ins Syrische und verbreiteten antikes Wissen in ihrem Kulturraum. Nach der arabischen Eroberung wurden dann wiederum ihre Werke ins Arabische übersetzt, womit die antiken Erkenntnisse aus Medizin oder Philosophie in den geistigen Besitz der Muslime übergingen. So ist diese ostsyrische Handschrift ein gutes Beispiel für den wechselseitigen Kulturtransfer.

Mitte des 11. Jahrhunderts finden sich unzählige Leibärzte der Kalifen, die aus den Ärztefamilien der Ostsyrer stammten. Ihr Ruf war so bedeutend, dass auch Kaiser Friedrich II. (1194–1250) einen solchen ostsyrischen Leibarzt aus dem Orient an seinem Hofe hatte. An den Kalifenhöfen freilich hing ihr Ergehen vom Erfolg ihrer Heilmethoden ab. So mancher zahlte mit Gut und Leben, wenn er seinen Patienten nicht zu kurieren vermochte. Zugleich verfügten diese christlichen Ärzte über erheblichen Einfluss in der Politik, wodurch sie sich hilfreich für ihre Kirche verwenden, sie aber auch zutiefst gefährden konnten. Ähnliche Bedeutung erlangten die Sekretäre, deren Bewegungsspielraum für Entscheidungen aber geringer und deren Anfälligkeit für den Übertritt zum Islam höher war, wenn sie sich dadurch ihren Posten sichern konnten.

Die «Minderheitenpsyche»

«Minderheitenpsyche» ist im Feld der orientalischen Christenheit ein erläuterungsbedürftiger Terminus. Bat Yeor, eine aus Ägypten emigrierte Jüdin in Großbritannien, bringt in ihren zahlreichen Publikationen zu diesem Thema immer wieder recht pointiert zur Sprache, dass sich die religiösen Minoritäten des Orients – auch die Christen – nicht einfach als Minderheit verstehen.[13] Und das hat historische Gründe. Freilich hat man bei dieser Autorin einen deutlichen Antiislamismus mitzubedenken, der ihre Argumentationslinien zuweilen sehr eindeutig und ohne Gegenproben lässt. «Die komplexen und nur wenig bekannten Prozesse, durch welche die Mehrheiten zu Minderheiten wurden, erstreckten sich vermutlich bei jeder der beiden Islamisierungswellen über etwa drei bis vier Jahrhunderte. Der Begriff ‹religiöse Minderheiten› kehrt, indem er ihn verkürzt, einen chronologischen Prozess um, der sich über Jahrhunderte hinzog und dessen Resultat – der Minderheiten-Status – als sein Ausgangspunkt angesehen wird. Diese Interpolation, die die wesentliche Phase auslässt, in der unumkehrbare Veränderungen stattgefunden haben, verschweigt die politische Dimension des Dhimmi-Systems und reduziert Dhimmis allein auf den Stand einer religiösen Minderheit.» Doch seien die Begriffe der

«Mehrheit» oder der «Minderheit» keine Determinanten des Dhimmi-Systems, sondern zur Definition der politischen Kategorie nicht ausreichende und lediglich den Umständen entsprechende Aspekte.

Doch gerade die fortgesetzte Kritik an der Bezeichnung «Minderheit» hat ein deutliches politisches Interesse, zugespitzt in einer Art Entschleierung der oft postulierten islamischen Toleranz vor dem Hintergrund der Unterdrückungsmechanismen, die zu den Charakteristika der Dhimmitude führen. Sie steht einer historischen Betrachtung, die die durch die Dhimmitude gekennzeichneten religiösen Gruppen aus ihren eigenen Voraussetzungen zu verstehen sucht, mit dem ihrerseits herangetragenen Vokabular im Wege und verkürzt die Sicht auf politische und soziale Mechanismen. Es bleibt in dieser Hinsicht fraglich, ob «Dhimmitude» wirklich mehr zu leisten vermag als der Begriff «Minderheit», auch wenn letzterer sozusagen historisch gewachsene Unterdrückung bereits impliziert. Nicht zwangsläufig muss der Untersuchungsgegenstand «Minderheit» ausblenden, dass diese Minderheit einmal Mehrheit gewesen sein kann und wie es dazu kam, dass sie nun nur noch als Minderheit in Erscheinung tritt. Wenn hier also Beobachtungen zur Minderheitenpsyche gemacht werden sollen, dann sei der Begriff «Minderheit» dabei nur als eine Beschreibungsform für den Stand einer Gruppe im Sozialgefüge einer Gesamtgesellschaft innerhalb eines bestimmten untersuchten Zeitraumes verstanden.

Wie teilweise in den Untersuchungen zur Dhimmitude auch geht es um die psychischen Phänomene, die anhand von Texten und darin ausgedrückten Verhaltensweisen und Lebenseinstellungen erkennbar werden. In seiner Darstellung zur Geschichte der iranischen Protestanten spricht Dieter Lyko von den ostsyrischen Christen, die von den Muslimen als nationale Minderheit gesehenen und behandelt werden.[14] Es kommen die üblichen Hinweise auf die Duldung der Angehörigen von Buchreligionen, den Status als Staatsbürger zweiter Klasse und die zugestandenen eigenen Gerichtshöfe und Gesetze. Hinweise auf «besonders kennzeichnende Kleidung» und einsetzende Verfolgungen schließen sich an. Deutlich Partei ergreifend ist der Hinweis, dass Verfolgungen seitens des Staates erst eingesetzt hätten, als sich die ostsyrischen Christen «in

Krisenzeiten gegen den Staat stellten, der ihnen das Gastrecht gewährt und, unter Berücksichtigung der politischen Gegebenheiten, einen annehmbaren Platz in der Gesellschaft eingeräumt hatte». Noch bedrückender wird es, wenn unkommentiert darauf hingewiesen wird, dass die persische Geschichtsschreibung den Nestorianern eine Verräterrolle bei der Invasion Timur-Lenks zuschreibt. Lyko beschreibt sodann denselben Prozess, den Bat Yeor im Blick auf die Dhimmitude beschreibt, nur geht er nicht von allgemeinen Menschrechten oder antiislamischen Affekten aus, sondern von einem sich über seine missionarische Aktivität definierenden Protestantismus. «Inzwischen überlebte die Kirche in einem Land, in dem der Koran zur Richtschnur des Lebens wurde. Sie wurde immer unfähiger, ein wirksames Zeugnis für Christus zu geben, und ihre Glieder wurden sich immer mehr dessen bewusst, Angehörige einer Minderheitengesellschaft zu sein, die zwar Teil der Nation, aber doch von der mohammedanischen Mehrheit getrennt ist. Sie sahen ihre Zugehörigkeit zur Kirche als von der Zufälligkeit ihrer Geburt bestimmt an und ergaben sich in die Situation der Begrenzung ihrer Möglichkeiten, ein Zeugnis für Christus abzulegen. Im Verlauf der Jahrhunderte gaben die meisten ihren Glauben auf, teils infolge wirtschaftlichen und politischen Drucks, teils durch Heirat mit Mohammedanern. Bei den wenigen, die ihrem Glauben treu blieben, war der Preis, den sie zahlen mussten, die Ausbildung einer Minderheitenpsychologie, einer Stellung der Vorsicht, Wachsamkeit und Unterlegenheit, die sie in ihren sozial isolierten Gemeinschaften verteidigten. Nach und nach erwarben sie die traurige Weisheit der Angehörigen aller Minderheiten, die Erfahrung, wie man sich verhalten muss, um überleben zu können. So durchlebten sie die Jahrhunderte als fremdes Element in der persisch-islamischen Welt, und der deutlichste Ausdruck dieser Minderheitenpsychologie der alten Ostkirchen, die sich aus Furcht vor möglicher Unterdrückung vorsichtig in ihren eigenen Grenzen hielten, war die Preisgabe der Evangelisation.»

Lykos Sicht leidet an vielerlei ärgerlichen Unschärfen. Mag man die Bezeichnung «mohammedanisch» als zeitbedingt abtun (die allerdings bereits zu seiner Zeit hinterfragt wurde), so ist der Hinweis auf die vermeintliche Sicht kirchlicher Zugehörigkeit aufgrund «der Zufälligkeit» der Geburt an den Quellen nicht zu halten und zeugt wiederum von der Befangenheit des Autors gegenüber den Angehörigen der einheimischen alten Kirche. Und dass gar vom «Gastrecht» des muslimischen Staates gesprochen wird, die alteingesessene Christenheit also zum Fremdkörper erklärt wird, mutet doch ein wenig zu unreflektiert an im Blick auf die gesellschaftlichen, religiösen und staatlichen Gegebenheiten des islamischen Iran. Ob sich die Nestorianer gar als Angehörige einer Minderheitengesellschaft zugleich als «Teil der Nation» verstanden, ist bis heute unter ihnen strittig. Diese wohl in der religiösen Sicht Lykos begründete Aussage blendet den stark entwickelten assyrischen Nationalismus vollständig aus und verfehlt daher beispielsweise das schwierige Verhältnis der assyrischen Nationalbewegung zum iranischen Staat. Lykos damals noch propagierte Zuversicht hinsichtlich einer in die iranische Gesellschaft integrierten – weitgehend protestantisch geprägten iranischen Kirche – gehört einer längst verflossenen Illusion an.

Die Minderheitenpsyche fand Niederschlag auch im Vokabular der Christen selbst. Syrische Autoren lassen das deutlich erkennen. So berichtet der Priester Lazarus Jaure im September 1912 über eine besonders durch Überfälle heimgesuchte Passage seines Weges von Urmia nach Mahabad: «Auf unsern Pferden zusammengekauert, ritten wir dahin, rechts von schattenhaften großen Bergen und links vom rauschenden Urmiasee eingeschlossen. Jeden Augenblick waren wir gewärtig, Zielscheibe kurdischer Kugeln zu sein.»[15] In Kauerstellung oder in Geducktheit empfand sich der Priester zumindest für seine innere Wahrnehmung recht häufig – eine Reaktion auf die auch ansonsten bekannten Umstände, die beispielsweise in allen prominenten Reiseberichten auch von Europäern ihren Niederschlag fanden. Doch es war deutlich, dass für Lazarus Jaure diese Gefährdung durch beutegierige und mordende Kurden auch eine religiöse Komponente hatte. Am Tag zuvor wollte der Führer der Karawane, mit der sie sich von Urmia nach Mahabad bewegten, in einem Dorf Halt machen, wo Kurden wohnten, die fünf Jahre zuvor Christendörfer ausgeplündert und dabei Christen ermordet haben sollten. Der Priester wehrte sich gegen eine Übernachtung dort, doch der Karawanenführer blieb bei seiner Absicht. Lazarus Jaure entschied sich daraufhin, mit seinen zwei Begleitern nicht bei der Karawane auf offenem Feld zu bleiben. Das hielt er für zu gewagt. Stattdessen gingen sie zu einem Muslim in dessen Haus, der ihnen ein Zimmer anwies, «das weder Tür noch Fenster hatte, sondern nur an der einen Ecke eine Öffnung nach dem Stall zu aufwies, die als Ein- und Ausgang benutzt wurde». Erstaunlich, dass die drei Christen sich in einer solchen Falle geborgen wähnten. Es war dann freilich ein anderer Feind, der sie die äußere Gefahr für ihr Leben vergessen ließ: In dem «Augenblick, als wir uns niederlegten, wurden wir von einer solchen Masse von Ungeziefer überschwemmt, dass wir alle Furcht vor einem Überfall von Menschen vergaßen und nur bedacht waren, uns gegen unsere tierischen Angreifer zu verteidigen».

Die Verunsicherung des Lebens durch die räuberischen Übergriffe der Nomaden und halbnomadischen Völker gehörte zu den Elementen, die den lange währenden Prozess des Niedergangs der Dhimmis im Orient hervorriefen. Aus dem historisch über Jahrhunderte hin bis tief in die vorislamische Zeit nachweisbaren Konflikt der Sesshaften mit den Beduinen wurde durch dessen Involvierung in die Islamisierung zumindest im Gegenüber zu den Dhimmis gleichzeitig ein religiöser Konflikt. Die kurdischen Stämme im türkisch-iranisch-irakischen Grenzbereich befanden sich in der Phase des Überganges von der Nichtsesshaftigkeit zur Sesshaftigkeit. Die Gesetzmäßigkeiten des Kampfes, den sie gegen die Sesshaften über Jahrhunderte zu führen hatten, waren aber noch fast ungebrochen in Kraft. Verunsicherung und ein Gefühl des Ausgeliefertseins bestimmten die emotionalen Reaktionen und Handlungsweisen der ostsyrischen Christen weithin.

Zuweilen steigerte das weltpolitische Geschehen die seit Jahrhunderten hingenommene Abhängigkeit der Syrer von den Kurden zum offenen Konflikt. Am 2. Juni 1908 schrieb ein syrischer Priester aus einem Dorf in der Nähe von Urmia: «Was wir lange gefürchtet [haben], ist bereits geschehen. Das ganze Gebiet von Urmia ist durch die kurdischen Raubzüge verheert, viele Christen, darunter Frauen und Kinder, sind niedergemetzelt. Diese Schrecken haben die Leute mit ihrem Gut und Vieh nach der Stadt getrieben. Seit Jahrhunderten hat Urmia eine solche Not nicht gesehen. Woher

Nahrung nehmen für die 100 000 Menschen und das Vieh? Hunger und Pestilenz können bald folgen.»[16] Der Dauerkonflikt zwischen den sich im Prozess der Sesshaftwerdung befindlichen Kurden und den Ostsyrern nahm erst an Schärfe ab, als die Ostsyrer vernichtet oder radikal dezimiert waren. Im Nordirak etwa, wo Christen über geschlossene Besiedlungsgebiete verfügen, halten die Konflikte jedoch noch heute an. Die Geducktheit eines Lazarus Jaure war die psychosoziale Folge der dauerhaften Erfahrung der ostsyrischen Christen in der Region, dass Besitz und Leben den Raubzügen der Kurden allzu oft folgenlos preisgegeben waren. Schon die potentielle Drohung eines Schlages versetzte unwillkürlich in jene Haltung, mit der die Wucht des Schlages abgefangen werden sollte.

Wie seit der ersten Begegnung zwischen Christen und Muslimen auf der Arabischen Halbinsel, so versuchten Christen auch noch im 20. Jahrhundert, ihnen widerfahrenes Unrecht mit Geld aus der Welt zu schaffen. Nur wer über ausreichende Gelder verfügte, konnte sich extremen Erniedrigungen und im Extremfall dem Verlust seines Lebens entziehen. Tatsächlich dürften hier die Tatbestände des so genannten Dhimmi-Syndroms nicht von der Hand zu weisen sein, die in der Verbindung der psychologischen Effekte der Verwundbarkeit und Erniedrigung liegen und das Leben auf ein vom Geld abhängiges Überleben reduzieren. Immer wieder finden sich Fälle willkürlicher Anklagen, denen die Dhimmis ausgesetzt waren. Es war die darin zum Ausdruck kommende entwürdigende Verwundbarkeit, die zu einer Verhaltensform wie der Korruption führte. Und gerade die konnte wiederum den ostsyrischen Christen zum Vorwurf gemacht werden.

Immer wieder findet sich Kritik an der Ghettoisierung der orientalischen Christen und ihrer starken Bezogenheit auf die eigene Ethnie, die religiös definiert wird auch dort, wo jemand seine Religion als solche gar nicht praktiziert. Dabei übersieht man, dass dieses Verhalten seine Ursache in der steten Gefährdung der religiösen Gemeinschaft hat; schließlich gibt es keine Religionsfreiheit, die einem Muslim ebenso gestatten würde, Christ zu werden, wie bis zum heutigen Tag Christen zum Islam konvertieren, um ihren Familien soziale Benachteiligungen zu ersparen. Der nach Deutschland emigrierte Syrer Rafik Schami (geb. 1946) berichtet zu diesem

Gefühl mentaler Verunsicherung aus den Tagen seiner Kindheit in Damaskus, wie ihn ein muslimischer Nachbarsjunge zu sich in den Stall lockte und plötzlich mit dem Klappmesser auf ihn losgegangen sei: «Wir wollen dich beschneiden, damit du ein Muslim wirst».[17] Schami wurde schließlich von einem Erwachsenen, der seine Hilfeschreie gehört hatte, aus der Situation befreit. Der gab ihm den Rat, den Vorfall nicht seinem Vater zu erzählen, damit er nicht zum Problem für das ganze Dorf werde. Seither machte Schami einen Umweg um das Haus dieses Jungen. «In jenen Tagen erkannte ich die bedrohliche Lage der Minderheit», meint der heute erfolgreiche Schriftsteller. Schlimmer noch als die Jungen sind Mädchen gefährdet: Immer noch sind orientalische Christen überproportional häufig von der Praxis des Mädchenraubs betroffen.

Religion ist im Orient nicht nur über religiöse Praktiken oder über religiöses Denken zu erfassen, sie ist immer noch (oder auch: wieder) eine das ganze Leben und die sozialen Grenzen mitbestimmende Wirklichkeit, die immer zugleich politisch ist. Um aus der religiösen Einflusslosigkeit zu entkommen, hatten Christen früh religionsneutrale Ideen gestützt und mitgestaltet, wie die Nationalismen des frühen 20. Jahrhunderts oder den Säkularismus in der Mitte des 20. Jahrhunderts. Das war kein Verrat an ihrer Religion, sondern eine aus ihrer Religions- und Kulturgeschichte gefolgerte Verhaltensweise. Demgegenüber bleibt die kollektive Erinnerung konditionierten Daseins bis heute wirksam. Um es nochmals anhand von Schami zu verdeutlichen: Er empfindet sich noch in seinem Verhalten hier in Deutschland davon geprägt. «Da ich aus einer historischen Minderheit komme, die ihre Kinder nie zum Selbstmord, sondern zum beharrlichen Widerstand erzogen hat, wähle ich nicht die Ohrfeige als Hinweis auf die Wahrheit.»[18] Der Versuch, sich mit List einen Spielraum in dem von der islamischen Gesellschaft bestimmten Rahmen zu erhalten, wurde vom Westen im 19. Jahrhundert oft als Zeichen des moralischen Niederganges der orientalischen Christen gewertet, in Verkennung der historischen Genese solchen Sozialverhaltens. Aus allen Jahrhunderten ist diese Verhaltensweise besonders für die religiösen Oberhäupter der orientalischen Christen zu belegen. Exemplarisch sei hier zur Illustration eine Szene aus den Protokollen zu den Gesprächen des Katholikos-Patriarchen Timotheos I. (727/28–823) mit Harun ar-Raschid in Bagdad herangezogen, deren biblischer Schluss allerdings wohl kaum zu Recht dem muslimischen Herrscher in den Mund gelegt wurde, sondern wohl eher als christlich-biblische Zusatzausführung zu verstehen ist.

«Eines Tages, gegen Ende einer Sitzung, sagte der Kalif zu ihm: ‹Vater der Christen, antworte mir auf das, was ich dich fragen will, in knappen Worten: Welche Religion ist vor Gott im Recht?› Da sagte der zu ihm kurz: ‹Diejenige, deren Gesetze und Gebote dem Handeln Gottes an seinen Geschöpfen entsprechen›. Da ließ der Kalif von ihm ab. Als Timotheos sich aber von der Sitzung entfernt hatte, sagte Harun ar-Raschid: ‹Wie gescheit er ist! Hätte er gesagt ‹das Christentum›, hätte ich ihn bestraft – und hätte er gesagt ‹der Islam›, so hätte ich von ihm verlangt, zu ihm überzutreten. Aber er gab eine umfassende Antwort, gegen die nichts einzuwenden ist; er hielt seine Religion in seinem Herzen verborgen, dem entsprechend, was bei ihnen im Evangelium steht: Liebet eure Feinde und segnet, die euch fluchen, und tut Gutes denen, die euch Böses tun, und werdet Nachahmer eures Vaters, der im Himmel ist, der seinen Regen schickt über die Guten und die Bösen und seine Sonne aufgehen lässt über den Frommen und den Sündern›.»[19]

Die frühislamische Zeit: Der Fall Qatar

Eine der nach der islamischen Eroberung über Jahrhunderte weiterhin von syrischen Christen bewohnten Regionen lag südlich des Persischen Golfes, wo heute neben der nördlichen Küstenregion Saudi-Arabiens die Staaten Qatar, Bahrain, die Vereinigten Arabischen Emirate und der Oman liegen. Der erste Bischof von Qatar ist für den Beginn des 3. Jahrhunderts belegt, was historisch glaubwürdig ist, da die Region den durch die Verfolgungen des Persischen Reiches bedrängten Christen als Rückzugsgebiet gedient hatte. Schon um 410 sind dann bereits mehrere Bischöfe der Kirche des Ostens für Qatar nachzuweisen. Es handelt sich also um eine Region, die seit frühester Zeit zum Kerngebiet der ostsyrischen Christenheit gehörte. Die arabisch-muslimischen Heere eroberten auch die Länder der Arabischen Halbinsel erst sukzessive und in mehreren Anläufen. Als sie sich 636 anschickten, sich Mesopotamien, das Kernland der Ostsyrer oder «Nestorianer», einzuverleiben, war die Halbinsel selbst bereits weitgehend unterworfen.

Den nestorianischen Katholikos-Patriarchen des 7. Jahrhunderts fiel die Aufgabe zu, ein Verhältnis zu den neuen Herrschern zu finden. Da das Machtzentrum der Omajaden im Westen, in Damaskus, lag, galt es zunächst, mit diesem entscheidenden Standortnachteil einen Umgang zu finden. Für drei Patriarchen der Anfangszeit sind uns Zeugnisse zu vermeintlich von ihnen abgeschlossenen Schutzverträgen überliefert, für Ischojahb II. (reg. 628–646), Maremmeh (reg. 646–650) und Ischojahb III. (reg. 650–658). Es sind dies in dieser Abfolge zugleich die drei nacheinander regierenden Patriarchen der frühislamischen Zeit nach den ersten Eroberungen der Araber auf dem Boden des Persischen Reiches.

Zu Ischojahb II. stehen zwei Überlieferungen nebeneinander. Die eine besagt, der Patriarch habe den Schutzbrief auf Vermittlung eines christlichen Fürsten von Nadschran und des Bischofs dort von Mohammed erhalten, nachdem er sich mit der entsprechenden Bitte an ihn gewandt habe. Die andere weiß von einem Schutzbrief Omars an ihn. Es ist davon auszugehen, dass auch diese Überlieferungen zu den Schutzverträgen spätere Fiktionen sind, wohl aus dem Umstand entstanden, der der Apostolischen Kirche des Ostens in der frühislamischen Zeit besonders im Gegenüber zu den Westsyrern oder «Jakobiten» so schwer zu schaffen machte: Der dogmatische Gegner von altersher hatte nicht nur geografisch entscheidende Vorteile; in seinem Umfeld wähnten die Ostsyrer auch die besseren Konditionen für die weitere Existenz christlicher Kirchen.

Nachdem Ischojahb II. der Begegnung mit den Muslimen noch mehr oder weniger ausgewichen zu sein scheint – ein Chronist meint, er sei angesichts der von den Arabern ausgehenden Gewalt in seine Heimat zurückgekehrt –, war es besonders Ischojahb III., der die Grundlinien des neuen Verhaltens der nestorianischen Kirchenleitung gegenüber den muslimischen Arabern festlegte. Der Patriarch musste seinen Gläubigen einschärfen, dass die Muslime keineswegs dem dogmatischen Gegner zu Hilfe eilten, wie es manche Jakobiten gegen die Nestorianer ins Feld führten. Muslime hülfen niemandem, der sage, dass der allmächtige Gott gelitten habe und gestorben sei. Wo sie dies aber doch täten – so rief das Kirchenoberhaupt seine Gläubigen auf –, müsse man das Gespräch mit ihnen suchen und sie davon überzeugen, dass sie mit solchen Handlungen ihren eigenen religiösen Grundüberzeugungen widersprächen.

Man hat in der wissenschaftlichen Kommentierung hierzu behauptet, der Patriarch habe versucht, «die Muslime in die innerchristlichen Auseinandersetzungen hineinzuziehen und die neuen Herren gegen die ewigen Gegner», also die Jakobiten, zu gewinnen.[20] Angemessener aber ist, der Argumentation des Patriarchen einfach zu folgen. Sollten Muslime gemeinsame Sache mit den dogmatischen Gegnern machen, so Ischojahb III., dann gelte es, sie theologisch aufzuklären und ihnen damit die Grundlage für ein solches Bündnis zu entziehen; schließlich seien die Jakobiten dem islamischen Gottesbegriff unvereinbar fern, jedenfalls deutlich ferner als die Nestorianer. Es ging also darum, die theologischen Differenzen zu nutzen gegen eine jakobitische Propaganda, die im Niedergang des Sassanidenreiches und in der darauf folgenden Gefährdung der darin beheimateten nestorianischen Kirche versuchte, die Muslime als Argument für die Rechtmäßigkeit ihres dogmatischen Standpunktes zu nutzen. (Tatsächlich hatten übrigens die Nestorianer eine ihrer Kirchen den dogmatischen Gegnern überlassen, die sich dafür auf einen Befehl der Araber berufen haben; dabei hatten sie nicht einmal die liturgischen Geräte sichergestellt.)

Auch eine andere Interpretation bleibt fragwürdig. Ischojahb III. habe mit diesem Satz das theologische Argument benutzt, um die neuen Herren gegen die alten innerchristlichen Kontrahenten einzuspannen. Aus der Sicht der modernen Historiker entschuldigt zwar die vorausgegangene Position der Gegner nicht einfach Ischojahbs III. Argumentationsweise, aber zumindest wird deutlich, dass er aufgrund einer ihm argumentativ gegenüberstehenden Position sich so zu schreiben genötigt sah. Die Gegner des Patriarchen hatten ihn in eine schwierige Situation versetzt, indem sie das für sie so günstig laufende Weltgeschehen auf die neue islamische Herrschaft zurückführten und somit den nestorianischen Christen gegenüber eine schier unüberwindliche Macht demonstrierten, die scheinbar jedes Beharren auf der eigenen Tradition und Identität sinnlos machte. Ischojahb III. überwand diese Lage mit der theologischen Argumentation, dass Gott selbst den Arabern das Reich der Erde in einem überwältigenden Eroberungssturm anvertraut habe, er selbst also die lenkende Kraft der Geschichte ist und nicht die islamischen Eroberer: Gott bleibt sozusagen auch der Lehnsherr der Araber. Damit werden diese nicht nur theologisch verarbeitet und eingeordnet, sondern zugleich in ihrer historischen Bedeutung relativiert, da eine solche geliehene Herrschaft nur eine geschichtliche Epoche sein kann. Das Verhalten der Araber als der neuen Machthaber wird dabei von Ischojahb III. ausdrücklich als tolerant gewürdigt: Sie bekämpften die christliche Religion nicht, sie lobten den christlichen Glauben, ehrten die Priester der Kirche des Ostens und deren Heilige und machten Geschenke an die ostsyrische Kirche und deren Klöster.

In die (übrigens nicht leicht einzugrenzende) Regierungszeit Ischojahbs III. fällt das Ende des letzten persischen Großkönigs, Yazdegerd III. (reg. ab 632), im Jahr 651. Dessen Sohn Peroz (gest. nach 708) verteidigte nur noch ein restliches Schattenreich von Chinas Gnaden gegen die muslimischen Araber. Nach knapp zwanzig Jahren war die arabische Okkupation des alten Sassanidenreiches weitgehend vollendet. Doch es trog der schöne Schein vermeintlich wohlwollender Koexistenz zwischen Muslimen und Nestorianern, den Ischojahb III. beschwor. Während er einerseits der Meinung war, dass der Glaube in Frieden blühe, musste er sich andererseits mit den ersten Übertrittsbewegungen vom Christentum zum Islam auseinandersetzen. Diese hatten die nestorianischen Christen des Oman erfasst und dürften auch auf gesicherte Gebiete der Kirche des Ostens wie Qatar oder Bahrain massiv eingewirkt haben. Nach dem islamischen Historiografen Al-Baladhuri (gest. um 892) folgten die Einwohner Bahrains zunächst nicht der Einladung Mohammeds zur Konversion. Bei der zweiten Aufforderung seien nur diejenigen der Einladung nach Medina gefolgt, die nicht Christen, Juden oder Zoroastrier waren. Da die Volksstämme nach dem Tod Mohammeds 632 wieder vom Islam abgefallen seien, sei deren erneute Niederwerfung vonnöten gewesen. In der Regentschaft des ersten Kalifen Abu Bakr (632–634) wurden sodann Bahrain und Qatar während des Riddah-Krieges endgültig erobert. Seither standen die Christen der Region fortgesetzt unter islamischer Herrschaft. Im Oman vollzogen sich Islamisierung, Abfall und erneute Unterwerfung nach den Berichten Al-Baladhuris ähnlich wie in Qatar und Bahrain.

Noch direkt vor der Zeit der omajadischen Herrschaft (660–750) war es zwischen dem Patriarchen Ischojahb III. und dem sich von ihm lossagenden Metropoliten Simeon von Rewardaschir zu einem anhaltenden Schisma gekommen, das – da der Metropolit die Bischöfe der Gebiete südlich des Golfs auf der Arabischen Halbinsel bewegen konnte, sich mit ihm gegen den Patriarchen zu vereinigen – die Kirche des Ostens auf der Arabischen Halbinsel in der Mitte des 7. Jahrhunderts entscheidend prägte und lähmte. In seinen brieflichen Auseinandersetzungen mit den gegen ihn rebellierenden Bischöfen beklagte der Patriarch ihre Ablehnung, seiner Vorladung an den Patriarchensitz nachzukommen und sich stattdessen mit dem Metropoliten von Rewardaschir gegen den Patriarchen zu verbünden. Besonders erboste ihn, dass sie sich im Bund mit dem rebellischen Metropoliten an das weltliche Gericht, also an die nunmehr muslimische Herrschaft, gewandt hatten, denn damit trugen sie den Streit aus dem innerkirchlichen Bereich hinaus in die muslimisch beherrschte Welt. So hätten sie zur Genüge allen bewiesen, dass es für ihr kirchliches Leben keine Hoffnung mehr gebe. In seiner Reaktion auf das traurige Bild, das die Kirche nunmehr unter der neuen weltlichen Herrschaft bot, schwankte der Patriarch zwischen der Hoffnung auf eine geistliche Wiedergeburt der Abtrünnigen und der Trauer über ihren Untergang, den er sogleich parallel sah zu der Konversion der Christen des Oman zum Islam.

Auch wandte er sich an die Bewohner Qatars und legte ihnen dar, dass es die Halsstarrigkeit der schismatischen Bischöfe gewesen sei, die zur Wiedererrichtung der Mauer zwischen Qatar und der Kirche geführt habe. Wie die Ketzer übertrügen sie sich gegenseitig die kirchlichen Weihen durch die Handauflegung, und dadurch hätten sie sich von der Kirche Gottes getrennt. Ischojahb III. nutzt die Eroberungszüge der Muslime als Argument für seine theologische und kirchenpolitische Position, wenn er über die Bischöfe schreibt, dass ein Glaube wie der ihre verloren und im «südlichen Sturm» verworfen sei. Wenn hingegen das Kirchenvolk mit «priesterlicher Kraft» gesegnet würde, dann würde der Glaube in diesem südlichen Teil der Welt nicht weiter schwinden, dann würden die Gläubigen gefestigt in ihrem Bekenntnis – oder ein dem vergossenen Blut der Märtyrer gemäßes Ende zur Ehre Gottes nehmen. Zu solchem Schluss sei der Glaube der Väter in der Kirche übertragen worden, und nicht, um sich von der Hoffnung des Glaubens abzuschneiden, wie die Leute im Oman das taten. Allein geistliche Tugend könne den Untergang des Glaubens verhindern, und deswegen habe er auch die abtrünnigen Bischöfe vorgeladen, um sie den kirchlichen Überlieferungen gemäß wieder in die Kirche zu integrieren; aber die hätten die Gläubigen in eine Rebellion gegen die Kirchenleitung ziehen wollen. Er fordert die treu ergebenen Gläubigen nachdrücklich auf, sich von der Gemeinschaft mit diesen Bischöfen fernzuhalten. Die Bistümer, also die Entscheidungsträger und spirituellen Führer, sollten entweder die bisherigen Bischöfe zu deren Bestätigung zum Patriarchen senden oder andere für die Hierarchie auswählen, die dann rechtmäßig geweiht würden.

In seinem Doppelkampf gegen die Konversion zum Islam einerseits und gegen den Zerfall kirchlicher Autoritätsstrukturen andererseits rief der Patriarch beschwörend dazu auf, die Integrität der Kirche durch Gottes Hilfe zu bewahren. Statt von außen Hilfe zu erwarten, sollten sie sich also mit der inneren Hilfe des Glaubens begnügen. Die Stadt Qatar hatte dabei als Hort besonders der kirchentreuen Mönche gedient, die sich dahin vor den schismatischen Bischöfen zurückgezogen hatten. Doch der dortige Bischof Abraham verfolgte nun auch hier die Mönche. Wer immer bereit war, die der Kirchenleitung treu ergebenen Mönche bei sich aufzunehmen, wurde bedroht und massiv eingeschüchtert – so wurden die Mönche vertrieben. Es ist vielleicht nicht verwunderlich, wenn der Patriarch in diesem Schisma das Wirken des Antichrist ausmachte. Eindringlich forderte er in dieser Lage die Gläubigen in der Stadt auf, sich entschieden auf die Seite der Kirchenleitung zu stellen. Den Mönchen aber prägte Ischojahb III. für die Zeit der Prüfung das Beispiel des geistlichen Kampfes der Apostel und Märtyrer ein. Da ihm am direkten Kontakt zur Stärkung der ihm treu ergebenen Kirchenglieder lag, wollte er einerseits seinen Brief an den Klerus von Qatar durch die Mönche den örtlichen Geistlichen vorgetragen wissen, andererseits sollten auch die ihm treuen Mönche den Kontakt zu ihm halten, den offenbar auch weiterhin andere hohe Würdenträger der Region zum Patriarchen hielten. Er forderte sie auf, ihm schriftlich zu antworten und ihm stets eifrig über ihre Aktionen zu berichten. Zentral für die Strategie des Patriarchen waren dabei die nach außen sichtbaren Akte des Glaubens: das heilige Leben der Mönche und die dies besiegelnden Wunder. Und natürlich durften priesterliche Weihen nur in apostolischer Sukzession erfolgen. Die Bindung an das Patriarchat sicherte seiner Meinung nach die Stärke und Kraft der Gläubigen und den Erhalt der Kirche unter muslimischer Herrschaft. Verärgert lehnte der Patriarch das Ansinnen ihm treu ergebener Mönche ab, wieder in die Gemeinschaft mit den abtrünnigen Bischöfen zurückzukehren: Eine solche Bitte entstamme einem schwachen Glauben. Die Rettung der Gläubigen in der Region für seine Kirche versprach er sich nicht von den mit den Muslimen kooperierenden Hierarchen, sondern von den Mönchen, deren große Ausstrahlungskraft im arabischen Raum unbestritten war und deren Bedeutung sich noch im Koran niedergeschlagen hatte.

Das herausragende Ereignis dieser Zeit für die nestorianischen Christen dieser Region aber war zweifellos die ganz auf die arabische Region bezogene Synode, die der Patriarch Giwargis I. (reg. 661–680/81) im Mai 676 auf der Insel Dirin im Persischen Golf abhielt.[21] Dabei beschränkte sie sich auf die Gebiete südlich des Persischen Golfs auf der Arabischen Halbinsel. Der Bischof von Sana beispielsweise war also ebenso wenig zugegen wie Vertreter der Kirchen auf der Insel Sokotra. Der Patriarch und die versammelten Bischöfe hatten sich zum Ziel gesetzt, den ihrer Leitung anvertrauten Gläubigen das «Gesetz» zu übermitteln. Diese als «Herden des Meeres» bezeichneten Gläubigen seien eben die, «deren Wohnsitz im Süden der Welt liegt».

Schon die Liste der versammelten Bischöfe zeigt den lokalen Bezug der dort gefällten Entscheidungen: Sie kommen aus Qatar, von der Insel Dirin, von Trihan (dieses Bistum liegt als einziges nicht in den arabischen Gebieten am Persischen Golf), Oman, Hagar gegenüber von Bahrain und Hatta, direkt an der Küste gelegen. Der Bischof des Oman hatte in seiner Eparchie bereits zu Zeiten des Vorgängers von Giwargis I. massive Konversionsbewegungen seiner Gläubigen zum Islam zu verzeichnen. Der Hauptgrund waren die seitens der herrschenden Muslime geforderten Abgaben: die Hälfte des Vermögens der Christen für das Recht, ihren Glauben beibehalten zu dürfen. Die Institution der Steuer selbst hatte der Patriarch gebilligt und seinen Gläubigen unmissverständlich eingeschärft: Wer die Kopfsteuer zu fordern berechtigt sei, dem sei die Kopfsteuer zu entrichten, wer den Tribut verlangen könne, dem sei der Tribut zu entrichten. Auf Bahrain hatten die Christen ihre Besitztümer mit den Muslimen zu teilen: Die Hälfte der Naturalien (besonders Körner und Datteln) und festen Güter mussten sie abgeben. Unbeeindruckt von der Höhe der geforderten Abgaben geißelte der Katholikos die Konversionen aufgrund ökonomischer Zwänge als Fehlentscheidung. Den angestammten, mit Martyrien in allen Völkern erkauften Glauben, der um der Ewigkeit willen von Nutzen sei, hätten sie verlassen, nur um den Besitz der Hälfte ihrer irdischen Güter zu wahren.

Solche Vorgänge und das erbitterte innerkirchliche Schisma, das von den arabischen Bischöfen gegen das Patriarchat in Mesopotamien ausging, machten eine Neuordnung notwendig, wie sie Ischojahb III. vergeblich durchzusetzen versucht hatte. Ob die von ihm attackierten Bischöfe überhaupt noch als solche zu verifizieren sind oder nicht schon Konvertiten zum Islam darstellen, muss offen bleiben. Ischojahb hatte hinnehmen müssen, dass seine Gesandtschaften in Arabien nicht akzeptiert und die Mönche, die ihm die Treue hielten, von den schismatischen Bischöfen verfolgt wurden. Die Missstände der vorangegangenen und möglicherweise gegenwärtigen Zeit deuteten die Versammelten zunächst nur an, wenn sie davon sprachen, dass die von Natur aus eingepflanzte Tugend und die Gottesliebe «wegen geistiger Wankelmütigkeit und körperlicher Reizbarkeit dem Vergessen» anheimgefallen seien. Das zeitliche Leben und den sterblichen Leib habe Gott dem Menschen zugeeignet und die Schwäche über ihn herrschen lassen, «damit die Vertrauten der Frömmigkeit so durch harte Mühe» sich ihren Gewinn verschafften. Diesem Bemühen hätten seit jeher die Gesetze ge-

dient, zunächst in Form der zur Gottesfurcht führenden Mah-
nungen von Adam über Noah und Abraham bis zu Mose, sodann
durch den Mittler Mose die «Gesetze für das alte Volk, welches ein
Schatten des Geheimnisses des neuen ist», schließlich durch das
Erscheinen des «Geliebten» Gottes das Evangelium mit seinen
überirdischen und zum Himmel führenden Gesetzen. Ihm seien
Apostel, Priester, Lehrer der späteren Zeiten gefolgt. Gesetze aber
verstanden die versammelten Väter nicht als etwas Unabänder-
liches, vielmehr seien sie in die jeweiligen Kontexte einzupassen:
Die Verschiedenheit und Vielgestaltigkeit der menschlichen Schwäche verlange zu jeder Zeit, dass – den Verhältnissen von Völkern
und Ländern und den neuen Bedürfnissen schwieriger Zeiten
entsprechend – Reformen einzuführen seien, die auch schriftlich
fixiert sein müssten. Es wurde also von vornherein davon ausge-
gangen, dass die Umstände in den Bistümern der Versammelten
neuartig waren und aufgrund ihrer Neuartigkeit auch neuer Gesetze zu ihrer Bewältigung bedurften. Ausdrücklich hoben die
Hierarchen hervor, dass sie ihr Los des kirchlichen Leitungsamtes
in einer schweren Zeit auszuüben hätten, der schweren Zeit des
Weltendes. In dieser Zeit des Verfalls bedürften die Christus liebenden Völker im Süden der Welt der Erneuerung und rechter
Gesetze, um sie «in den Grenzen der Frömmigkeit erhalten» zu
können.

Es ist also keine Frage: Hier kämpften die verantwortlichen Hierarchen der Kirche in Arabien bereits mit dem Rücken zur Wand
angesichts der Veränderungen, die die muslimischen Eroberer für
die soziale Existenz der Christen in der nun muslimischen Welt
zeitigten. Die Neuordnungen betrafen zumeist die religiöse Praxis.
Dies entsprach der Situation, dass das Christentum auf der Arabischen Halbinsel wohl weithin von asketischen Mönchen und der
religiösen Praxis bestimmt war. Caspar D. G. Müllers Diktum, die
arabischen Christen seien theologisch und lehrmäßig «unbeschrie-
bene Blätter» gewesen, und seine Hypothese: «Alles was im Ge-
wande ehrfurchtgebietender Heiligkeit einher kam, dürften sie
angenommen und verehrt haben», muss zwar relativiert werden,
aber ein Grundzug des Christentums jener Region in vorislamischer
Zeit ist damit doch hinlänglich erfasst.[22] Sowohl der Patriarch

Ischojahb III. als auch die Synode unter dem Patriarchen Giwargis I. hat diesen Grundzug arabischen Christentums offenbar als Mangel aufgefasst: Nachdrücklich hatte Ischojahb III. schon eine Verstärkung der lehrmäßigen Bemühungen eingeklagt, und auch die Synode unter Giwargis verfolgte dieselbe Intention. Die theologische Aufklärungsarbeit wurde verstärkt. Jeder Priester oder Lehrer müsse an allen Sonn- und Festtagen in seinem Vortrag oder seiner Predigt wenigstens kurz zu den Gläubigen über den Glauben sprechen; dies diene zur Ausbildung in der Lehre und zur Zurüstung für die Auseinandersetzung mit Andersgläubigen, die die Christen nach ihrem Glauben befragten. Wenn diese Frager auch als Häretiker ausgegeben wurden, so ist kaum daran zu zweifeln, dass schon hier, im ersten Kanon der Synode, die Muslime zumindest als das herausfordernde Gegenüber gemeint waren. (In der Frühzeit hielt man den Islam ohnehin oftmals für eine christliche Häresie.) Anweisungen zur Errichtung einer Schule sind allerdings nicht erhalten. Beeindruckend ist übrigens gerade in frühislamischer Zeit die Reihe großer Autoren, die das Bild blühenden geistigen Lebens der Christenheit im Norden der Arabischen Halbinsel unabweisbar machen; zu ihnen zählen im 7. Jahrhundert die Großmeister mystischen Weisheitswissens und spiritueller Lehre, Isaak von Ninive und Dadischo von Beth Qatraje, aber auch die Liturgie-Kommentatoren Gabriel Qatraja und Abraham bar Lipeh von Qatar.

Ein großes Problem war offensichtlich die Käuflichkeit von Ämtern und das Eindringen weltlicher, also muslimischer Autoritäten in die innerkirchlichen Angelegenheiten. Auch diesen Schritt vieler nestorianischer Christen, ihre Belange den muslimischen Machthabern und deren Gerichtsbarkeit auszuliefern, hatte bereits Ischojahb III. als Verrat an der Kirche und dem Glauben gebrandmarkt. So lieferten diese die Diözesen den Entscheidungen der muslimischen Herrschaft aus und gewährten ihr Einblicke in das Innere der Kirche, wodurch sie den Muslimen ohnmächtig ausgeliefert wurde. Bischöfen wurde nun auf der Synode die Ausübung von Kirchenverwaltungsgeschäften untersagt; die lagen nunmehr ganz in den Händen der dafür bestimmten Laien: Wenn ein Bischof sich zur Besorgung solch materieller Dinge herablasse, verzichte er gänzlich auf den seiner Würde entsprechenden Charakter seines Amtes. Diese Bestimmung war wohl auch eine Folge der Tatsache, dass es im Schisma besonders die Bischöfe gewesen waren, die sich der Kirchenleitung im fernen Mesopotamien verschlossen hatten, während die Anhängerschaft des Patriarchen besonders unter Laien und Mönchen zu finden gewesen war. Die Übertragung der alltäglichen Leitungsgeschäfte auf die Laien bildete das geistige Fundament der Bestimmung, dass Bischöfe nicht mit der den Christen von den Muslimen auferlegten Steuer belastet werden dürften. Die «gläubigen Beamten» (also christliche Beamte, die den Muslimen zuarbeiteten, denn wie hätte die Synode muslimischen Beamten etwas zu bestimmen gehabt) dürften von den Bischöfen weder Kopfgeld noch Steuer fordern, wie sie es sonst von jedem Privatmann fordern müssten. Der Bischof trage doch schon die Last der Regierung, wache über die Seelen und nehme die Beschwerden seiner Gläubigen auf sich; darin hätten ihn die Beamten zu ehren und nicht von ihm Kopfgeld zu verlangen «wie von den anderen». Die muslimische Doppelsteuer führte also auf der Seite der nestorianischen Christen an der arabischen Golfküste zu einer Zweiklassengesellschaft, in der für die Hierarchen (und wohl auch für die Mönche) nicht galt, was sonst für jeden verbindlich war.

In der Grundtendenz zielten die praktischen Anordnungen der Synode sodann auf die Abgrenzung der Christen von ihrer Umwelt. Besonders eingeschärft wurden deshalb die Unterscheidungen, beispielsweise in Bezug auf die Bestimmungen der Ehe. Wenn zunächst die Zustimmung der Eltern zur Eheschließung vor dem Kreuz gefordert wird und eine Verbindung zu jemandem aus einem der «der Gottesfurcht fremden Völker» abgelehnt wird, so spricht doch schon ein Kanon mit dem Verbot der ehelichen Verbindung einer Christin mit einem Nichtchristen eine deutliche Sprache: Mit aller Kraft gelte es, sich vor solchen Beziehungen zu hüten, denn sonst drängen in die christliche Religion fremde Gewohnheiten ein und würden den Willen der Frauen «lax machen». Kategorisch wird gefordert, dass sich deshalb christliche Frauen «von dem Zusammenwohnen mit Heiden gänzlich fern» zu halten hätten. Und natürlich hatten sich die Gläubigen «von dem heidnischen Gebrauch der Bigamie» fern zu halten, der ausdrücklich als ein Dienst

«der Unreinheit» qualifiziert wird. Christen, die dennoch die Poly-
gamie pflegten, sollten zunächst ermahnt, bei Nichtbefolgung aus
der Gemeinschaft der Gläubigen verstoßen werden. Diese Bestimmungen der Synode trugen dem Faktum Rechnung, dass die seitens
der Muslime schon damals durchaus zulässige Verbindung eines
Muslim mit einer Christin prinzipiell zur Benachteiligung der
christlichen Seite führte; so wurden etwa die Nachkommen stets
dem Islam zugeführt. Frauen, die mit Nichtchristen verheiratet
waren, wurden aus der Kirchengemeinschaft ausgeschlossen. Auch
das öffentliche Auftreten der Nonnen wurde nun begrenzt und das
rituelle Geheul der Totenweiber wurde abgeschafft oder zumindest
auf eine Art Trosthymnus begrenzt.

In all diesen Maßnahmen können Reaktionen auf die muslimische Herrschaft gesehen werden, die genau an diesen Phäno-
menen des Christentums heftig Anstoß nahm. Die Anordnungen
gingen einher mit Sparzielen. So sollten die Gelder für die Menschen, die die Totenhäuser für das Leichenbegängnis herrichteten,
ersatzlos gestrichen werden. Als «christlich» galt der Synode eine
Bestattung ohne Prachtgewänder. Nicht in Seidenkleidern, sondern
in einfachen Gewändern seien die Verstorbenen beizusetzen. Doch
macht eine Zusatzerklärung deutlich, dass hierzu die Meinungen
auseinandergingen und daher die konkrete Ausgestaltung der dies-
bezüglichen Bestimmungen in das Ermessen der Ortsbischöfe gestellt wurde. Der sorgsamere Umgang mit den finanziellen Res-
sourcen nicht nur in diesen Angelegenheiten war unverkennbar.
Vermutlich wollten die Verantwortlichen damit muslimische Begehrlichkeiten angesichts christlicher Prachtentfaltung vermeiden,
oder sie trugen so der zunehmenden ökonomischen Einschnürung
durch die Steuern Rechnung. Zudem könnte hier eine frühe Reaktion vorliegen auf den Umstand, dass Christen möglichst nicht nach
außen hin als den Muslimen überlegen erkennbar sein sollten. Gegen Gläubige aber, die Eingriffe weltlicher, nunmehr muslimischer
Machthaber provozierten, gab es nur das Mittel des Kirchenaus-
schlusses.

Hinter den entsprechenden Kanones dürften auch entsprechende
Vorgänge gestanden haben, bei denen eben geistliche Würden nicht
über die Vertreter der Kirche, sondern aufgrund der Intervention

weltlicher Autoritäten vergeben wurden. In den Synodalakten taucht sicher nicht zufällig auch das Stichwort «Bestechung» als verwerflicher Akt zur Erlangung geistlicher Würden auf.

Um dem Verfall der Kirche zu begegnen, wurde besonderer Wert auf den öffentlichen Kirchgang gelegt. Das ohne die Gemeinde vollzogene «Privatgebet» genüge nicht, schon gar nicht das in Eile heimlich gehaltene Gebet. Kirchgang wurde somit zum Bekenntnisakt. Zur Pflicht auferlegt wurde der Kirchgang am Abend und am Morgen, und zwar bis zum Schlusssegen des Priesters, nur bei zwingender Notwendigkeit wurden Ausnahmen zugestanden. Andachten in Kapellen der Privathäuser seien inakzeptabel, weil ohne Verbindung zur Gemeinde. Selbst die Bevorzugung von Klöstern an Festtagen habe der Pflicht zum normalen Gemeindegottesdienst zu weichen. Auch der Gang in die Kneipe bekam Bekenntnischarakter: Wer nach Empfang der Sakramente in eine jüdische Kneipe zum Weinsaufen gehe, beschimpfe durch seinen «Verkehr mit den die Gnade leugnenden Juden» das Heilige; es gebe doch genügend christliche Kneipen, wo solche Menschen «ihre Gewohnheitsbegierde im Weintrinken befriedigen könnten».

Logistisch half sich die Kirchenleitung mit einer Zentralisierung, regional auf die Bischöfe hin, gesamtkirchlich in Rückkoppelung wichtiger Entscheidungen (wie der Wahl eines Bischofs) an den Befehl des Patriarchen. Nach dem Tod eines Bischofs sollte die betroffene Gemeinde einen geeigneten Kandidaten auswählen, der im Priesterdienst stand. Klerus und Laien sollten dabei dem Metropoliten den ihnen geeignet erscheinenden Kandidaten benennen, damit dieser ihn zunächst kennen lerne und danach ordiniere. Anschließend habe der Metropolit den Patriarchen zu benachrichtigen. Erst nach dem Befehl des Patriarchen könne der Erwählte seine Würden erhalten und installiert werden. Damit holte die Synode eine Forderung ein, die schon Ischojahb III. den arabischen Bistümern am Golf gegenüber erhoben hatte.

Offenkundig ist, dass sich das öffentliche Erscheinungsbild der Kirche unter dem Druck des neuen Regimes deutlich wandelte. Die Leitungsämter rückten verstärkt ins öffentliche Bewusstsein und wurden dafür mit Privilegien ausgestattet, unkontrollierte Außenaktivitäten wie die von Einsiedlern und Nonnen oder Wandermönchen wurden drastisch zurückgeführt, die Selbstdarstellung christlicher Gemeinden (etwa durch den Kirchgang) war hingegen nachdrücklich gewünscht. Und wenn auch verschiedene Ausführungen zu Neubauten von Kirchen den Eindruck einer florierenden Kirche vermitteln, so galt auch hier: Kirchenneubauten auf Veranlassung geneigter Gönner waren unerwünscht, wenn sie nicht in geregelter Rücksprache mit der kirchlichen Hierarchie erfolgten. Es ging also darum, ein möglichst geschlossenes Bild abzugeben, das wesentlich von Kirchenleitung und Kirchgang geprägt war, nicht aber von den Einsiedlern, von den Mönchen und Asketen, die die Bistümer dieser Region einst so bestimmt hatten.

Die Reorganisation der Kirche in den Bistümern am Persischen Golf blieb auf lange Sicht erfolglos. Letzte Nachrichten aus dem 9. und 11. Jahrhundert zu den Christen und die wenigen Nachrichten darüber hinaus erlauben keine differenzierte Sicht des christlichen Lebens dort. Später wurden lediglich die Titel der traditionellen Bischofssitze überliefert, und es bleibt fraglich, ob sich mehr als die Erinnerung an die einstigen Plätze blühenden christlichen Lebens damit verbindet. Wie auch immer: Die Maßnahmen der Katholikos-Patriarchen genügten nicht, um den Fortbestand der Kirche gegenüber der muslimischen Herrschaft zu sichern. Sie dokumentieren aber, dass die nestorianische Kirche dieser Region begriffen hatte, dass sie aktiv auf die muslimische Herausforderung reagieren und offensiv agieren musste. Den bis heute im Detail unbekannten Prozessen der Islamisierung waren ihre Reaktionen aber eben nicht gewachsen.

II. Christliche Völker im Orient

Der in der Wissenschaft gebräuchliche Begriff «orientalische Nationalkirchen» umfasst nicht alle christlichen Kirchen des Orients, aber er bezieht sich auf die Kirchen, die intensiver als andere das Bild vom orientalischen Christentum geprägt haben. Die enge Verknüpfung nationaler, ethnischer, kultureller und religiöser Identität hat bereits bei der Entstehung der wichtigsten Kirchen im Orient wesentlichen Anteil gehabt. Im Zuge der politischen Emanzipation der Kopten und Syrer vom Römischen Reich wurde die Religion zu einem der identitätsstiftenden Merkmale. In den Zeiten ohne eigene Staatenbildungen überlebten die Armenier als Nation wesentlich durch ihre Kirche als der einzigen Institution, die all die Jahrhunderte über existent und präsent blieb. Die Westsyrer gar können nur auf fragliche Anfänge in einem Staat um die Stadt Edessa herum zurückblicken; unter König Abgar soll da das Christentum offiziell Eingang gefunden haben und der König selbst zum Christentum konvertiert sein. Die Ostsyrer und Kopten erlebten nie eine Phase staatlicher Unabhängigkeit für ihr Volk und ihre Kirche. Und doch leisteten die Kirchen in all diesen Ethnien Entscheidendes, damit die Nation oder der nationale Gedanke im Umweg über die Kirche fortbestehen blieb.

Zur Schärfung der theologischen Profile führte der Streit um das Verständnis Jesu Christi. Ist die «Gottheit» das entscheidend Wirksame, die «Menschheit» daneben eher passiv, wie dies die Theologen der späteren koptischen und syrischen Kirche lehrten? Oder sind Gottheit und Menschheit beide vollständig erhalten, gegebenenfalls so, dass die Gottheit in der Menschheit wie in einem Heiligtum thront, wie dies die ostsyrischen Theologen vertraten? Oder lässt sich das Verhältnis beider als ein Geheimnis des Glaubens letztlich gar nicht positiv bestimmen, sondern nur so, dass Gottheit und Menschheit nicht vermischt, aber auch nicht getrennt in Christus präsent seien, wie dies seit dem Konzil von Chalcedon (451) zum christologischen Bekenntnis der Orthodoxen, Katholiken und Protestanten wurde? Der theologische Streit um diese Frage fand innerhalb des orientalischen Christentums nie zu einem Ende, und noch heute begründet er kirchenpolitische Grundentscheidungen. So wurde die Aufnahme der Apostolischen Assyrischen Kirche des Ostens in den mittelöstlichen Kirchenrat wiederholt von den Kirchen der orientalischen Orthodoxie abgelehnt mit dem Hinweis auf deren vermeintliche Irrlehren gerade in dieser Frage. Dass somit eine der ältesten Kirchen der Welt vom ökumenischen Miteinander im Orient ausgeschlossen wird und keinerlei Solidarität von den anderen Kirchen der Region erfährt, ist eine bleibende Wunde im ökumenischen Verständigungsprozess und belegt, welch ungeheure Präsenz noch heute theologische Grundentscheidungen von vor 1600 Jahren für die gegenwärtige kirchliche Wirklichkeit des Orients haben.

Es muss hier auch wenigstens darauf hingewiesen werden, dass neben bemühter wissenschaftlicher Beschäftigung mit dem christlichen Orient – deutsche Forschungen erfreuen sich noch immer internationaler Beachtung, obgleich es ein Skandal ist, dass man das Fach aus kurzfristigen politischen Erwägungen an deutschen Universitäten aussterben lässt – und auch warmer Hilfe aus kirchlichen Kreisen sich ein breiter Strom einer zutiefst despektierlichen Haltung zu den orientalischen Christen durch die deutsche Geistesgeschichte zieht. Er sei hier nur mit einigen Beispielen aus Theologie und Kirche dokumentiert.

So sah Friedrich Naumann (1860–1919), Theologe und Gründungsvater der Liberalen, gerade in der theologischen Unversöhnlichkeit der Kirchen im Orient die Ursache für den äußeren Zustand des orientalischen Christentums seiner Zeit. Ihrer inneren Zerstrittenheit wegen seien sie dem Islam erlegen und gingen so ihrer möglichen Wirkung selbst in Zeiten des Niederganges der islamischen Religion verlustig. «Die einmal überwundenen orientalischen Christen sind kein Sauerteig im Mohammedanismus geworden. Sie haben ihren Dogmenzank nicht beendet, als sie unter seinen Folgen erlagen. In vielen besonderen Gruppen und Abteilungen führen sie ein Dasein beständiger Uneinigkeit. Selbst der offenbare Rückgang des Islam an geistiger Kraft weckt sie zu keinem neuen

Leben. Sie sind Salz, das dumpf geworden ist.»[1] Das ist eine historisch vollkommen unzulässige Sicht der geschichtlichen Prozesse, aber sie dokumentiert die Unbeholfenheit und Überforderung der Christenheit des Okzidents, mit der Wirklichkeit orientalischen Christentums unter den Gegebenheiten der islamischen Welt verstehend umzugehen.

Ende des 20. Jahrhunderts ordnete Samuel Huntington die gesamte Welt der Orthodoxie, nicht nur ihre orientalischen Varianten, jener Welt zu, die nicht beanspruchen könne, zur europäisch-nordatlantischen Wertegemeinschaft zu gehören.[2] Dieses Gegenüberstellen des Ostens zum Westen, des Orients zum Okzident als dem vermeintlich Anderen zum eigenen Selbst hat eine Tradition über die Jahrhunderte hinweg. Im Blick auf die andere Gestalt von Religiosität und Theologie im Orient beklagte sich etwa Naumann Ende des 19. Jahrhunderts in Palästina über «dieses Labyrinth von Aberglauben, Dogmenzank, Gestank und Geschwätz».[3] Und das ist nicht nur eine (falsche und bizarre) theologische Sicht: Naumann verstand mit solchen Bildern Politik zu machen, entwarf Szenarien möglicher politischer Entwicklungen und trug entscheidende Impulse in die deutsche Orientpolitik hinein. Mit seiner negativen Sicht der Armenier und seiner Anglophobie schuf er geistig das Klima mit, das dafür verantwortlich war, dass die Armenier von Seiten Deutschlands den politischen Interessen der militärischen Allianz mit der Türkei (die damals offiziell noch das Osmanische Reich war) geopfert wurden.

Das Befremdliche des orientalischen Christentums sah ein Zeitgenosse Naumanns – ebenfalls politisch einflussreicher Denker und ebenfalls zunächst Theologe – ganz im Sinne einer zurückgebliebenen Haltung der Unklarheit, der das aufgeklärte Denken Europas gegenüberstehe: Paul Rohrbach (1869–1956), der sich für die Reformen im orientalischen Christentum auch aktiv einsetzte, hatte kaum Sympathischeres als Naumann zum orientalischen Christentum zu sagen, auch wenn seine abwertende Sicht bei Mystik und Philosophie der christlich-orientalischen Traditionen ihren Ausgang nahm: «Die Unfruchtbarmachung der Religion durch die Hinüberzerrung des Christusbildes aus der Geschichte in jenes verschwommene Halbdunkel, das sich aus Resten abgestorbener niederer Gottesvorstellungen, aus spekulativer Mystik und aus Fragmenten versunkener philosophischer Systeme im Lauf von Jahrhunderten zusammengebraut hat».[4]

Diese beiden führenden Köpfe deutscher Politik waren mit ihrer Sicht nicht allein. Auch der gemeine Missionar konnte so auf die armen orientalischen Geschwister herabsehen. So bemitleidete der Hermannsburger Pfarrer Johann Georg Wörrlein (1837–1917), der sich in Palästina ungefähr in derselben Zeit aufhielt wie Naumann und Rohrbach, «die armen, irregeführten griechischen und römischen Christen, welche die Seligkeit zu haben glauben, wenn sie diese Steine und Bilder küssen und vor ihnen niederfallen», und bat den Auferstandenen, «auch in diese Totengebeine Sein Leben strömen und in diese Finsternis Sein Licht leuchten zu lassen».[5] Kaiser Wilhelm II. fasste seinen Eindruck, nachdem er die Grabeskirche in Jerusalem besichtigt hatte, in der für ihn typischen Weise in einem Satz zusammen, der das Bizarre seines Bewusstseins wie in einer Momentaufnahme einfängt: «Ich habe schon viel Dreck gesehen, aber so viel auf einem Haufen noch nie.»[6] Und der ansonsten wegen seiner diakonischen Arbeit im Orient verdienstvolle Ludwig Schneller (1858–1953) verstärkte diese Wahrnehmung eines vermeintlich niederen Christentums noch, indem er es den Muslimen gegenüberstellte; allerdings nicht, um die Muslime ernsthaft zu ehren, sondern um die Herabgekommenheit der Religiosität der Christen im Orient als Schande darstellen zu können: «Und ist nicht die stumme Anbetung der Mohammedaner drüben vor der Felsenmoschee unendlich viel würdiger?»[7] Auch Wörrlein nutzte dieses rhetorische Mittel; dass da türkische Soldaten anwesend sein mussten, um die Streitigkeiten bezüglich der Rechte der einzelnen Kirchen an der Grabeskirche in Jerusalem wenigstens äußerlich zu regulieren, nötigte ihn zu dem Ausruf: «Welche Schande für den Christennamen!»[8] Hier sei alles irrig, etwa die Pilger, die am Stein der Salbung knien «und ihn unaufhörlich küssen». Wörrleins Kommentar: «Wir gingen rasch vorüber, herzlich Gott dankend, dass wir lutherische Christen sind, denen solche Abgötterei ein Gräuel ist.»

Der Umweg über diese verzerrten Wahrnehmungen der orientalisch-orthodoxen Christenheit ruft nicht nur historisch überholte

Fehlurteile und Fehleinschätzungen in Erinnerung, sondern macht auch noch einmal eine historische Grundorientierung zu den so Verunglimpften nötig. Die folgenden knappen Skizzen geben jeweils den historischen Rahmen an, innerhalb dessen sich die unterschiedlichsten Prozesse vollzogen, die erst in ihrer Gesamtheit jeweils das Bild einer jeden Konfession und Kirche erfassen würden. Natürlich können nicht alle Kirchen des Orients behandelt werden; gerade die Vielfalt der Freikirchen, die oft heftigen Widerspruch bei Christen wie Muslimen auslösen, musste weithin unberücksichtigt bleiben: von den Adventisten über die Baptisten, die etwa mit den Amerikanern wieder in großer Zahl im Irak missionarisch aktiv wurden, bis hin zu den unzähligen charismatischen Gruppen, die mehr oder weniger erfolgreich auch unter Muslimen missionieren. Schon so ist die Vielfalt der Kirchen der orientalischen Christenheit für den mit ihr nicht vertrauten westlichen Leser nur schwer aufzunehmen. Dass es hierbei nur um eine erste Orientierung mit bewusstem Augenmerk auf die Eingebundenheit in die muslimische Umwelt gehen kann, versteht sich von selbst. Um es aber nicht bei solchen dürren Aufzählungen von Fakten zu belassen, sind Kurzausführungen zu herausragenden Personen Bestandteil der folgenden Skizzen.

Armenier

Die Armenier stellen seit dem Jahr 301 die älteste Staatskirche der Welt.[9] Im 6. Jahrhundert bekannte sie auf einer Synode ihre Differenzen zur Lehre der Kirche im Römischen Reich. Ihre zentralen Siedlungsgebiete im Kaukasus wurden ab 640 von den Arabern erobert, deren Herrschaft dann von 652 bis 886 anhielt. Schaut man auf die ersten Schutzverträge, die die Muslime mit den Armeniern schlossen, so fällt auf, dass sie ausgesprochen moderat ausfielen. Leben, Besitz und Religion blieben unangetastet, nach dem Vertrag zu Dwin auch Besitz, Kirchen, Gebetsstätten und Stadtmauern. Kopfsteuer und Naturalienabgabe waren die Gegenleistung. 652/53 sicherte der Vertrag mit dem Kalifen Muawiya noch weitergehende Freiheiten zu, die Muslime ließen sich gar darauf ein, keine Truppen nach Armenien zu schicken; lediglich zum Schutz des Landes gegen die Byzantiner konnte davon eine Ausnahme gemacht werden. Für sieben Jahre immerhin sollte man in Armenien abgaben- und steuerfrei bleiben. Dafür gingen die Armenier die Verpflichtung ein, die Muslime militärisch und mit Brot als Ersatz für die Steuerabgaben zu unterstützen. Die Kosten für die gegebenenfalls von den Armeniern zu stellende Truppe – 15 000 Mann Kavallerie – wären Sache des Kalifen gewesen.

Doch vierzig Jahre später änderte sich das Klima. Statt des gedeihlichen Miteinanders kam es zu gewaltsamen Auseinandersetzungen. Die Religionsfreiheit fand eine deutliche Grenze, als 693 ein muslimischer Offizier zum Christentum übertrat; er wurde gefangen und hingerichtet. Im selben Jahr setzte der Kalif Abd al-Malik (reg. 685–705) seinen Bruder Mohammed zum Gouverneur auch über Armenien ein, der 701 bei seinem Raubzug selbst Klöster brandschatzte. Der Katholikos Sahak III. (reg. 677–703), der in Damaskus seit 701 in Geiselhaft gesessen hatte, wandte sich kurz vor seinem Tod an Mohammed und bat um Frieden und religiöse Freiheit. Mohammed gestand dies vor dem Leichnam des Katholikos zu und legte so die Basis dafür, dass nunmehr der Katholikos jeweils als Oberhaupt der Armenier seitens des Kalifen offiziell anerkannt wurde. Er hatte seitdem für Volk und Kirche zu handeln und war der verantwortliche Ansprechpartner des Kalifen. Der Frieden hielt aber nur kurze Zeit. Unter dem Kalifen Al-Walid (reg. 705–715) lockte Mohammed alle armenischen Prinzen unter einem Vorwand in die Kirchen und verbrannte sie dort. Viele Angehörige der Adelsfamilien gerieten zudem in Gefangenschaft. Befreit wurden sie erst, als der Katholikos Yovhannes III. (reg. 717–728), ein gebildeter Philosoph, durch die Gespräche mit dem Kalifen einen tiefen Eindruck vom christlichen Glauben der Armenier bei seinem Gesprächspartner und den Zuhörern hinterlassen hatte. Die Gefangenen kamen daraufhin frei, Kirchen und Geistliche wurden von der Steuer ausgenommen, freie Religionsausübung zugesichert.

Wieder markiert der Tod eines herausragenden Konvertiten den Wandel zum Schlechteren. Ein gewisser Wahan, der vom Christentum zum Islam konvertiert war, kehrte zum Christentum zurück und wurde daraufhin 737 als Apostat in Damaskus hingerichtet.

Wenig später setzten Christenverfolgungen ein. Zu den Schutzmaßnahmen des Katholikos gegenüber den Muslimen gehörte 768 das Heiratsverbot von Christen mit Muslimen. Kirchenbesitz wurde unveräußerlich. Es trat eine Periode relativ friedvoller Koexistenz ein. Doch zu hohe Steuerforderungen eines Statthalters führten alsbald wieder zum Aufstand der Armenier, der Druck auf sie nahm immer mehr zu. Schließlich beschlagnahmte der Statthalter alle Kostbarkeiten aus dem Besitz der Kirche. Rechtmäßig gewählte Katholikoi mussten sich nun mit Silber ihre Anerkennung erkaufen. Einspruch beim Kalifen konnte zuweilen helfen, zeitigte aber Racheakte seitens des Statthalters. Zu große Begehrlichkeiten der Muslime führten zu Aufständen, in einem Fall auch zur Ermordung des Statthalters, aber regelmäßig folgten drakonische Maßnahmen der Besatzer. Die Aufstände erzeugten Märtyrer; die Kirche richtete einen jährlichen Gedenktag zur Erinnerung an sie ein. Diese Entwicklung hin zur militanten Auseinandersetzung ließ die Armenier auch eine andere Sicht des Islam einnehmen: Zuvor hatte man Mohammed zugestanden, dass er seine Gefährten zum wahren Gott zurückgebracht habe und beanspruchen dürfe, Erbe Abrahams zu sein, weil er weder Jesus verleugnet habe wie die Juden noch den theologischen Weg der Byzantiner in Gestalt des Konzils von Chalcedon gegangen sei (Pseudo Sebeos). Nun wurden emanzipatorische Tön laut, die durch fortgesetzte Repressalien im Zusammenleben mit den Muslimen erwachsende Feindschaft machte Mohammed zum falschen Propheten.

Doch auch mitten in der sich zuspitzenden theologischen Konfrontation hielten interreligiöse Dialoge an. Grigor Magistros (Anfang 11. Jh.) etwa beantwortete dem Emir Ibrahim Fragen zum christlichen Glauben; dank seiner Bildung in griechischer Philosophie und seiner Bibel- und Korankenntnisse hatte er solche Herausforderungen nicht zu fürchten. Er konnte sie noch anlässlich eines interreligiösen Streitgesprächs in Konstantinopel steigern und fertigte nach einer Wette eine gereimte Fassung der Bibel an.

Immer wieder neu musste der Sitz des Katholikos verlegt werden in verschiedene Orte der heutigen Osttürkei (10. Jahrhundert in Achtamar im Van-See, von 1183 bis 1895 ein Nebenkatholikat; dann in die Nähe von Ani, darauf nordwestlich von Melitene, schließlich

Herausgeber:
Johannes Lepsius. Ⴎ ɩɷɹɭ ɷɾɹɴ Heft I.
Januar 1897.

— Monatschrift —

Der Christliche Orient.

Armenischer Patriarch.

Inhalt Pindar, Ein Apell für die Christen des Orients aus Luthers Zeit. — Das Blutbad von Arabkir. — Brown, Die Syrer in Persien und der Osttürkei. — Pfeiffer, Die Anfänge der protestantischen Kirche in Armenien 1813–1850. — Der Verein für die protestantischen Armenier zu Berlin vom Jahre 1863. — Orient-Chronik. — Mitteilungen über das Hilfswerk in Armenien. — Litteratur.

Westend-Berlin 1897.
Verlag der Akademischen Buchhandlung W. Faber & Co.

——— Preis vierteljährlich | M. 50 Pf. ———

Die Zeitschrift «Der Christliche Orient», auf deren Titelseite hier ein armenischer Patriarch dargestellt ist, war das Hauptorgan der deutschen Orientmission, die ihren Arbeitsschwerpunkt unter den Armeniern des Osmanischen Reiches hatte und besonders nach den Massakern am Ende des 19. Jh. aktiv wurde. Aus dieser Mission kam auch der Anstoß für Stipendien an armenische Geistliche für ein Studium in Deutschland. Damit setzte sich diese Missionsgesellschaft von der turkophilen Mehrheitspolitik ab, und ihr Vorsitzender Johannes Lepsius (1858–1926) behielt diese Linie auch gegen die Zensur während des Ersten Weltkriegs durch Veröffentlichung der Vorgänge bei. Dafür nahm er auf sich, in die Niederlande emigrieren zu müssen.

in die Nähe von Sebaste). Im Verlauf der Kreuzzüge gelang 1080 die Gründung des Königreichs Kleinarmenien fernab der armenischen Stammlande; das Katholikat wanderte auf die Festung Hromkla und dann nach Sis. 1311 wurde das Patriarchat in Jerusalem gegründet, 1375 Kleinarmenien von den Mamlucken erobert. Neben Sis erstand im 15. Jahrhundert das Katholikat von Edschmiatzin wieder (seither zwei armenische Katholikate und zwei Kirchenoberhäupter). Nach der Eroberung Konstantinopels sorgten die Osmanen 1461 für die Errichtung des armenischen Patriarchates in Konstantinopel. Im 19. Jahrhundert wurden die nördlichen Regionen Armeniens von den Russen erobert. 1921 wurde das Katholikat von Kilikien infolge der Vernichtung der türkischen Armenier während des Ersten Weltkrieges verlegt und befindet sich seit 1930 in Antelias bei Beirut im Libanon. Nach wie vor siedelt ein gewichtiger Teil der armenischen Christen im Bereich der islamischen Welt. Auch die seit 1635 mit Rom unierten Armenier haben ihren Sitz für ihr Kirchenoberhaupt (seit 1740 Patriarchat von Kilikien) im Libanon in Bzommar/Beirut.

Katholikos Karekin II. Sarkissian (1932–1999) resümierte die Geschichte seiner eigenen Kirche in ihrer Brückenfunktion zwischen Okzident und Orient: «Obwohl die armenische Kirche ethnisch und kulturell sowohl mit dem Osten als auch mit dem Westen verbunden ist, stand sie in der Vergangenheit mehr als jedes andere Glied der Familie orientalischer Kirchen mit dem Westen in Verbindung.»[10] In Bezug auf die Vernichtung eines großen Teiles des armenischen Volkes im Ersten Weltkrieg nannte der Katholikos die Zahl von über zwei Millionen ermordeten Armeniern. Die Vernichtung sei von der türkischen Regierung geplant und organisiert gewesen; sie habe das Ziel gehabt, der Existenz der Armenier als Nation ein Ende zu setzen. Karekin II. wies darauf hin, dass man diesen Vorgang für den ersten Versuch eines Völkermordes im 20. Jahrhundert halte. Damit stellte er bewusst den Völkermord an den Armeniern in eine Reihe mit dem Völkermord an den Juden im Dritten Reich.

Die Armenische Kirche ist heute die mitgliederstärkste Kirche der Türkei, umfasst nahezu die gesamte Bevölkerung des Staates Armenien, verfügt über eine nach wie vor viel beachtete Diaspora auf iranischem Territorium, aber kaum noch über aktive Gemeinden im Irak und in Indien. Aus Ländern wie Afghanistan, Pakistan, Indonesien ist die armenische Kirche vollständig verschwunden, doch in Israel/Palästina, in Syrien und den Erdölstaaten am Persischen Golf, in Ägypten, dem Sudan, und nicht zuletzt im Libanon verfügen die Armenier teilweise noch über ansehnliche Diasporagemeinden, die sich besonders im Libanon auch im politischen Tagesgeschehen abbilden. In Aserbaidschan hingegen müssen sie infolge der Pogrome und der Folgen des armenisch-aserbaidschanischen Krieges als vertrieben gelten. In Georgien, Abchasien und Adscharien stellen die Armenier eine oft zum Politikum werdende Minorität dar. Die seit Jahrhunderten über die ganze Welt verbreitete armenische Diaspora (heute besonders in Russland und Amerika, in Europa vor allem in Frankreich zahlreich) verkörpert die starke Bindung der Kirche an den Westen, und aus dieser Westausrichtung agierte auch der Patriarch in Antelias in Zeiten des Kalten Krieges lange für die westliche, nicht-sowjetische Variante des Armeniertums. Der gegenwärtige Patriarch in Antelias, Aram I. (geb. 1947), fungierte viele Jahre an höchsten Stellen in der weltweiten Ökumene, und auch sein Vorgänger gehörte schon zu den international anerkannten Gestalten der Ökumene.

Kopten und Nubier

Die kirchliche Eigenständigkeit der Kopten gegenüber der byzantinischen Reichskirche bildete sich erst seit Mitte des 5. Jahrhunderts heraus.[11] Ihr Patriarch, Benjamin I. (reg. 626–665), führte seine Kirche nach dem Einmarsch der Araber 639–642 mit Geschick in eine gefestigte Position in der islamischen Zeit, wogegen die der Reichskirche treuen Gläubigen sich in bedrängter Lage befanden. Benjamin hatte vor den Nachstellungen des byzantinischen Patriarchen in die Wüstenklöster fliehen müssen, nach dem Sieg der Araber war er 644 zurückgekehrt. Zudem gelang es den Kopten, zahlreiche Kirchen der Staatskirche in Besitz zu nehmen. Die ihrer militärischen Stärke wegen auch von den Muslimen gefürchteten christlichen Nubier wurden zeitweilig zur Schutzmacht der koptischen

Christen in Ägypten, besonders, wenn die Steuerlast unter den muslimischen Besatzern erdrückend wurde.

Charakteristisch für Ägypten ist von jeher die Gebundenheit an den Nil. So folgten auch die Abgaben an die Muslime den Gezeiten des Nils. Nach den jährlichen Nilüberschwemmungen mussten die Zahlungen entrichtet werden, durften aber bei niedrigeren Wasserständen entsprechend verringert werden. Der Reichtum Ägyptens wurde zur Schatzkammer der neuen Herren; von dort bezog das islamische Reich einen gewichtigen Teil seiner Einnahmen. Jedoch wurde die Steuerlast immer erdrückender; wer konnte, versuchte sich den erdrosselnden Abgaben zu entziehen. In sechs verzweifelten Aufständen entlud sich allein im 8. Jahrhundert der Überdruck der gepeinigten Kopten. Aber sie schlugen fehl, und die Mehrheit wurde langsam zur Minderheit.

Bis ins 9. Jahrhundert unterlagen auch die Nubier einem gesonderten Schutzvertrag, der sie zur jährlichen Lieferung von 360 Sklaven verpflichtete; die Muslime revanchierten sich mit Naturalien. Den Vertrag hatte der arabische Präfekt von Ägypten bei einem erfolgreichen Feldzug, der ihn bis in eine der nubischen Hauptstädte hinein führte, den Nubiern abgenötigt. Es war primär ein Nichtangriffspakt, der die zehn Jahre der gegenseitigen Feldzüge der Nubier nach Ägypten und der ägyptischen Araber nach Nubien beendete. Die Bistümer der nubischen Christen hielten sich in ihrer großen Mehrheit zur Koptisch-Orthodoxen Kirche. Nubier waren von dem Schutzvertrag mit Ägypten ausdrücklich ausgenommen gewesen, und es war ihnen untersagt, in Ägypten zu wohnen. Dahinter stand die Befürchtung der Araber, dass sich die Nubier mit den Kopten gegen sie verbünden könnten. Tatsächlich führte ein nubischer Feldzug 750 dann zur Niederlage des omajadischen Präfekten in Ägypten, und der nubische König konnte so die Freilassung des vom Präfekten inhaftierten koptischen Patriarchen erzwingen. Vertraglich geregelt wurden schließlich Ausnahmen für Nubier, die trotz aller arabischen Vorbehalte in Ägypten lebten. Sie hatten dann ihre Abgaben in Gestalt von Pferden und Sklaven zu leisten. Durch die Gesandtschaft eines nubischen Prinzen zum Hof des Kalifen in Bagdad erleichterte sich die Last für die Nubier wieder deutlich, und im 10. Jahrhundert kamen sie ihrem Teil der Vertragsverpflichtungen dann nicht mehr nach. Das machte eine muslimische Gesandtschaft notwendig, die einerseits die Wiederaufnahme der Zahlungen forderte, andererseits den nubischen König zur Annahme des Islam einlud. Trotz der muslimischen Machtübernahme in Dongola im 14. Jahrhundert (die Stadt war die wichtigste der nubischen Residenzstädte) hielt sich das Christentum noch bis ins 16. Jahrhundert. Die Umstände seines Unterganges sind noch nicht aufgeklärt.

Viele Kopten suchten den Steuerzahlungen etwa dadurch zu entkommen, dass sie Mönche wurden, da Mönche, Arme, Blinde, Kranke und Priester noch lange Zeit von Steuern befreit waren. Doch 868 wurden die Steuern verdoppelt, und die Steuerbefreiung für Priester wurde aufgehoben. Bis auf die Ausnahme Al-Hakim (reg. 996–1021) stellten sich aber die Kalifen freundlich zu den koptischen Christen; im 10. Jahrhundert hatte einer der fatimidischen Kalifen sogar eine christliche Frau. Diskriminierung und Verfolgungen der Christen waren unter Al-Hakim freilich eine Zeitlang besonders heftig. Er ließ systematisch die Kirchen zerstören oder sie in Moscheen umwandeln. Erstaunlich und bisher unerklärt ist, dass er von einem Mönch namens Salomon dazu bewegt werden konnte, nicht nur von den Verfolgungen abzulassen, sondern auch den Wiederaufbau der Kirchen und Klöster zu gestatten; den unter brutalem Druck zum Islam Konvertierten gestattete er schließlich sogar die Rückkehr ins Christentum.

Hier unter den koptischen Christen blühte nun die christlich-arabische Literatur wie nirgends sonst im Orient. Im 11. Jahrhundert wurde die Patriarchenresidenz von Alexandria nach Kairo verlegt, im 12. Jahrhundert die Liturgie offiziell vom Koptischen ins Arabische übersetzt. Die Eroberung Nubiens durch die Muslime 1323 beraubte dann die Kopten ihrer Schutzmacht und führte zur raschen Islamisierung der Nubier. Den Muslimen Ägyptens erschien es zu dieser Zeit problematisch, dass so viele Christen im Diwan des Sultans saßen. Dieser Wechsel von Zeiten großen und prozentual überproportionalen Einflusses der Kopten in den öffentlichen Ämtern und Zeiten, in denen sie bewusst aus ihnen entfernt wurden, erhielt sich in Ägypten durch die Jahrhunderte bis zur Gegenwart. Im Frühjahr 1419 ließ der Sultan daher den koptischen

Patriarchen zu sich kommen, während Richter und Gelehrte um ihn versammelt waren. Der Patriarch musste vor der Versammlung stehen, er wurde gescholten und getadelt. Als Anlass diente die Behandlung der Muslime im christlichen Äthiopien, dessen Kirche formell mit der koptischen Mutterkirche verbunden war. Dem Patriarchen wurde seine Tötung angekündigt. Bemängelt wurde besonders, dass Christen sich nicht an die ihnen verordneten Kleidervorschriften hielten. Schließlich wurde förmlich beschlossen, dass Christen weder im Diwan des Sultans noch bei den Emiren beschäftigt werden dürften. Einer der einflussreichsten Christen, der Sekretär des Wesirs, war bereits seit Tagen eingekerkert gewesen. Ihn holte man nun aus dem Kerker, peitschte ihn aus und führte ihn nackt in Kairo umher. Dabei wurde laut gerufen, wessen er sich angeblich schuldig gemacht hatte. Auspeitschen und Demütigung durch entkleidete Zurschaustellung seien die Strafe für Christen, die im Diwan des Sultans tätig waren. Tatsächlich folgte eine Welle der Demütigung. Die Turbane der Kopten mussten kleiner werden, die Ärmel enger; auf Eseln durften Christen nicht mehr reiten, taten sie es doch, wurden sie oft zu Freiwild und ihrer Habe beraubt. Mit großer Mühe und mit Bestechungsgeldern gelang den Christen dann aber wieder der Einzug in die öffentlichen Ämter. Der Historiker Ibn Taghribirdi (1411–1470) meinte zu diesem Vorgehen, dass Allah dem Sultan hierfür «alle Sünden» verzeihe, da diese Maßnahmen «dem Islam in höchstem Maße hilfreich» seien: «Die Beschäftigung von Christen in den Diwanen Ägyptens» sei «ein sehr großes Übel, woraus sich die Bedeutung der christlichen Religion» erkläre. Die meisten Muslime müssten nämlich mit ihren Anliegen bei solchen Christen vorstellig werden und sich erniedrigen und demütigen. Doch habe der Sultan durch seine Maßnahmen Ägypten sozusagen ein zweites Mal erobert; er habe dadurch den Islam erhöht und den Unglauben erniedrigt. «Bei Allah ist nichts verdienstvoller als dies.»[12]

1516 verleibten sich die Osmanen Ägypten ein, und 1798 führten Napoleons Feldzug und die Ideen der Französischen Revolution zu einem anhaltenden Reformwillen bei Kopten und Muslimen in Ägypten, zu dem die Organisation eines höheren Schulwesens im 19. Jahrhundert ebenso gehörte wie die Forderung nach politischer

Gleichstellung der Christen mit den Muslimen im Staatswesen. Im Zuge der Kontakte mit Europa kam es dann 1895 auch zur Gründung eines koptisch-katholischen Patriarchates, das aber stets nur über eine verschwindend geringe Zahl von Gläubigen verfügte.

Der Anteil der Kopten in Ägypten wird heute auf 10 Prozent geschätzt – verlässliche Zahlen gibt es nicht –, gegenüber 89 Prozent Muslimen (heute fast nur noch Sunniten) und nur kleinen Gruppen von Protestanten, Katholiken, Griechisch-Orthodoxen, wenigen Armeniern und Angehörigen anderer orientalischer Kirchen. Jährlich treten ca. 15 000 Kopten zum Islam über. Im Sudan hingegen stellen die Kopten gegenüber der im Süden besonders starken katholischen Kirche und den Protestanten nur eine Minderheit im Spektrum der christlichen Kirchen dar. Ähnlich verhält es sich auch in Libyen, wo ebenfalls die Katholiken einen größeren Anteil an der Zahl der Christen stellen und es traditionell auch Gemeinden des melkitischen Patriarchates von Alexandria gibt. Mittlerweile missioniert die Koptische Kirche auch im südlichen Afrika erfolgreich (z. B. Zimbabwe), pflegt enge Beziehungen zur Eriträisch-Orthodoxen und zur Äthiopisch-Orthodoxen Kirche. Zudem verfügt die Kirche über eine zahlreiche weltweite Diaspora, kleine Gemeinden in Israel/Palästina und unter den Gastarbeitern in den Erdölstaaten am Persischen Golf.

Melkiten – Rum-Orthodoxe – Christliche Araber

Die Angehörigen der byzantinischen Staatskirche wurden zunächst als «Melkiten» (von syr. *malka* «König», also «Anhänger des Königs», gemeint war der byzantinische Kaiser) bezeichnet.[13] Die Eroberung der Stadt Damaskus 634 hatte zur Folge, dass die Johannes-Basilika zum Teil den Christen überlassen blieb, zum Teil in die Hauptmoschee umgewandelt wurde. Der erobernde Feldherr sicherte Personen, Besitz und Kirchen, die Stadtmauer und die Häuser der Christen, verlangte als Bedingung für all das aber hohe Abgaben. Viele Christen verließen mit den byzantinischen Truppen die Stadt. Die frei werdenden Häuser wurden den Muslimen gegeben, die nach einem Teil der Überlieferung die Hälfte aller Häuser und Kirchen in Besitz nahmen. Ähnlich fielen die Bedingungen für Emesa aus, das einmal seine Abgaben zurückerhielt, weil die Araber erneut den Byzantinern hatten weichen müssen.

Schon in der Frühzeit christlich-muslimischer Koexistenz befasste sich Johannes von Damaskus (650–ca. 750), einer der grundlegenden Dogmatiker der Orthodoxie und Autor der bahnbrechenden Schrift zur Bilderverehrung, mit dem Islam.[14] Er stammte aus einer christlich-arabischen Familie und war Spielgefährte des späteren Kalifen Yazid I. (644–683, reg. 680–683). Zunächst arbeitete er mit seinem für die Finanzen des Kalifen zuständigen Vater Sargun ibn Mansur zusammen. Den aufkommenden Diskriminierungen der Christen unter Kalif Abd al-Malik (reg. 685–705) wich er aus, indem er in das Kloster Mar Saba bei Jerusalem eintrat. Johannes verstand den Islam noch nicht als eigenständige Religion, sondern als eine Häresie: Mohammed habe immer wieder verbreitet, dass auf ihn eine Schrift aus dem Himmel herabgekommen sei, dabei habe er doch nur seine eigene Ketzerei aus den Schriften des alten und neuen Bundes zusammengestellt. Die Art der Zusammenstellung fand er gar lachhaft. Zwar gestünden die Muslime zu, dass Christus aus Maria ohne Zeugung geboren wurde, behaupteten aber, dass die Juden nur sein Scheinbild gekreuzigt hätten, er sei da nicht gestorben, sondern bereits von dem ihn liebenden Gott im Himmel aufgenommen worden. Folgerichtig behandelt Johannes den Islam in seiner Arbeit über die Häresien und reiht ihn hier neben manchen anderen ein. In den Spuren des Johannes wandelt nach ihm der Bischof von Harran, Theodor abu Qurrah (gest. 820), der die Argumente des Johannes etwa hinsichtlich der Bilderverehrung aufnimmt. Doch Theodor verwandte dazu bereits die arabische Sprache, während Johannes noch Griechisch schrieb.[15] Auch er stellte sich öffentlichen Streitgesprächen mit muslimischen Denkern, gar in Gegenwart eines muslimischen Fürsten.

Mitte des 10. Jahrhunderts wurde Antiochia nochmals von den Byzantinern zurückerobert und blieb bis Ende des 11. Jahrhunderts in ihren Händen. In dieser Zeit gab es eine starke Angleichung an die Reichskirche. Im 11. Jahrhundert wirkte der Bischof Suleiman von Gaza, der zu den herausragenden frühen Vertretern einer christlichen Poesie in arabischer Sprache gehört. Mit dem Auftreten

der Kreuzfahrer wurden die melkitischen Christen von den Latei-
nern bedrängt. Bereits im 14. Jahrhundert wurde der Sitz des Patriarchen nach Damaskus verlegt, und ab 1516 befanden sich die
Melkiten unter osmanischer Herrschaft.

Die Patriarchen standen in höchst labilen und wechselvollen Verhältnissen zu den Kalifen. Einer wurde von den Einwohnern von
Amorium 838 gesteinigt, als er sie überreden wollte, sich dem sie
belagernden Kalifen zu ergeben; der Kalif hatte ihn in seiner Begleitung gehabt. Einem wurde die Zunge abgeschnitten, einer wegen
des Verdachts auf Kollaboration mit den Byzantinern eingekerkert.
Zugleich zog einer der Patriarchen mit Erlaubnis des Kalifen, ausgestattet mit regulären Truppen, vergeblich aus, um die Maroniten
zu zwingen, dem Monotheletismus abzusagen. Die rum-orthodoxen Patriarchen im islamischen Herrschaftsbereich (also die von
Antiochia, Jerusalem und Alexandria) verwarfen 763 die Beschlüsse
der ikonoklastischen Synode von Hiereia, auf der auch Johannes
von Damaskus exkommuniziert wurde, und setzten sich damit von
der vorherrschenden Bildersturm-Ideologie der Byzantiner ab.

Im 18. Jahrhundert bildete sich eine mit Rom unierte Teilkirche
(die 1838 als eigene Millet anerkannt wurde). Sitz des Patriarchen,
der für Antiochia, Alexandria und Jerusalem verantwortlich zeich-
nete, war Damaskus. Ihre Angehörigen allein werden heute noch
als Melkiten bezeichnet, während sich für die Mutterkirche, deren
Gläubige einst mit demselben Namen bezeichnet wurden, heute die
Bezeichnung «rum-orthodox» (zu arab. *rum* für den östlichen Teil
des Römischen Reiches) durchgesetzt hat.

Seit 1774 agierte das russische Zarenreich als Schutzmacht für die
orthodoxen Christen des Orients und bekam dies offiziell seitens
des Osmanischen Reiches im Friedensvertrag zwischen Russen und
Osmanen zugestanden. Schon seit 1858 wirkte eine russisch-orthodoxe Mission in Jerusalem. Das Russische Reich entwickelte eine
umfangreiche missionarische Aktivität im Orient, um die Orthodoxie gegen römisch-katholische und protestantische Übergriffe
zu stärken. Ende des 19. Jahrhunderts waren es bereits 64 Schulen,
die von Russisch-Orthodoxen unterhalten wurden. Hier führte
der Wechsel zum Arabersein zu den tiefsten Veränderungen. Keine
christliche Kirche des Orients bekannte und bekennt sich so ent-

schieden und engagiert zum Arabersein wie die Rum-Orthodoxe Kirche des Patriarchats von Antiochia. Noch bis 1899 besetzten zwar Griechen weiterhin den Stuhl des Patriarchen von Antiochia, aber schon längst war das Spannungsverhältnis zwischen griechischen Hierarchen und bewusst arabischen Gläubigen nicht mehr zu überbrücken, und die Unterstützung der arabischen Orthodoxie durch die Russen führte schließlich dazu, dass alle Leitungsämter von Arabern besetzt wurden. Im Patriarchat von Jerusalem freilich scheiterte die russische Strategie, wodurch dem Jerusalemer Patriarchat bis heute eine griechische Hierarchie erhalten blieb. Der erste 1899 von der Synode gewählte arabische Patriarch war Meletius II. (reg. bis 1906), der zuvor Metropolit von Latakia gewesen war. Die Vorherrschaft der Griechen, die sich unter der Herrschaft der Osmanen etabliert hatte, war an ihr Ende gekommen. Dieser Wechsel war auch ein Akt im Kontext des erwachenden arabischen Nationalismus. Von daher ist zugleich zu verstehen, weshalb in Israel und Palästina der Versuch der arabischsprachigen Gläubigen, auch in der Geistlichkeit repräsentiert zu sein, in der israelischen Presse als ein Akt des palästinensischen Nationalismus verstanden oder diffamiert wurde. Keine andere Kirche hat bis in entscheidende Abschnitte der vorderorientalischen Politikgeschichte hinein sich so klar zum arabischen Nationalismus bekannt, auch als das jungtürkische Regime im Weltkrieg den sich emanzipierenden Kräften der Araber als Feind gegenüberstand. Gerade die Rum-Orthodoxen setzten sich für die Herrschaft Feisals I. (1883–1933), Sohn des Scherifen von Mekka, als König von Syrien ein und scheuten auch nicht den Konflikt mit den Mandatsmächten Frankreich und England.

Der Metropolit vom Berg Libanon, George Khodr (geb. 1923), ließ in der Selbstdarstellung seiner Kirche an deren Arabizität keinen Zweifel aufkommen. Einerseits hob er deren besondere Position und Wichtigkeit in der arabischen Welt hervor: «Zu diesem Patriarchat gehört die größte Anzahl von Gläubigen, die sich zur arabischen Stammbevölkerung in dieser Region zählen. Ohne dass sie mit der arabischen Nation gleichgesetzt werden kann, ist die orthodoxe Kirche dieses Patriarchats in besonderer Weise arabisch.» Andererseits betonte er auch die religiöse Vermittlerposition dieser

Kirche: «Dabei ist es seine [des Patriarchats] Hauptsorge, Christus in die arabische Welt zu übersetzen, dabei auch das Gespräch mit den Muslimen zu führen, um auf diese Weise den Weg zum wirklichen Zusammenleben zu finden.» Diese Aufgabe werde durch den wachsenden Islamismus (Khodr spricht vom «wachsenden islamischen Glaubenseifer») erschwert. Doch solle gerade dies bei den Christen dazu führen, «den eigenen Glauben zu vertiefen und sich vor negativen Reaktionen zu hüten».[16]

Im Libanon sind heute 7 Prozent der Bevölkerung Angehörige der Rum-Orthodoxen Kirche, 5 Prozent sind Mitglieder der Griechisch-Katholischen Kirche. In Syrien stellen die Rum-Orthodoxen mit Abstand die größte Kirche dar, im Irak und in der Türkei hingegen nur eine verschwindend kleine Minorität. In Israel/Palästina verkörpern die Rum-Orthodoxen zwar die traditionelle Kirche, doch dürfte ihr nur noch ein minimaler Anteil der Bevölkerung zuzurechnen sein. Wie bei allen orientalischen Kirchen spielt die weltweite Diaspora eine gewisse Rolle, doch widerstanden die rum-orthodoxen Gläubigen der Migration zunächst stärker als die Maroniten, Syrer oder Armenier. In Ägypten spielen sie numerisch nach der Aussiedlung der Griechen kaum noch eine Rolle. Die Bedeutung des Patriarchates von Alexandria liegt jedoch darin, dass es zuständig ist für alle orthodoxen Missionskirchen auf dem afrikanischen Kontinent; es gibt nur wenige Länder des islamischen Afrika, in denen die Kirche nicht irgendwie präsent ist. Die Melkiten sind heute relativ stark in Israel/Palästina vertreten und bilden auch in Syrien und Jordanien ein Gewicht innerhalb des christlichen Spektrums.

Syrer – Westsyrer – Jakobiten – Aramäer

Zur syrischsprachigen Christenheit des Vorderen Orients gehörten einst selbst Christen der oströmischen Staatskirche, Maroniten, Chaldäer und Nestorianer.[17] Das Syrische als die sich um Edessa aus dem Aramäischen herausbildende Sprache ist eine der großen Literatursprachen der Antike und des Mittelalters und wurde von Zypern bis Peking, von der Mongolei bis Kanton, von Sokotra bis

Syrisch-orthodoxe («jakobitische») Frauen aus Midyat in typischer Tracht. Heute gibt es in der Region des Tur Abdin («Berg der Knechte Gottes») im Südosten der Türkei noch einige christliche Dörfer. Die Syrer dort sind des öfteren Repressalien ausgesetzt. Hier, wie auch in anderen Ländern der islamischen Welt, kommt es immer wieder zu Entführungen und Zwangsverheiratungen von christlichen Frauen und Mädchen mit Muslimen. Die autochthone Bevölkerung vermutet hinter solchen Vorfällen eine Strategie, um die christliche Präsenz zu dezimieren.

Tibet, von Indien bis Aserbaidschan als Verkehrssprache verwandt. Doch unterscheidet sich das Westsyrische vom Ostsyrischen durch die Schriftform: Im Westsyrischen, also innerhalb des griechischen Einflussbereichs, wurden drei Buchstaben des griechischen Alphabets für die grafische Darstellung der Vokale genutzt, während im

Ostsyrischen, also im Bereich iranischen Einflusses, hierfür ein Punktsystem entwickelt wurde. Unter «Syrer» werden hier die Westsyrer allein verstanden, deren wichtigste Kirche die Syrisch-Orthodoxe Kirche mit ihrem Patriarchen in Damaskus ist; ihre Anhänger identifizieren sich, besonders in der westlichen Diaspora, bevorzugt mit den Aramäern der Antike.

Die islamische Eroberung bis zur Mitte des 7. Jahrhunderts erfuhren die Westsyrer durchaus auch als einen Akt der Befreiung von der sie immer wieder bedrückenden und dogmatisch bedrängenden byzantinischen Reichskirche, gegen die sie sich erst durch die unermüdliche Wirksamkeit des Jakob Baradaios (ca. 490–578) eigenständig zu organisieren vermochten. Fortwährend kam es zu Kontakten zwischen dem Kirchenoberhaupt der Westsyrer und den Kalifen. Es ging darum, einen Schutzvertrag zu erhalten oder Kirchen wiederaufbauen lassen zu können, die oft zerstört wurden, weil sie angeblich erst in nachmuslimischer Zeit erbaut worden waren. Zuweilen bedurfte es aber auch des Rates des Kalifen bei innerkirchlichen Konflikten. So sehr die Kirche unter immer wiederkehrenden Zerstörungen durch die Muslime und Kalifen zu leiden hatte, so sehr lieferte sie sich doch auch den Kalifen aus, wenn sie wieder einmal von Schismen heimgesucht wurde. Stets wurden dann die Kalifen als Schiedsrichter eingeschaltet.

Schon im frühen 9. Jahrhundert hatte die Syrisch-Orthodoxe Kirche mit Habib abu Raita (gest. 840) einen ersten und bedeutenden arabischen Schriftsteller. Er arbeitete mit aristotelischen Begrifflichkeiten und Vorstellungen, befasste sich mit Trinität und Inkarnation. In Yahya ibn Adi von Tagrit (893–974) erwuchs der Kirche dann einer ihrer größten Theologen,[18] der auch philosophisch tiefgehend gebildet war. Von Bagdad aus entfaltete er seine reiche literarische Tätigkeit. Er übersetzte zwanzig Werke, unter ihnen solche von Platon und Aristoteles, aus dem Griechischen oder Syrischen ins Arabische. Dabei beläuft sich die Zahl seiner eigenen Werke auf 85. Ein erheblicher Teil von ihnen ist apologetischen Inhalts: Sie verteidigen vorrangig die christliche Lehre und die biblische Überlieferung; ihr Gegenüber, oft namentlich bereits am Anfang benannt, sind bedeutende muslimische Denker und Philosophen, deren Lehren und Schreiben ihn zu seinen Antworten herausgefordert hätten. Die wichtigsten dieser Schriften sind die Widerlegungen der muslimischen Philosophen Al-Kindi und Al-Warraq. Doch die immense Bedeutung dieses Theologen beruht darauf, dass seine Schriften nicht mehr auf Syrisch verfasst sind, sondern in der arabischen Sprache, die seit dem 9. Jahrhundert das Syrische allmählich zurückdrängte. Die Schule dieses großen Gelehrten wirkte noch durch seine Schüler etwa in Bagdad und Tagrit bis tief ins 11. Jahrhundert hinein.

Genannt werden muss auch der große Theologe Mose bar Kepha (gest. um 903), der ein Werk über den freien Willen und die Prädestination schrieb, in dem er ein Kapitel den Muslimen widmete, die die Freiheit fortnähmen und behaupteten, dass das Gute oder das Böse für die Menschen bereits von Gott bestimmt sei.[19] Doch werden die Muslime in diesem Werk nicht mehr als gleichberechtigte Partner in offener Diskussion gesehen, sondern in eine Reihe mit den alten Heiden gestellt. So zeugt dieses Werk von einem theologischen Gezeitenwechsel: Die lebhafte Auseinandersetzung um den freien Willen zwischen den Denkern der beiden Weltreligionen war vorüber. Jetzt war die einst kontrovers diskutierte Frage zu einem Topos in einer gelehrten Abhandlung herabgesunken.

Nachdem das Arabische längst zur Gelehrtensprache auch syrisch-orthodoxer Theologen geworden war, feierte das Syrische im 12. und 13. Jahrhundert mit der so genannten «syrischen Renaissance» noch einmal literarische Triumphe. Dionysios bar Salibi (gest. 1171), Metropolit von Amida, schrieb gewichtige exegetische Werke, theologisch-dogmatische Abhandlungen und Kommentare zur Liturgie. Zu den herausragenden polemischen Schriften des Dionysios zählt die gegen den Islam, sie ist der längste und vollständigste Text einer Disputation mit den Muslimen.[20] Sein Anliegen ist, den Leser mit der islamischen Lehre zu konfrontieren und ihm Argumente zur Widerlegung an die Hand zu geben. Als Gesprächspartner ließ Dionysios nicht die geistig wenig versprechenden Legalisten (die Vertreter der Sunna) zu, sondern empfahl die Diskussion mit den muslimischen Philosophen. Der Text ist nicht nur eine Fundgrube zum zeitgenössischen Islam; auch die Fragen nach der zugrunde liegenden Koranversion, aus der immer wieder ausführlich zitiert wird, gibt allerhand Rätsel auf. Auch der Patriarch

Michael I. (ca. 1126–1199), der am Hof des Seldschukenkhans Religionsgespräche mit dem muslimischen Philosophen Kemal ed-Din führte, schrieb sich mit seinem Geschichtswerk in die Literaturgeschichte ein.[21]

Der wohl bedeutendste Vertreter dieser syrischen Renaissance aber war das Oberhaupt der Kirche auf dem Boden des ehemaligen Persischen Reiches, Gregor Barhebräus (arab. Abu al-Faraj oder Ibn al-Hakim, 1225/26–1286).[22] Er wurde in Melitene (Malatya) als Sohn eines jüdischstämmigen, zum Christentum konvertierten Arztes geboren und auf den Namen Johannes getauft. Sein Vater ermöglichte ihm eine gründliche theologische Ausbildung, ehe er mit seiner Familie aus dem von Mongolen bedrohten Melitene (damals unter der Herrschaft der Rum-Seldschuken) in das fränkische Antiochia übersiedelte. Hier weihte der syrisch-orthodoxe Patriarch Ignatius II. den jungen Mann zum Mönch, der dann aber nur ein Jahr in Klausur lebte. Seine intensiven Studien setzte er anschließend bei einem nestorianischen Lehrer in Tripolis mit Schulungen in Rhetorik und Medizin fort. 1246 wurde er zum Bischof von Gubos bei Melitene geweiht und nahm den Namen Gregor an. Bereits nach einem Jahr wechselte er auf den Bischofsstuhl von Laqabin. Aktiv gestaltete er die Kirchenpolitik mit. Hatte er zunächst nach dem Tod Ignatius' II. den Bischof seiner Heimatstadt, Dionysius, als Patriarchen unterstützt und ihm mit Bestechungsgeldern die staatliche Anerkennung verschafft (dafür erhielt er das bedeutende Bistum Aleppo), so stand Barhebräus bei dessen Ermordung bereits auf der Seite des Konkurrenten. Während der Patriarchenwahl 1264 wurde Barhebräus zum «Maphrian von Tagrit und dem Osten» ordiniert und damit Oberhaupt der Syrisch-Orthodoxen im ehemaligen persischen Reich mit seiner Residenz im Kloster Mar Mattai (nördlich von Mossul). Er unternahm Reisen nach Bagdad, Tagrit und Sis, in Maraga, Hauptstadt der mongolischen Ilkhane in Aserbaidschan, hielt er sich zeitweilig besonders zu Studienzwecken auf. Dort starb er auch und wurde zunächst in der dortigen Kirche bestattet, ehe er später in das Kloster Mar Mattai überführt wurde. Was Barhebräus aber zur theologischen Autorität seiner Kirche machte, ist sein umfangreiches literarisches Werk, das in seiner Vielfalt und im Umfang des verarbeiteten Wissens als geradezu einzigartig in der Geschichte der Syrisch-Orthodoxen Kirche betrachtet werden kann. Bemerkenswert ist, dass er seiner grundlegenden Geschichtsdarstellung auf Wunsch muslimischer Interessenten eine gekürzte arabische Version folgen ließ. In seiner Auseinandersetzung mit dem Islam (im Werk «Kandelaber des Allerheiligsten», seiner Dogmatik) griff Barhebräus nicht nur auf den Koran zurück, sondern zitierte herausragende muslimische Philosophen, um seine Beweise gegen die muslimischen Antworten zu stützen; Ar-Razi, Al-Gahiz und Al-Ghazali zitiert er namentlich. Damit bekundete Barhebräus implizit, dass die christlichen Gelehrten nunmehr die muslimischen als ebenbürtig empfanden, sie schätzten und sich ihrer selbstverständlich in der Entwicklung der eigenen Gedanken bedienten.

Der Sitz des Patriarchates befand sich zeitweilig in Amida, Mardin, Aleppo, Homs (seit 1933), ehe er 1959 nach Damaskus verlegt wurde. Die immer wieder von Schismen heimgesuchte Kirche (zeitweilig bis zu vier nebeneinander agierende Patriarchen) erlebte ihren Höhepunkt im 12. und 13. Jahrhundert, wurde dann durch die muslimischen Mongolen unter Timur-Lenk im 14. Jahrhundert vernichtet. Seitdem erfuhr sie einen massiven kulturellen Niedergang auch der syrischen Sprache und Literatur. Dennoch schloss sich ihr 1665 ein Teil der ostsyrischen Christenheit Indiens an, weil diese den Kontakt zu ihrer Mutterkirche aufgrund massiver Intervention der Kolonialmächte nicht dauerhaft hatten aufrechterhalten können.

Heute zählt die Syrisch-Orthodoxe Kirche in der Türkei ca. 15 000 Gläubige in Istanbul und ca. 3 000 Gläubige in den drei südosttürkischen Bistümern, etwas zahlreicher ist sie in Syrien und auch im Libanon, schwächer im Irak, in Israel/Palästina und den Golfstaaten. Verlässliche Zahlen sind hier nicht zu ermitteln. Im Vorderen Orient ist diese Kirche nur noch ein Schatten ihrer selbst, verfügt aber über eine weltweite Diaspora.

Maroniten

Die Maroniten erhielten ihren eigenen Patriarchen erst nach der muslimischen Eroberung des Patriarchats von Antiochia in der Mitte des 8. Jahrhunderts,[23] jener Zeit, in der sie massiven Verfolgungen durch Jakobiten und den Kalifen ausgesetzt waren. Aufgrund der Repressionen unter dem Kalifen Al-Mamun (reg. 813–833) waren sie gezwungen, sich in die libanesischen Berge zurückzuziehen; doch blieben starke maronitische Gemeinschaften auch im Bereich des heutigen Syrien erhalten. Im Zuge des Kontakts zu den Kreuzfahrern kam es 1182 zur Union mit Rom. Dabei anerkannten die römischen Katholiken 1216 das Oberhaupt der Maroniten als einen der Patriarchen von Antiochia. Unter osmanischer Herrschaft standen sie seit 1516. Im 16. Jahrhundert setzte eine extreme Latinisierung und Umwandlung der Kirche im Sinne Roms ein, aber zugleich trug das 1584 in Rom gegründete Kolleg für die Maroniten zur geistigen Blüte bei.

Bewusst distanzierten sich die Maroniten von ihrer arabischen Umgebung und aller Arabisierung ihres Lebens. Ihrer Kultur zum Trotz identifizierten sich nicht wenige lieber mit den Phöniziern, die in der Antike dort ansässig gewesen waren. In den Bergen relativ geschützt, entwickelten sich die maronitischen Klöster zu Fluchtburgen verfolgter Christen in der islamischen Welt. Ihre Kontakte zu den Franzosen waren schon während der Kreuzzüge so eng, dass König Ludwig IX. (reg. 1226–1270) davon überzeugt war, die maronitische Nation sei ein Teil der französischen Nation. Doch zahlten die Maroniten einen hohen Preis dafür. Im 13. Jahrhundert waren sie gezielten Feldzügen der Muslime ausgesetzt. Ihr Patriarch wurde eingekerkert, ihre Festungen wurden zerstört. Im 14. Jahrhundert wurden die erneuten Verfolgungen damit gerechtfertigt, dass Zyprioten und Genueser Beirut von See her angegriffen hatten. Auch für zwei große Brände in Damaskus machte man sie verantwortlich. Schließlich führte der von Zypern ausgehende Angriff auf Alexandria zu direkten Vergeltungsschlägen gegen die Maroniten. Die Mamlucken begannen daraufhin anhaltende Christenverfolgungen. Viel später, 1860 im Kontext des so genannten Drusenaufstandes, kam es zu einer starken Dezimierung der massiv verfolgten Maroniten. Damit beginnt die Geschichte ihrer Auswanderung.

Der Maronit Najib Azuri (1873–1916) schrieb schon 1905 ein Buch zur Erweckung der arabischen Nation, in dem er eindringlich die Sicht vertrat, dass zur arabischen Nation sowohl Christen als auch Muslime gehörten. Die religiösen Konflikte verstand er als von ausländischen Kräften provoziert. Ein anderer maronitischer Schriftsteller stellte zu den Kämpfen und der türkischen Hungerblockade gegen den Libanon im Ersten Weltkrieg fest, dass dieser Kampf nicht ein Kampf der Muslime gegen Nicht-Muslime sei, sondern ein Kampf der Türken gegen die Araber. Durch den gemeinsamen Widerstand sei die arabische Nation geboren worden. Dabei stehe der arabische Christ neben dem arabischen Muslim gegen den gemeinsamen Feind. Wie Italien nicht auf dem Papsttum gründe, so könne die arabische Nation nicht auf dem Kalifat gründen. In der Vergangenheit hätten die Religionen den nationalen Charakter bewahrt; nunmehr sei das ein Skandal, wenn sie den neuen Staat auf der Grundlage der Religion errichten würden. Hunderttausende christlicher Libanesen kamen durch die Hungerblockade und infolge von Hinrichtungen und Krankheiten um. In direktem Gegensatz zu den Rum-Orthodoxen der Region, die nach dem Krieg teilweise die Herrschaft König Feisals in Syrien unterstützten, kämpften die libanesischen Nationalisten für einen von den Franzosen gestützten Staat; 1919 setzte sich der maronitische Patriarch in Paris für die libanesische Unabhängigkeit ein. Die von den Maroniten angeforderten Franzosen vertrieben schließlich Feisal aus Syrien und schufen im September 1920 in Übereinstimmung mit den Maroniten «Groß-Libanon».

In der 1926 unter französischem Mandat gegründeten Republik Libanon, die seit 1946 unabhängig ist, stellen die Maroniten als stärkste christliche Gruppe stets den Staatspräsidenten, weil zur Zeit der Gründung der Republik noch eine Bevölkerungsmehrheit christlich war. Heute gehören nur noch gut 25 Prozent der Libanesen der maronitischen Kirche an. Die Zahl der Maroniten in Syrien und Israel/Palästina ist heute gering, in den anderen Ländern sogar bedeutungslos. Außerhalb des Orients leben weit mehr Maroniten als in ihm.

Ostsyrer – Nestorianer – Assyrer – Chaldäer

Die flächenmäßig größte Kirche des Mittelalters war diejenige, die sich schon aufgrund ihrer starken Kirchenprovinzen auf arabischem Boden am massivsten mit der neuen islamischen Herrschaft auseinandersetzen musste.[24] Spätestens in abbasidischer Zeit (ab 750) galt das Oberhaupt der Kirche des Ostens als das Oberhaupt aller Christen in der islamischen Welt, weshalb der Kalif den Patriarchen mit «Vater der Christenheit» ansprach. Die größte Ausdehnung erreichte die Kirche in der islamischen Zeit. 635 in China vom Kaiser offiziell zugelassen, seit dem 11. Jahrhundert besonders unter Mongolenstämmen verbreitet, fand sie sich entlang aller wichtigen Handelsrouten über den asiatischen Kontinent. Aufgrund ihrer besonderen Rolle am neu gegründeten Kalifenhof in Bagdad, wohin der Patriarch seine Residenz verlegt hatte, um dem politischen Zentrum der Macht nahe zu sein, engagierte sich diese Kirche sowohl in interreligiösen Dialogen als auch durch große Übersetzungsprojekte in der Begegnung mit der neuen Herrschaft.

Im 8. Jahrhundert entstand innerhalb eines umfassenden Werks zur «nestorianischen» Lehre die erste Behandlung zeitgenössischer muslimischer Argumente gegen das Christentum in apologetischer Absicht. Der Verfasser, Theodor bar Koni (8. Jh.), lässt dort fiktiv einen Schüler die muslimischen Argumente vortragen und den Lehrer daraufhin die christliche Lehre entfalten.[25] So wehrt sich der Schüler entschieden gegen die Vorstellung, dass Gott einen Sohn habe, da das mit der Transzendenz Gottes unvereinbar sei. Der Lehrer wiederum weist darauf hin, dass der, der den Schüler die Verachtung der Taufe gelehrt habe, erst 600 Jahre nach Christus gelebt habe; der Bezug auf Mohammed ist unverkennbar. Das Werk ist eine Widerlegung des Islam oder vielmehr seiner antichristlichen Argumente, geschrieben für jene Christen, die sich durch die herrschenden Muslime fortgesetzt auf den Inhalt ihrer Religion angesprochen fühlten oder auch tatsächlich angesprochen wurden. Ein Jahrhundert später setzte Nonnus von Nisibis (gest. um 870) diese Art der Auseinandersetzung fort.[26] Er karikiert die muslimischen Vorstellungen vom Paradies und entfaltet bewusst den von den Muslimen für die Christen gebräuchlichen Begriff von Jesus dem Nazarener her; damit zeigt er seine Vertrautheit mit dem Koran ebenso wie seinen Willen zur Abgrenzung von jenen «Hanpe» (arab. *hannif*), die gerechter mit dem Christentum verführen als andere.

Das Amt des Patriarchen aber blieb wie schon in den Zeiten der Sassaniden steten Über- und Eingriffen der Kalifen und Statthalter ausgesetzt. Immer wieder vertrieben sie rechtmäßige Patriarchen und etablierten solche, die ihnen botmäßig waren. In den Jahren 1017 und 1026 fegten antichristliche Aufstände durch die zentralen Regionen der Kirche, bei denen auch die Patriarchenresidenz geplündert wurde. Zwar litten die Nestorianer mit den Muslimen unter der gewaltsamen Eroberung der Kernlande des islamischen Weltreiches durch die Mongolen im 13. Jahrhundert, aber nach der mongolischen Einnahme Bagdads 1258 und der Ermordung des Kalifen zog der Patriarch in den ihm überlassenen Kalifenpalast in Bagdad ein. Obwohl Ende des 13. und zu Beginn des 14. Jahrhunderts sogar ein Mongole Patriarch war, erlag die Kirche mit dem Übertritt des Ilkhan Gazan (reg. 1295–1304) zusehends dem wachsenden Druck zur Islamisierung und vielerlei Repressionen.

Der bedeutende Schriftsteller Ebedjesus (Abdischo bar Berika, ca. 1250–1318) hatte als Hierarch 1284/85 das Amt des Bischofs von Siggar und Beth Arbaje inne, amtierte dann ab 1290/91 als Metropolit von Nisibis und Armenien.[27] Mit seinem gereimten Katalog der syrischen Schriftsteller ging er nicht nur als erster Literaturhistoriker der syrischen Literatur in die Geschichte ein. Sein Buch ist auch eine bis heute wichtige Quelle, worin er auch seine eigenen Werke nennt, die heute teilweise als verloren gelten müssen. Erhalten haben sich unter anderem eine kurz gefasste Sammlung der synodalen Kanones (ein Nomokanon), eine «Tafel der kirchlichen Rechtsordnungen und Gesetze» (ein Handbuch des ostsyrischen Kirchenrechts) und einige dogmatische Werke, deren bedeutendstes das «Buch der Perle über die Wahrheit des Christentums» ist, eine in den Jahren 1297/98 entstandene abschließende Darstellung der Theologie der Kirche des Ostens. Es war der mongolische Katholikos-Patriarch Jaballaha III. (reg. 1282–1317) – seine

Stellung hatte er nicht unwesentlich seiner ethnischen Zugehörigkeit zu verdanken –, der Ebedjesus zur Abfassung dieses Werkes bewegen konnte. Der Zweck der Schrift war ihm gleichfalls aufgetragen: Sie sollte dem Patriarchen beim Unterricht zum praktischen Gebrauch in der Schule dienen. Ebedjesus behandelt die Dogmatik, die ihrer Verwendung wegen leicht verständlich geschrieben und knapp abgefasst sei, in fünf Abschnitten (Gott, Schöpfung, Heilsökonomie, Sakramente, Letzte Dinge). Besonders interessant sind die Ausführungen zur Christologie und Mariologie. Maria sei weder «Mutter des Menschen» Jesu noch «Mutter Gottes», sondern sie sei einzig richtig als «Mutter Christi» zu bezeichnen; die Kirche des Ostens bekenne sich zu zwei Naturen und zwei Personen in Christus. Terminologisch ist auffallend, dass Ebedjesus die Bezeichnung «Nestorianer» für seine Kirche kennt und benutzt, aber zugleich zurückweist: nicht sie sei Nestorius, sondern er sei ihr gefolgt. Ein herausragendes Werk dieses wichtigsten Dogmatikers aus der Zeit der ostsyrischen Renaissance ist das «Paradies von Eden», eine Sammlung von fünfzig Gedichten (ebenfalls auf Wunsch Jaballahas um 1290 abgefasst). Herausgefordert durch die Blüte der arabischen Dichtung dieser Zeit, wollte er in diesem Werk beweisen, dass die syrische Literatur zu ebenbürtigen, wenn nicht überlegenen literarischen Leistungen fähig war. Die beiden Teile der Sammlung, «Henoch» und «Elias», umfassen gleich viele Gedichte, eine inhaltliche Ordnung gibt es nicht. Behandelt werden theologische Themen (Dreifaltigkeit und Einheit Gottes) ebenso wie spirituelle (Verstand und Kontemplation), moralische oder philosophische (der Mensch als Mikrokosmos). Dabei werden Rätsel und Gebete in die Folge der Gedichte eingestreut, die übrigens als Akrosticha abgefasst sind, d. h. die Buchstaben des syrischen Alphabets bilden in ihrer Abfolge jeweils den Beginn der Verse. Charakteristikum der Gedichte ist der Versuch, alle nur erdenklichen Kunstgriffe zu verwenden, etwa vorwärts und rückwärts lesbare Zeilen. Da diese Kunstfertigkeit den Sinn der Gedichte oft verdunkelte, ließ der Dichter 1316 einen Kommentar dazu folgen. Die breite Überlieferung belegt die Beliebtheit dieses Werkes, das beweist, wie die Koexistenz beider Weltreligionen auch zu kulturellen Höchstleistungen anspornte.

Die Überlebenden der Vernichtungszüge Timur-Lenks (1336–1405) zogen sich schließlich in die Berge Kurdistans zurück, spätestens im 15. Jahrhundert muss die Kirche des Ostens in China und Zentralasien als untergegangen gelten. Nach der osmanischen Eroberung der Region des heutigen Irak kam es immer wieder zu Spaltungen in der Kirche, insbesondere in der Folge von Unionsversuchen mit der römisch-katholischen Kirche. Im 15. Jahrhundert konnten die römischen Katholiken das ostsyrische Bistum von Zypern mit Rom vereinigen, Mitte des 16. Jahrhunderts einen Teil der Mutterkirche unter Johannes Sullaqa (ca. 1510–1555) zur Union mit Rom bewegen, die aber wieder erlosch und 1681 durch Patriarch Joseph I. (reg. 1681–1696) restituiert werden musste.[28] Im 19. Jahrhundert wurde die katholische Kirchenleitung der Ostsyrer erneuert und 1845 von den Osmanen als chaldäische Millet anerkannt. Als Chaldäer werden also seitdem die mit Rom unierten Ostsyrer bezeichnet. Seit 1950 residieren die katholischen Patriarchen der Chaldäer in Bagdad.

Patriarchatsresidenz der Kirche des Ostens war vom 17. Jahrhundert an Qodschannes im Bereich der heutigen Südosttürkei, von wo der Patriarch 1915 durch türkische Truppen gewaltsam vertrieben wurde. Schon Mitte des 19. Jahrhunderts waren die Nestorianer vernichtenden Feldzügen der Kurden ausgesetzt gewesen und befanden sich seither in einer überaus gefährdeten Situation. So suchten sie Koalitionen zu allen wichtigen Mächten, die in der Region agierten (Engländer, Franzosen, Russen, Deutsche). Über Urmia, wo ebenfalls eine starke ostsyrische Population die Jahrhunderte überdauert hatte, zog das Volk schließlich in den Irak, dessen Staatsführung dem Patriarchen die Staatsbürgerschaft aberkannte, als der die Weltöffentlichkeit auf die Pogrome gegen sein Volk aufmerksam zu machen versuchte. Der in die USA geflohene Patriarch wurde 1975 ermordet, sein Nachfolger, der zeitweilig in Teheran residierte, hat heute seinen Sitz in Chicago und eine Art Zweitsitz nunmehr im Nordirak, während sein Gegenpatriarch seit 1972 von Bagdad aus die deutlich kleinere oppositionelle Gruppe leitet. Zu der Kirche gehört seit dem 19. Jahrhundert auch wieder eine ostsyrische Kirchenprovinz in Indien (Sitz des dortigen Metropoliten in Trichur).

Die protestantische Mission

Seit dem 18. Jahrhundert wandten sich protestantische Missionen dem Orient zu.[29] Die Herrnhuter starteten im 18. Jahrhundert Missionen in Isfahan und Kairo, führten theologische Gespräche mit dem Ökumenischen Patriarchen in Konstantinopel und dem Papst der Kopten. Henry Martyn (1781–1812) siedelte sich 1811 in Schiras an, die Church Missionary Society begann 1825 in Ägypten und 1830 in Smyrna mit ihrer Arbeit, die Basler Mission 1822–1835 besonders in Armenien. Karl Gottlieb Pfander (1805–1865), der das nordwestliche Persien und die Euphratländer bis Bagdad durchzog, rief (wie auch Martyn) mit seinen missionarischen Kontroversschriften ein lebhaftes literarisches Echo unter den muslimischen Gelehrten hervor.

Amerikanische Missionen wirkten in der Türkei besonders unter Armeniern, Syrern und Griechen und gründeten 1846 eine erste Gemeinde aus protestantischen Armeniern, errichteten Seminare in Bebeck bei Konstantinopel, in Aintab, Mersin, Marasch und Kharput. Besonders das Robert-College in Rumeli Hissar bei Konstantinopel avancierte zu einer Eliteanstalt mit internationaler Anerkennung. Durch Übertritt eines armenischen Bischofs zur Anglikanischen Kirche in Aintab 1863 war der Grundstein für eine anglikanische Kirchengemeinschaft auf türkischem Boden gelegt. Die deutschen Missionen traten aufgrund der Armeniermassaker Ende des 19. Jahrhunderts vorrangig in der Türkei auf (Christoffel-Blindenmission in Malatya, Hilfsbund für christliches Liebeswerk im Orient besonders in Marasch, Deutsche Orient-Mission zeitweilig in Mardin, Kaiserswerther Anstalten in Konstantinopel und Smyrna).

Im Gebiet des heutigen Irak wirkten von Mossul aus seit 1841 amerikanische Missionare, denen ab 1900 die englische Church Missionary Society folgte, die seit 1882 von Bagdad aus operierte. Von Basra aus wirkten Missionare dann bis ins Innere Saudi-Arabiens hinein. Basra, Amara und Kuwait wurden Zentren ärztlicher Mission. Nach dem Ersten Weltkrieg entwickelte sich im Irak mit Erlaubnis der irakischen Regierung ein reiches Schulwesen, das von den Missionen betrieben wurde.

Auch im Raum des heutigen Syrien und Libanon wirkten vorrangig amerikanische Missionen. Sie zeichneten sich durch die seit 1835 einsetzende Arbeit in Seminaren und höheren Schulen aus, deren Folgeinstitutionen bis heute zu den führenden libanesischen Hochschulen gehören. Die deutschen Missionen begannen hier ihre Arbeit nach den Massakern im Zuge des Drusenaufstandes von 1860 mit einem Waisenheim in Beirut, das dann 1863 nach Zoar transferiert wurde, und mit der Gründung des Johanniterhospitals in Beirut. Aufgrund der Armeniermassaker betraten dann die Deutsche Orient-Mission mit Stationen in Urfa und Aleppo und die anderen deutschen Hilfswerke syrisch-libanesischen Boden. In allen wichtigen Städten des Raumes befanden sich mindestens eine, zumeist aber mehrere Stationen europäischer und amerikanischer Missionen unterschiedlichster Kirchen. Führend blieb über Jahrzehnte die Mission der amerikanischen Presbyterianer seit 1870.

Im Iran wirkte neben den Amerikanern (1834–1870 American Board, dann Presbyterianer), die Rückhalt besonders bei Ostsyrern und Armeniern fanden, die Church Missionary Society. Von deutscher Seite etablierten sich längerfristig nur die Basler Mission (Isfahan), die Hermannsburger Mission (Urmia), die Deutsche Orient-Mission (Urmia, Mahabad, Salmas) und die Christoffel-Blindenmission (bis zur Islamischen Revolution) in Persien; alle anderen deutschen Missionen blieben marginal.

In Ägypten wirkten amerikanische und englische Missionen. Christian Friedrich Spittler (1782–1867), Mitbegründer der Basler Mission, hatte den Plan, zwölf Missionsstationen von Alexandria über Kairo bis nach Äthiopien zu gründen. Tatsächlich wurden 1861 in Kairo, 1862 in Metamah, 1865 in Khartum, Alexandria und Assuan Stationen errichtet. Doch brachen die Missionsstationen nach politischen Wirrnissen in Äthiopien zusammen. Aktiv hingegen operiert bis heute die deutsche Sudan-Pioniermission von Assuan aus. Die Kaiserswerther gründeten Diakonissen-Krankenhäuser in Kairo und Alexandria.

Von Aden aus wirkten englische Missionen, aber auch von Muskat im Oman und von Bahrain aus. In allen drei Städten befanden sich zudem Stationen der von Samuel Marinus Zwemer (1867–1952) mit James Cantine gegründeten Arabischen Mission. Zu diesen im letzten Jahrzehnt des 19. Jahrhunderts gegründeten Stationen traten Kuwait (1910), Amara (1920) und Matra (1926) hinzu.

Und natürlich wirkten Missionen unzähliger protestantischer Kirchen in Jerusalem und Palästina/Israel, die aber zumeist kaum an der Zielrichtung festhielten, Islammissionen zu sein, sondern bald ihre Aufgaben in den Bereichen der Diakonie und Bildung fanden.

Die protestantischen Kirchen in beinahe allen Ländern der islamischen Welt wurden viel stärker als alle angestammten Kirchen des Orients zu Trägern westlicher Ideen und übernahmen zumeist unverzüglich protestantische Standards aus Amerika und Europa bei relativ hohem Bildungsniveau. Die Abwehr der protestantischen und katholischen Missionen durch die Orthodoxen ging mit massiver Polemik einher. In Armenien beispielsweise erreichte der Patriarch schließlich die staatliche Ausweisung der Basler Mission. Ein eindrückliches Zeugnis der orthodoxen Abweisung protestantischer Lehre ist eine Handschrift mit der «Aufführung einiger Belegstellen aus den Heiligen Büchern, welche die Richtigkeit des orthodoxen Glaubens erhellen, welcher für die östliche Kirche und gegen die neumodische protestantische Lehre ist».[30] Den Protestanten gegenüber insistiert diese Schrift auf dem Vorrang der Tradition, zumal Jesus und die Apostel ohne Buch ausgekommen seien und erst am Schluss aufgeschrieben hätten, was sie zuvor lebten. «Seid euch darüber bewusst, wenn es keine Tradition gäbe, dann würde das Buch korrumpiert werden, weil die Tradition viel älter als das Buch ist, weil unser Erlöser Jesus Christus seine Glaubenspredigt nicht über ein Buch empfangen hat.»

III. Interreligiöse Dialoge

Die Einnahme Jerusalems im Jahre 635 war ein Schock für die christliche Welt. Die Berichte zu diesem Aufsehen erregenden Akt der Niederlage des Christentums und des Sieges des Islam sind historisch nicht miteinander zu vereinbaren. Theophanes Confessor behauptet Anfang des 9. Jahrhunderts, der Kalif Omar (reg. 634–644) habe den Tempel Salomos sehen wollen, um ihn durch sein Gebet umzuwidmen, was der Patriarch Sophronios als Gräuel der Verwüstung gebrandmarkt habe. In dem widersprüchlichen Durcheinander der Quellen hat stets ein Text des Eutychios von Alexandria – dreihundert Jahre nach der Eroberung geschrieben – große Aufmerksamkeit erfahren, der sicher nicht historisch ist, aber doch die fiktive Utopie eines wohlwollenden Miteinanders und einer vermeintlichen islamischen Toleranz einfing, die bis heute die um religiöse Verständigung bemühten Denker in Bewegung zu setzen vermag:[1]

«Als das Tor geöffnet war, betrat Omar die Stadt mit seinen Kameraden und setzte sich in den Hof der Auferstehungskirche. Da der Zeitpunkt des Gebets für ihn gekommen war, sagte er zu dem Patriarchen Sophronios: ‹Ich will beten.› Der Patriarch antwortete ihm: ‹Anführer der Gläubigen, bete an dem Ort, wo du dich befindest.› ‹Ich werde nicht hier beten›, antwortete Omar. Also führte der Patriarch ihn in die Kirche Konstantins und befahl, eine Matte in der Mitte der Kirche auszulegen. Aber Omar sagte zu ihm: ‹Auch hier werde ich nicht beten›, und er ging hinaus auf die Treppe, die sich nach Osten zu vor dem Portal der konstantinischen Kirche befindet. Er betete ganz allein auf der Treppe. Dann, als er sich wieder gesetzt hatte, sagte er zum Patriarchen Sophronios: ‹Weißt du, Patriarch, warum ich nicht im Inneren der Kirche gebetet habe?› ‹Anführer der Gläubigen›, sagte Sophronios, ‹ich weiß es nicht.› Omar antwortete: ‹Wenn ich im Innern der Kirche gebetet hätte, wäre diese für dich verloren gewesen und aus deinen Händen genommen, denn nach meinem Tod hätten die Muslime sie in Besitz genommen und gesagt: Omar hat hier gebetet. Aber gib mir ein Blatt Papier, damit ich dir einen Vertrag schreibe.› Und Omar verfasste ein Dekret: ‹Die Muslime werden nicht auf der Treppe beten, es sei denn immer nur ein einziger zur selben Zeit. Sie werden sich dort nicht zum Gemeinschaftsgebet versammeln, noch werden sie auf ihr durch den Ruf des Muezzins zusammengerufen werden.› Nachdem er diesen Vertrag verfasst hatte, gab er ihn dem Patriarchen.»

Es ist deutlich: Der Text zielt darauf, den Christen ihre heiligen Stätten zu erhalten. Er entstand genau zu der Zeit, als die Unantastbarkeit der Grabeskirche nach über dreihundert Jahren muslimischer Präsenz mehrmals verletzt wurde. Obwohl er aus christlicher Feder stammt und nur zum Schutzbrief des Kalifen auch eine arabisch-muslimische Überlieferung besteht, drückt er in der Sache das tatsächliche Leitbild für die Respektierung der Christen und ihrer Stätten durch die Muslime aus. Allerdings wurde dies in den folgenden Jahrhunderten immer weniger praktiziert, und die Heiligtümer und Kirchen wurden von Muslimen in Besitz genommen.

Was im Text des Eutychios nur fromme Ehrfurcht vor der Religion des Anderen und deren Ausgeliefertheit an die Regeln des Islam charakterisiert, wurde auch Gegenstand des Gesprächs zwischen den Religionen schon in frühislamischer Zeit. Bis heute hat sich dazu apologetische und polemische Literatur der orientalischen Christen herausgebildet. Oft handelt es sich um Lehrbücher für die christlichen Gläubigen, die ihnen das nötige Material an die Hand gaben, um sich Muslimen gegenüber theologisch korrekt verteidigen zu können.

In vielfältigen Formen versuchten die vom Islam bedrängten Christen die Herausforderung, die er für sie darstellte, zu bewältigen. Populär waren zunächst Apokalypsen. Die überbordende und geradezu erstickende Übermacht des Islam verstanden diese Texte zumeist als Strafe Gottes für das sündige Leben der Christen. In vielen Texten werden daher die Missstände in Kirche und Klerus akribisch erfasst und moralisch gebrandmarkt. Der Aggression begegneten die Betroffenen, indem sie ihre Reaktion auf die vermeintlich Schuldigen in den eigenen Reihen umlenkten oder aggressiv

Die Darstellung zeigt die Bestrafung von wiedergefangenen, versklavten Christen auf dem Balkan. Solche Darstellungen, verbunden mit Schilderungen ungeheurer Grausamkeiten gegen Christen, dienten und dienen teilweise bis heute dazu, das Bild eines barbarischen und brutalen Muslim zu suggerieren. Bei dieser Dämonisierung des islamischen Gegenübers gerät oft aus dem Blick, dass ähnliche Vorgänge auch von christlicher Seite gegen Muslime zu beklagen sind.

gegen sich selbst wurden. Fern am Ende der unwirklichen und sub-versiven Wirklichkeit dieser Apokalypsen stand dann eine von Gott gewirkte Umkehrung der Situation oder das Auftreten eines christlichen Endkaisers. Der Grundtenor dieser Schriften, die wohl eine starke kompensatorische Funktion für die gepeinigten Christen hatten, war: Wir leben am Ende der Weltzeit. Märtyrerakten berichten von erschütternden Schicksalen christlicher Männer und Frauen, die um ihres Glaubens willen starben. Diese Texte bilden bis heute einen Grundstock für das kirchliche Selbstverständnis orientalisch-christlicher Kirchen als Märtyrerkirchen.[2]

Wenn hier nun interreligiöse Dialoge dargestellt werden, dann gehören dazu nicht die meist mit Geld aus Europa und Amerika initiierten Schauveranstaltungen, die mehr dazu dienen, westlichen Ökumene-Illusionen Nahrung zu geben, als dass sie der harten Wirklichkeit jahrhundertelanger Koexistenz Ausdruck und Zukunft verleihen könnten. Diese westlichen Alibiveranstaltungen haben bestenfalls keinerlei Wirkung auf die interreligiöse Realität im Orient. Allzu oft haben sie jedoch eine weitere Isolation der Christen im Orient zur Folge, weil sie sich in einer Wirklichkeit jenseits der orientalischen Alltagswelt abspielen und wenig leisten zur Öffnung der islamisch geprägten Gesellschaften. Was aber das Leben der orientalischen Christen immer wieder prägt, ist nicht der ausdrückliche Dialog, sondern vielmehr der indirekte Dialog mit dem Anderen, dem muslimischen Gegenüber.

Mittelalter: Sieben Fragen an Patriarch Johannan I.

Unter den geistigen Leistungen der orientalischen Christen der Frühzeit ragen die interreligiösen Dialoge hervor, die von christlicher Seite literarisch tradiert wurden.[3] Es ist heute in der Forschung unbestritten, dass es einen Parallelismus zwischen den christlichen Argumentationsweisen und den ersten theologischen Äußerungen der Muslime gibt. Lange noch prägte die intellektuelle Überlegenheit der christlichen Teilnehmer diese Begegnungen, und Johannes von Damaskus (650–ca. 750) stieg zu einem den arabischen Raum überschreitenden Kirchenlehrer der griechischen Orthodoxie auf. Hier sei exemplarisch ein Dialog skizziert, der dem syrisch-orthodoxen Patriarchen Johannan I. (reg. 635–648) zugeschrieben wird.[4] Die Person seines Kontrahenten zu verifizieren hat der Wissenschaft Mühe gemacht; entweder handelt es sich um einen Gefährten Mohammeds oder um einen für den Bereich Homs zuständigen Emir aus dem Stamm der Qoraischiten. Das gesamte Gespräch ist gekennzeichnet von einem deutlichen Gefälle: Es ist der Emir, der die sieben Fragen stellt, um die sich das Gespräch rankt, und der Christ hat zu antworten. Ein Dialog zweier gleichrangiger Partner ist das nicht. Andererseits ist die Fragehaltung des Emirs auch aus einer gewissen Notlage zu erklären, denn diskussionsfähige theologische Argumentationen waren von Seiten der Muslime noch nicht entwickelt. Die meisten Wissenschaftler heute setzen den Dialog zeitlich zu Anfang des 8. Jahrhunderts an, da er Kenntnisse über Islamisierung und Arabisierung voraussetze, wie sie erst unter Abd al-Malik zu fassen seien. Doch finden sich auch nach wie vor ernstzunehmende Forscher, die ihn tatsächlich in die Frühphase der Koexistenz von Christen und Muslimen datieren. Lange Zeit galt 644 als das Jahr der Disputation, und noch immer finden sich zahlreiche Fürsprecher dafür.

Die Christen waren sich der Bedeutung des Gesprächs bewusst, der Patriarch erschien mit fünf Bischöfen. Auch bei anderen Bewohnern erregte das Gespräch Neugier, so dass neben den Notablen der Muslime und den Spitzen der Verwaltung der umliegenden Städte auch einige den Syrisch-Orthodoxen wohlgesinnte Araber zugegen waren, die den drei wichtigsten christlichen Stämmen Arabiens angehörten. Interessant ist, dass der Patriarch auch die Anhänger des Konzils von Chalcedon zum Gespräch bestellte, also jene Orthodoxen, die bis zur Eroberung zur griechisch-orthodoxen Staatskirche des Byzantinischen Reiches gehörten. Deren Anwesenheit griff auch die erste Frage des Emirs an den Patriarchen auf: «Warum, wenn ja das Evangelium eines ist, ist der Glaube verschieden?», worauf der Patriarch auf die unterschiedlichen Interpretationsweisen des einen Textes in den verschiedenen Traditionen verweist. Die Frage des Emirs lässt sich verstehen vor dem Hintergrund der Vorstellung, dass das Wort Gottes direkt vom «Buch» wiedergegeben werde, dass es direkt ins Buch geschrieben sei; der Koran sei die Abschrift eines im Himmel aufbewahrten Urbuches, das als ursprünglicher Text aller heiligen Schriften gelten könne (Suren 56,77–80; 85,21–22; 43,4). Als Text bezieht er sich übrigens nur auf den Pentateuch, von dem er meint, er sei Juden, Muslimen (Hagarenern) und Samaritanern gemein und doch in unterschiedlicher Weise aufgefasst worden. Der Patriarch antwortet erstaunlicherweise also auf der Basis des einen, allen Religionen gemeinsamen Buches. Freilich ist es für ihn nicht ein mögliches Urbuch im Himmel, sondern eben der Pentateuch. Das historische Argument und die konkrete historische Schrift, aus der die Botschaft von den

Völkern aufgenommen werde, wird also für die Erwiderung genutzt. Der Emir lässt diese Textbasis zunächst gelten. Er beruft sich nicht, wie es eine grundlegende Argumentationslinie im Islam gegenüber anderen Religionen war, auf die Verfälschung der heiligen Schrift, die nicht der Koran ist. Vielleicht gestattete er den Pentateuch als Ausnahme, weil dieser Teil der Bibel im Koran besonders häufig zitiert wird. Die Teilung der Völker entstehe übrigens nicht aus dem Buch, dem Pentateuch, hatte Johannan gemeint, sondern um des Glaubens willen, also auf Seiten der das Buch lesenden Menschen. So sei es auch um das Evangelium bestellt. Jeder verstehe und interpretiere es anders und damit anders als sie, die syrisch-orthodoxen Christen.

Die Kernfrage des Gesprächs aber, die Frage nach Gott, ist in allen ihren Facetten nur schwer in ihrem Aussagegehalt zu klären. Auf die einleitende Kardinalfrage des Emirs – «Was sagt ihr, was Christus ist: dass er Gott ist oder nicht?» – antwortet der Patriarch zunächst im Sinne seiner Tradition, dass er Gott sei und dass er das Wort sei, das von Gott dem Vater geboren wurde, dass er ewig und ohne Anfang sei, und dass er sich am Ende der Zeit um des Heils der Menschen willen inkarniert habe und durch den Heiligen Geist Mensch wurde. Doch mit dem Hinweis auf die Geburt aus Maria ruft der Patriarch die nächste und durchaus folgerichtige Frage des Emirs hervor. «Als Christus im Schoß der Maria war, er, von dem ihr sagt, er sei Gott, wer trug und regierte den Himmel und die Erde?» Die vom Emir geteilte Auffassung könnte die sich aufgrund der Suren 20,114; 23,19.116; 6,103 entwickelnde Vorstellung sein, dass Gott nicht mit der Welt in Berührung kommen könne, weil er absolut transzendent sei. Die Antwort des Patriarchen zeugt von seinem wie auch immer gearteten Wissen um den Koran: Als Gott auf den Sinai herabgestiegen sei, um mit Mose zu sprechen, wer habe denn da Himmel und Erde getragen und regiert? «Denn ihr sagt, dass ihr Mose und seine Schriften annehmt.» Der Patriarch wusste also um die Akzeptanz des Mose im Islam und möglicherweise auch, dass selbst im Koran in Sure 7,142.153 Gott nicht so transzendent ist, dass er nicht mit Mose zu sprechen in der Lage wäre. Der Emir antwortet dem Christen und bricht an solcher Stelle einmal das Frage-Anwort-Schema auf: «Gott war es und regierte den Himmel und die Erde.» Das wirkt so, als sei der Emir der Argumentation des Patriarchen auf den Leim gegangen; möglich wäre aber auch, dass er einfach die theologisch korrekte Grundposition der Transzendenz und unverbrüchlichen Weltregierung Gottes wiederholte und nur die Protokollanten diesen Zusammenhang herstellten, da die Aussage an sich keinen Bezug zur Ausführung des Patriarchen enthält. In der abschließenden Reaktion des Patriarchen auf diesen Gedankengang geht es denn auch nur um die Gleichheit des muslimischen und des christlichen Gottesbildes. Es gelte das Gleiche, was der Emir über Gott ausgesagt habe, von Christus als Gott, von Gott Christus, meint der Patriarch: «Als er im Schoß der Jungfrau war, trug und regierte er den Himmel und die Erde und alles, was in ihnen ist, als allmächtiger Gott.» Der Emir beklagt die mangelnde Klarheit des Christuszeugnisses bei Abraham, Isaak, Jakob, Mose, Aaron und dem Rest der Propheten. Darauf erwidert der Patriarch, dass diese biblischen Gestalten aus pädagogischen Gründen den noch zum Polytheismus neigenden Menschen nur das «Höre, Israel, der Herr unser Gott ist ein einziger Herr» (Dtn 6,4) verkündet hätten. Aber auch die Propheten hätten bereits um die Trinität gewusst, denn sie hätten geschrieben, dass Gott einer in seiner Gottheit, aber drei Hypostasen und Personen sei. Das heiße aber nicht, dass es drei Götter gebe oder dass man drei Gottheiten bekenne: Es gebe nur eine einzige «Gottheit des Vaters, des Sohnes und des Heiligen Geistes». Dabei schließt der Patriarch gut orthodox mit der Aussage: «Und vom Vater geht der Sohn und der Geist aus». (Der Ausgang des Geistes auch vom Sohn wird von allen orthodoxen Kirchen abgelehnt; der westliche Zusatz des «filioque» sorgt bis heute für Konflikte in der Ökumene.)

Die Frage der Göttlichkeit Christi wird schließlich anhand der Schrift diskutiert, wo in den Büchern des Alten Testaments alles über Christus prophezeit und geschrieben sei. Die Propheten werden dabei vom Emir als Argumentationsbasis ausdrücklich zurückgewiesen, der Pentateuch aber zugelassen. Nachdem der Emir zunächst den Vorschlag des Patriarchen, ihm dies alles an den Schriften zu zeigen, übergangen hat, fordert er dann selbst, der Patriarch möge seine Behauptungen anhand der Schrift ausweisen. Der Patriarch tut dies mithilfe der griechischen und der syrischen Bibel.

Zwar sehen einige Muslime die einschlägigen Textstellen, doch lässt der Emir einen Juden hinzurufen, der wegen seiner Schriftkenntnis in hohem Ansehen steht. Auf die Frage des Emirs, ob es so wörtlich im Gesetz stehe – damit ist also der Pentateuch gemeint, für den der Jude sozusagen der Spezialist ist –, antwortet dieser: «Ich weiß es nicht mit Genauigkeit.» Die fragliche Stelle ist Gen 19,24: «Der Herr ließ über Sodom und Gomorra vor dem Herrn Schwefel und Feuer regnen.» Hier sei die Doppelung und Einheit Gottes bewiesen. Die Reaktion des Juden kann vielerlei bedeuten. Verweigert er sich, religiös selbst von der muslimischen Herrschaft mitbetroffen, der möglichen Überführung des Patriarchen? Oder ist er wirklich ratlos? Nutzt er selbst womöglich andere Textüberlieferungen zum Pentateuch und kann daher hier den Text nicht wiedererkennen? Lehnt er die Antwort ab, weil es gerade um die genaue wörtliche Übereinstimmung geht, er aber angesichts des griechischen und syrischen Textes außerstande ist, sich darüber hinlänglich Klarheit zu verschaffen?

Das Ende des Gesprächs bleibt offen, es gibt keinen Schluss. Die Sitzung des ersten Tages sei aufgelöst worden, und seither hätten die Teilnehmer es nicht geschafft, sich erneut vor dem Emir zu versammeln. Statt das Gespräch fortzuführen, wünscht der Emir kurz darauf, ein Evangelium zu bekommen, das nicht mit dem Koran in Widerspruch stehen dürfe und damit nichts enthalten solle zur Gottheit Christi, zur Taufe und zu Kreuzigung und Kreuz. Damit beweist er zur Genüge, dass zumindest diese drei elementaren Glaubensinhalte ihm nicht vermittelt werden konnten. Aus christlicher Sicht wäre ein solches «Evangelium» natürlich kein Evangelium, und auf Seiten der Muslime wäre es lediglich ein weiterer anschlussfähiger religiöser Stoff. Immerhin beweist der Dialog, dass sich der Emir dem koranischen Grundsatz getreu verhält, dass die Anhänger des Evangeliums aufgrund dessen zu beurteilen seien, was Gott ihnen offenbart habe. Übrigens erhielt wenigstens die praktische Ökumene durch das Gespräch einen Auftrieb. Die Chalcedonenser, also die Angehörigen der Griechisch-Orthodoxen Kirche, beteten die ganze Zeit für den Patriarchen der einst von ihnen als Häresie bekämpften Kirche; denn der Patriarch habe das Wort im Namen der gesamten Christenheit geführt. Deutlich benennen die Protokollanten des Dialogs den Grund: Sie hätten die Größe der Gefahr erkannt.

Andere Dialoge und Dispute folgten dem des Johannan. Der Katholikos-Patriarch Timotheos I. (gest. 823), ein persönlicher Freund des Kalifen Al-Mahdi (reg. 775–785) und auch von dessen Sohn Harun ar-Raschid (reg. 786–809), unterhielt ausführliche Gespräche mit den Muslimen.[5] Timotheos berichtet in einem seiner Briefe selbst von solch einem Dialog. Auch in diesen gelehrten Unterredungen wurden die zentralen Themen christlich-islamischer Kontroversen in der Lehre angesprochen: Christologie, Gottessohnschaft Jesu, Jungfräulichkeit Marias, Einheit von Gott und Mensch in Christus und dessen doppelte Natur; es steht die Trinität zur Diskussion, auch Christus als ewiges Wort (Logos); schließlich Kult und Gesetz, Beschneidung und Taufe, Christi Vollendung des mosaischen Gesetzes und die Ausrichtung des Gebets gen Osten. Bei der Erörterung zu den Schriftzeugnissen wird das islamische Verständnis zurückgewiesen, Mohammed sei der angekündigte Tröster (Paraklet) des Neuen Testaments und die Christen hätten die Heilige Schrift gefälscht. Kreuz und Kreuzverehrung dürfen natürlich im Reigen der Themen ebenfalls nicht fehlen. Immerhin nähert sich der Patriarch den islamischen Standpunkten so weit, dass er davon spricht, Mohammed sei den Weg der Propheten gegangen. Von Timotheos ist auch ein weiterer Dialog überliefert, worin er sich in der griechischen Philosophie geschult bewährt und sich mit seinem ebenfalls rationalistisch argumentierenden Gegenüber auf abstrakte Grundlagen konzentriert; Beispiele nimmt er aus der Natur, Zitate aus Bibel und Koran. Der Dialog steht auf der Höhe seiner Zeit und dokumentiert die Blüte von Philosophie und Theologie im frühen Bagdad. Der Patriarch selbst erweist sich hier als Vermittler griechischer Philosophie an die Araber und Muslime.

Zur selben Zeit wie Timotheos lebte der schon erwähnte Theologe Theodor bar Koni (8. Jh.).[6] An ihm lässt sich zeigen, wie schnell sich die ostsyrische Theologie auf die muslimische Herrschaft einstellte, die sich immer deutlicher als eine nicht nur vorübergehende Phase abzeichnete. Die Gläubigen wurden nunmehr geradezu trainiert für das Gespräch mit dem Islam. Im Frage-Antwort-Schema treten Schüler und Lehrer, Muslim und Christ einander gegenüber.

Möglicherweise kopiert Theodor hier die in Kreisen islamischer Theologen dieser Zeit übliche Erlernung der Zurückweisung anderer Lehren durch wissenschaftliches Disputieren. Doch lassen sich solche Praktiken bei den Syrern schon relativ früh feststellen und sind zumindest bei ihnen ohne Zutun des Islam entstanden, wenngleich das Nebeneinander beider Disputationskulturen auch gegenseitige Beeinflussung nahelegt. Obwohl der Schüler die tatsächlichen Argumentationslinien der zeitgenössischen Muslime aufgreift, ist deutlich, dass das Lehrbuch nicht Muslime vom Christentum überzeugen wollte, sondern Christen angesichts des Islam im Christentum zu befestigen suchte. Theodor handelt wieder alle strittigen Themen ab, betont besonders die Verehrung des Kreuzes und die Notwendigkeit der Taufe, deren Bestreiter erst 600 Jahre nach Christus aufgetreten sei.

Auf einer dialogischen Situation basieren auch Widerlegungen, die sich «Buch des Beweises» oder «Buch der Fragen und Antworten» nannten, etwa die des Al-Basri Anfang des 9. Jahrhunderts oder des Elias ibn Sinaya im 11. Jahrhundert. Dialoge wie der eben dieses Elias mit dem Wesir Al-Maghribi (gest. 1027), der Briefwechsel zwischen Al-Haschimi und Al-Kindi am Anfang des 9. Jahrhunderts oder zwischen dem Gelehrten Yahya ibn al-Muadjdjim und dem herausragenden Übersetzer Hunain ibn Ishaq (gest. 873) bezeugen intensive Begegnungen und die ständigen Anfragen der muslimischen Umwelt an die christlichen Theologen, denen deutlich seltener Anfragen der Christen zur muslimischen Theologie gegenüberstehen.

Zeit der Mission:
Eine Debatte in der Zeitschrift «Balkan»

In der Epoche der europäischen Weltmission vom 18. bis 20. Jahrhundert bezogen sich zuweilen herausragende Vertreter islamischer Gelehrsamkeit auf die Veröffentlichungen protestantischer Missionare, und dabei konnte es auch zu einem längeren Disput kommen, der über gedruckte Bücher oder Schriften geführt wurde.[7] In der Zeit vor dem Ersten Weltkrieg entstanden in türkischen Zeit-

Johannes Awetaranian (1861–1919) bei der Übersetzung des Neuen Testaments ins Kaschgarische. Als Awetaranian vom Islam zum Christentum konvertierte, wählte er im Bewusstsein der an den Armeniern verübten Verbrechen einen armenischen Namen. Er führte Dialoge mit Muslimen, wobei er aus seiner Vertrautheit mit dem Koran argumentieren konnte. Als später bekannt wurde, dass er Konvertit war, erhielt er keine weiteren Gelegenheiten mehr zu solchen interreligiösen Gesprächen und Publikationen.

schriften einige Male interreligiöse Diskussionen zwischen Christen und Muslimen. Eine davon, die relativ bekannt wurde, ging auf das Wirken eines zum Christentum bekehrten Muslim zurück.[8] Mehmet Sükri (1861–1919) stammte aus dem Dorf Haidari bei Erzurum und war mütterlicherseits Sayyid, sein Vater war der Derwisch Hanizade Ali. Auf den Reisen mit seinem Vater, der nach Auskunft des Sohnes zur Richtung der Bektasiye gehörte, wuchs die Distanz zum erlernten islamischen Glauben. Die von Awetaranian für den Orden seines Vaters angeführten Bezeichnungen weisen allerdings auf die heterodoxen Alewiten in Anatolien hin. Als Awetaranian in einem Dorf bei Erzurum Lehrer wurde, die Kinder das Christentum zu lehren begann und den Gebetsruf unterließ, wurde er von den Dorfbewohnern aus dem Ort gejagt. Als Missionar wurde er später zunächst im Iran tätig, musste dann aus der Türkei vor der Polizei fliehen und nahm 1885 bei seiner Taufe in Georgien durch den armenischen Missionar Amirchanianz den armenischen Namen Johannes Awetaranian an. Auf seiner Missionsstation in Kaschgar in Ostturkestan begann er sein Lebenswerk, die Übersetzung des Neuen Testaments in den kaschgarischen Dialekt des Uigurischen. Seit 1902 gab er unregelmäßig erscheinende türkische Zeitschriften heraus. Er heiratete eine Deutsche und starb in Wiesbaden.

Schwerer zu fassen sind die Kontrahenten auf der islamischen Seite, hier schrieben drei Autoren Antworten an Awetaranian. Deutlich ist aber, dass dem Herausgeber Edhem Ruhi (1873–1946) eine entscheidende Rolle bei der Kontroverse zufiel. Der in Istanbul geborene und in der sufischen Tradition großgewordene Journalist beteiligte sich bereits 1889 an der Gründung der oppositionellen Gesellschaft für Osmanische Einheit, seit 1894 umbenannt in «Comité Union et Progrès». 1897 erstmals verhaftet, ging er nach Tripolis in Libyen ins Exil. Von dort floh er 1900 nach Tunis und weiter nach Marseille und Genf, wo er für die Bewegung journalistisch tätig wurde. Mit Prinz Sabaheddin, dem reformerisch gesinnten Verwandten des osmanischen Hauses, überwarf er sich wegen dessen liberaler Ideen. Über Bulgarien ging er 1904 zunächst nach Kairo, dann nach Genf, wo er zu den Mitbegründern des Komitees für Einheit und Revolution gehörte. Noch 1904 wurde er dann Generalsekretär des türkischen Hochkommissariats Bulgarien. 1905, nach dem Anschlag auf Abdülhamid II., verließ er seine Stelle und wurde erneut als Herausgeber von Zeitschriften aktiv. Seit 1906 gab er so auch die Tageszeitung «Balkan» heraus und warb darin für die jungtürkische Bewegung. Zweimalig wurde er in Istanbul zu lebenslanger Haft verurteilt und nach Serbien abgeschoben. In Bulgarien wirkte er weiter für die Jungtürken und wurde erneut verhaftet. Erst 1920 verließ er Bulgarien und gründete 1946, im Jahr seines Todes, die türkische Arbeiter- und Bauernpartei.

Die journalistische Kontroverse begann mit dem Artikel «Ein Muslim kann keine andere Religion haben als den Islam» des Rechtsgelehrten Hatib Cahid, der am 15. Dezember 1907 einen Gottesdienst Awetaranians besucht hatte. Ihn bewegten nach eigenen Angaben drei Fragen: Warum waren die Protestanten so opferbereit für die Mission? Was sind die Unterschiede zwischen Orthodoxen und Protestanten? Welche Beweise haben Protestanten, mit denen sie Muslime von der Wahrheit ihrer Religion überzeugen könnten? Awetaranian hatte Laster und Tugenden dargestellt und auf die Notwendigkeit der Wiedergeburt hingewiesen, da der Mensch aus eigener Kraft der Tugenden nicht teilhaftig werden könne. Die Aufforderung, sich nach der Predigt zum Gebet zu erheben, empfand Cahid so, als wolle Awetaranian die Muslime, die seiner Predigt zuhörten, unter seine Gewalt bringen. Grundlos und geistlos sei solch eine Predigt. Muslime lernten die Grundsätze der Sittenlehre schon in der Kindheit; sie seien keine Leugner Christi. Wer die göttliche Leitung erfahre, brauche keine so zweifelhaften und sinnlosen Dinge wie Wiedergeburt. Ein Muslim könne keine andere Religion haben als den Islam.

Auf diesen und einen nachsetzenden zweiten Artikel reagierte Awetaranian mit einer Erwiderung. Die schickte er Edhem Ruhi, der sie in seiner Zeitschrift veröffentlichte. Es begann eine siebenwöchige Kontroverse zwischen Awetaranian und seinen muslimischen Kritikern Hatib Cahid und den beiden anderen Autoren, el-Hadsch Mustafa Zehni und Ali Ziya. Übrigens empfand Cahid schon anfangs die Veröffentlichung als unpassend für ihre religiöse Auseinandersetzung, obwohl er doch selbst mit seinem Artikel den ersten Schritt getan hatte.

Cahid fragte den Protestanten, ob er nicht vergesse, «dass der erhabene Schöpfer den Menschen frei geschaffen» habe? Seine eigene Absicht sei nicht, sich «die Herrschaft über die Urteils- und Gewissensfreiheit der Mohammedaner anzumaßen», die er ja gerade «vor gewissen von außen kommenden» Verführungen schützen wolle. Auf den Propheten gehe zurück, dass die «Annahme des heiligen Islam des Zwanges nicht bedürfe». Cahid wies zudem darauf hin, dass sich die Muslime zwar zu den vom Schöpfer herab gesandten heiligen Büchern wie Tora, Psalter und Evangelium bekannten –

wie im Koran bestätigt werde – und dies auch für Mose, David und Jesus als großen Propheten und Gesandten gelte, aber sie seien nicht verpflichtet, heute noch nach diesen Büchern zu leben. Die Diskussion zur Wiedergeburt erschien ihm überflüssig, weil deren Substanz im Islam unter «göttlicher Leitung» verhandelt werde und ihm daher dieser Gegenstand zur Darstellung dessen, was eine andere Religion lehre, nutzlos zu sein scheine. Die von Awetaranian benutzte Bezeichnung «Herr» sei ein ausschließlich dem Schöpfer zukommendes göttliches Attribut, Awetaranian lege sie aber einem Propheten bei. Mit einigen Bibelstellen wollte er beweisen, «dass, wie wir wissen, Jesus Mensch und Prophet» ist.

Awetaranian erwiderte: Wenn ein Muslim keine andere Religion haben könne als den Islam, dann könne er auch durch von außen kommende Einflüsse nicht verführt werden. Welchen Zweck habe es dann, ihn zu schützen? «Wenn es nötig ist, ihn zu schützen, weil er durch von außen kommende Einflüsse verführt werden kann, so bedeutet das, dass er eine andere Religion haben kann.» Den Titel «Herr» für Christus verwendeten die Christen mitnichten für einen Propheten oder Menschen, sondern für das «Wort Gottes», das Christi Menschheit geschaffen und sich in sie gekleidet habe. Auch der Koran erkenne Christus als das Wort Gottes an. Die Vorstellung von der Aufhebung der früheren durch die späteren Schriften sei zudem falsch und beruhe auf der Unkenntnis der Zusammengehörigkeit und Einheit der heiligen Bücher. Da Gottes Wesen frei von menschlichen Schwächen sei, so genügten seine Gebote und Bücher den Menschen zu aller Zeit.

Nun schaltete sich der Mufti Ali Ziya ein. Statt sachlicher Auseinandersetzung griff er zur Polemik. Dass Gott nach biblischem Zeugnis über Gerechte und Ungerechte gleichermaßen die Sonne aufgehen und es regnen lasse und darum die Christen so vollkommen sein sollten wie ihr Vater im Himmel, quittierte er mit der Bemerkung, diese Aussage sei «für die Ohren des Volkes so roh, dass der menschliche Magen sofort von Verdauungsbeschwerden befallen wird»; den Menschen sei es unmöglich, so vollkommen zu sein. Wie die Christen selbst vergänglich seien, sei auch ihr Vater nicht ewig. «Woher soll man denn nun wissen, ob ihr als im Himmel wohnend gedachter Vater heute noch am Leben ist!» Wer sei denn mit dem Vater überhaupt gemeint, Adam oder Jesus oder Gott der Schöpfer? Adam sei nicht mehr am Leben, Christus sei unverheiratet gewesen und Gott sei kein Geschöpf und könne daher niemandes Sohn oder Vater sein. Bewusst hatte sich Ali Ziya zwischen die Disputanten gestellt, schimpfte Awetaranians Worte unlogisch und wähnte ihn in einem Zustand der Wildheit. Awetaranian wolle selbst die muslimische Begrüßungsformel nur zu politischen Intrigen nutzen, wie denn alle religiösen Streitigkeiten nichts weiter seien als politische Kreiselspiele und ihre Vertreter Werkzeuge politischer Mächte. Schließlich lasse Awetaranian Ausführungen zum Propheten vermissen. Wenn dieser Punkt von ihm klar dargelegt werde, dann sei ein Mittel zur vollkommenen Herstellung aufrichtiger Einigkeit gefunden.

Awetaranian hingegen warf Ali Ziya vor, dass eine Reihe seiner Sätze zum Atheismus führen würden; sonst hätten diese Worte auf ihn keinen Eindruck gemacht. «Spötter haben wir in Europa genug.» Dass sie nun aber aus der Feder eines Mufti stammten, bedaure er sehr. Er wies ihn schlicht auf das übereinstimmende Zeugnis von Koran und Bibel hin: Außer den heiligen Büchern gebe es kein Mittel, um die Menschen zur Höhe der Vollkommenheit zu führen. Dem Gesetz nach seien die Christen verpflichtet zu lieben. Wahre christliche Religion habe mit Politik nichts zu tun, und ihre Diener könnten nicht Werkzeuge einer politischen Macht sein; grundsätzlich liege in der christlichen Religion keine weltliche Politik. Eine Antwort zur Frage nach dem Propheten gab er nicht, betonte stattdessen ein weiteres Mal das Verhältnis von Bibel und Koran: Da der Koran hinsichtlich der Einheit und einigen Eigenschaften Gottes mit der Heiligen Schrift übereinstimme, bestehe zwischen beiden Glaubensweisen eine Verwandtschaft. Da aber in anderen Fragen keine Übereinstimmung sei, herrsche zugleich Entfremdung. Seine Hoffnung sei, dass sich die Disputierenden auf der Grundlage der Verwandtschaft verstünden.

Nun war die Antwort an el-Hadsch Mustafa Zehni. Der störte sich daran, dass Awetaranian den Ali Ziya so nah an die Spötter gerückt hatte. Awetaranian habe ihn als einen die Europäer nachahmenden Spötter bezeichnet, doch der Koran kündet den Spöttern Strafe an. Daher könne kein Muslim ein Spötter sein. Die zu Beginn der Kontroverse nur gestreifte Frage der Trinität wurde jetzt aufgegriffen. Jesus sei Prophet und Geist Gottes, aber dass «zwischen Gott und Jesus kein Unterschied ist, dass er nach seinem Tode zur Rechten seines Vaters im Himmel sitzt und dort seiner göttlichen Natur lebt, diesem Bekenntnis können wir nicht glauben, und deshalb kann, wie Hatib Cahid Efendi sagt, ein Mohammedaner keine andere Religion haben als den Islam». Gott sei einer und ohne Gefährten und ohnegleichen, vollkommen in seinen Eigenschaften. Er habe die Gesetze gegeben, damit der Mensch den Weg des Rechts und der guten Werke gehe. Diese Gesetze aber machten die Propheten kund, die alle wahrhaftig seien. Dies sei der Glaube der Muslime, und «weil dieser Glaube wahr und vollkommen ist, kann ein Mohammedaner keine andere Religion haben als den Islam».

Doch auch Ali Ziya selbst meldete sich nochmals zu Wort. Eine «wahre Religion», welche auf göttliche Gesetze gestützt sei, könne nicht «mit Luthers 3 ½ Jahrhunderte alter Religion verglichen werden». Abgeirrte könnten nur «mit verstandesgemäßen und durchaus überzeugenden und beweisführenden Antworten» überführt werden. Wenn aber Fragen unbeantwortet blieben, so verließen die Menschen die Religion und würden den Weg des Irrtums wählen. «Von dieser Art sind die Ungläubigen, welche mein Freund in Europa und anderen zivilisierten Ländern gesehen hat.» Besonders in den zivilisierten Ländern komme dieser Zustand der Menschen vor, und unter seinem Einfluss werde gar der Papst als fehlbar angesehen. «An die Fabeln und Märchen, die mein Freund als religiöse Grundsätze vorbringt, glaubt man nicht mehr.» Die Religionslosigkeit mache von Tag zu Tag Fortschritte. In dem Maße, in dem die Kultur fortschreite und sich hebe, nähmen die Freidenker die Eigenschaft der Kultur, die menschlichen Tugenden und die Erhabenheit des menschlichen Charakters an. Statt aber mit diesem Strom der Zeit zu gehen, verbrächten die Missionare ihre Zeit damit, «gläubigen Völkern und Individuen Religion zu predigen». Ali Ziya führte schließlich einen Jungtürken an, der keine Gefahr sah, dass Muslime etwa Protestanten werden könnten. Jeder könne schreiben, was er wolle und denke, doch möge man seine Finger von solch «nutzlosen Schreiberein» lassen. Diesem Wunsch nach Einstellung der Veröffentlichung des Disputes schloss sich Ali Ziya an und verkündete dem Kontrahenten für den Fall der Nichtbefolgung: «Des Gegners Beleidigung nicht verstehen ist für den Gegner Beleidigung». Die Redaktion aber verwandte sich für die Fortführung des öffentlichen Disputes. Die Absicht der Veröffentlichung sei gerade, «Freund und Feind zu zeigen, dass die Welt des Islam nicht ohne eine Anzahl von Gelehrten und Menschenfreunden» sei. Man bat daher, sich die Disputation über religiöse Dinge gefallen zu lassen.

Awetaranian antwortete beiden Schreibern getrennt. Bei Mustafa Zehni bedankte er sich für dessen Ernst, stellte die Gemeinsamkeit in der Charakterisierung Gottes fest und äußerte sich erfreut über die aufgeworfene Frage der Trinität, da sie die Ursache der Entfremdung zwischen Muslimen und Christen sei. Zwar widmete er sich nochmals der Unmöglichkeit für Monotheisten, eine andere Religion haben zu können, und ging mit Ali Ziyas unziemlicher Kritik ins Gericht, beschränkte sich dann aber auf die Frage der Bedeutung der Bezeichnung «Vater» für Gott als Ausdruck von Selbstlosigkeit. Gott sei das «in den Himmeln» beigesellt, weil das Wesen Gottes weit entfernt von dem leiblicher Vaterschaft und getrennt von körperlicher Bedeutung sei. Vollkommen zu sein wie Gott bedeute, im Bestreben menschlicher Liebe makellos zu sein, so wie Gottes Gnade vollkommen sei. Besonders unterstrich Awetaranian, auch die Christen glaubten, «dass Gott einer sei». Von der Sohnschaft Christi dächten sie nicht so, wie der Koran das missbillige, sondern als einer Geburt durch Überschattung Mariens durch den Heiligen Geist nach göttlichem Ratschluss. Er sei Gottes Wort, das durch ihn gesprochen und gewirkt habe. Der Heilige Geist sei nicht Gabriel, ein Geschöpf, sondern Gottes Kraft und Geist, der eigentliche Verfasser hinter den biblischen Autoren. Gott Vater, Sohn und Heiliger Geist meine nicht drei, sondern offenbare ihn als Schöpfer, Erlöser und Erzieher der Menschen. Doch unterschwellig drohte Awetaranian mit Rückgriff auf den Wissensvorsprung des Westens: Die fortschreitende Wissenschaft werde die Fehler von früher ans Licht bringen und die Irrtümer der alten Gelehrten berichtigen. Wie das Evangelium auf den vorangehenden Schriften aufbaue, so auch der Koran auf die vorangegangenen heiligen Schriften. Dies sollten die Gelehrten des Islam nicht verdrängen.

Ali Ziya hingegen suchte er kulturphilosophisch herauszufordern. Was dieser «Fabeln und Märchen» gescholten hatte, die «Grundsätze» der Bibel, also «Liebe, Wahrheit und Gerechtigkeit, Demut und Erbarmen», das sei zur «Veredlung des Charakters» unabdingbar: Wahre Zivilisation sei die «Ausbildung der natürlichen Fähigkeiten des Menschen auf Grund dieser Prinzipien». Sie garantierten auch Gedanken- und Gewissensfreiheit, weswegen Religion «nicht als ein väterliches Erbteil anzusehen, sondern ihre Grundlagen auf ihre Wahrheit hin zu prüfen sind und sie sich so anzueignen» ist. Wo Zivilisation nicht auf diesen Grundsätzen aufbaue, beschleunigten Kunst und Wissenschaft als Werkzeuge des persönlichen Vorteils die Zerstörung menschlicher Gemeinschaft, statt der Verbesserung der Lage zu dienen. Gleichwohl gebe es bis jetzt noch keine wahre Zivilisation. Und da die Selbstsucht noch nicht von einer überweltlichen Kraft besiegt worden sei, so bemühten sich die Christen, «auf dem Wege, den die Heilige Schrift angibt», diesen «Stachel der Sünde» aus dem Menschen herauszuziehen. Hingegen begehre er nicht, «eine Gemeinschaft zu vergrößern oder zu verkleinern». Awetaranian ärgerte auch, dass Ali Ziya sich ungebeten in die Diskussion eingemischt und diese politisiert hatte. Ihn erfreute dagegen, dass durch seine Veröffentlichung der Disput zum Gesprächsstoff im Basar wurde und er aufmunternde Besuche islamischer Geistlicher erhielt.

Die Redaktion der Zeitschrift nahm Interesse und Aufregung einerseits und politisch motivierte Ablehnung andererseits wahr und behauptete, dass die Disputation der Ausbreitung des Islam gedient und auch gezeigt habe, auf welchem Höhepunkt der Zivilisation der Islam stehe. Den heiligen Krieg führen bedeute nicht, mit dem Schwert dreinzuschlagen, sondern mit den Mitteln der Wissenschaft, der Logik und Tugend gegen das Volk der Schrift, die Christen, zu kämpfen. Doch nun sei der Rahmen mehr als genug strapaziert, Weiteres könne in gesonderten Broschüren ausgeführt werden, aber nicht mehr in der Zeitschrift.

Damit endete diese Kontroverse. Bei allen Brüchen und auch Unsachlichkeiten stellt sie gerade hinsichtlich der Verwendung taktischer Argumente und wissenschaftlicher Detailkenntnisse ein typisches Beispiel der offenen Diskussionen zwischen Christen und

Muslimen an der Wende vom 19. zum 20. Jahrhundert dar. Es dürfte deutlich geworden sein, dass hier nicht folgerichtig ein Argument auf das nächste aufbaut, schon gar nicht bei den wechselnden muslimischen Gesprächspartnern. Damit entspricht solch ein veröffentlichter Disput aber der tatsächlichen Gesprächskultur; derartige Kontroversen entwickeln sich nicht in der Form konsequenter akademischer Dialoge, sondern hier bestimmen auch die mentalen, sozialen, politischen und ethnischen Gebundenheiten den Gesprächsverlauf mit. Gerade in der Unordnung und den scheinbaren Querschlägen drückt sich die ganze Lebenswirklichkeit in ihrer Widersprüchlichkeit aus, hier sichtbar etwa in der Gebundenheit an den Koran einerseits und an die jungtürkisch-säkularen Positionen andererseits.

Vor dem Ersten Weltkrieg: Das religiöse Gespräch als Ritual

Syrischen Christen war infolge ihrer historischen Erfahrung die Diskussion mit Muslimen erschwert. Einige Exempel zu syrischen Priestern aus der iranischen Urmia-Region geben Einblicke in die Situation am Ende des 19. und zu Beginn des 20. Jahrhunderts.[9] Der Priester Jaure Abraham (gest. 1938) fasste die Sozialkonditionierung der Christen 1897 eindrücklich in Worte. Die Christen in seiner Heimat würden von den Muslimen verachtet, für gottlos und unrein gehalten. Es bestehe ein tiefes Interesse daran, sie als den Muslimen feindlich gegenüberzustellen. Die Christen der Region seien oft arm und in der deutlichen Minderheit. Die Muslime herrschten. «Ein Mohammedaner nimmt nicht ein Ding in die Hand, was wir gehabt haben; denn wir sind unrein.» Die Argumentation war eindeutig: Die Christen empfanden sich als verachtet und machtlos. Einer seiner Mitpriester benannte die russische Mission als Ursache der wachsenden Gewalt. Sie habe die Feindschaft der Mullahs geweckt, weil sie den Christen die Befreiung vom Joch des Islam versprochen hätten.

Die rechtlose Situation der syrischen Christen erfuhr ein anderer Priester der Region, Pera Johannes (1850–1924), am eigenen Leib.

Muslimische Bewohner eines Nachbardorfes ermordeten einen Menschen, legten ihn aber nachts vor die Tür des christlichen Priesters. Sie wollten damit das christliche Dorf dieses Mordes beschuldigen und es plündern. Am Morgen fand der Priester den Toten vor seiner Tür. Die Bewohner des Nachbardorfes meldeten den Fall dem Gericht. Zehn Gendarmen zogen ins Dorf, um die Menschen zu verhaften und zu bestrafen. Viele flohen; die Frauen blieben, weinten und schrien. Dem Priester gelang es für kurze Zeit, die Gendarmen an der Belästigung der Frauen und Kinder zu hindern. Doch dann wurde er selbst ergriffen, auf den Straßen herumgeschleppt und geschlagen. Seine Kinder schrien, seine Frau, die Schwester und andere Frauen riefen vergebens um Hilfe. Schließlich brachten sie ihn zu dem für die Christen zuständigen Beamten nach Urmia. Der schlug ihn mit Backenstreichen. Dann verprügelten ihn vier Knechte weiter, bis er ohnmächtig wurde. Auf dem Weg ins Gefängnis wurde er mit Stöcken geschlagen und erheblich verwundet. Dort wurden seine Füße dann in den Stock gelegt, erneut wurde er geschlagen, bis er bewusstlos wurde. Inzwischen hatten die Leute aus dem Dorf die katholischen Missionare um Hilfe gebeten. Die gingen zum Gouverneur, der dann für die Freilassung des Priesters sorgte. Dennoch mussten das Dorf und der Priester persönlich eine hohe Strafe zahlen. Die Folge war eine akute Lebensmittelknappheit im Ort.

Solche Geschehnisse wiederholten sich beinahe täglich und nährten die Gleichsetzung von Muslim und Räuber in vielen syrischen Texten des ausgehenden 19. Jahrhunderts, deren Leserkreis aber gerade nicht die muslimische Umwelt war. Wie nun sollten solche syrischen Priester sich auf einen Dialog mit Muslimen angstfrei einlassen können? Oder warum sollten Muslime mit ihnen als gleichwertigen und vielleicht interessanten Partnern sprechen? Viele waren deutlich geprägt von Ängsten und hatten die ihnen verordnete Marginalisierung längst in ihr Unterbewusstsein aufgenommen und ihr Leben entsprechend eingerichtet.

Und doch verwickelten die Syrer ab und zu beiläufig Muslime in religiöse Gespräche. Von solch einem Gespräch berichtet derselbe Priester Pera Johannes in einem Brief aus Wasyrabad vom 19. Dezember 1890. Das Gespräch hatte sich auf der Reise von Urmia nach Qodschannes während einer Rast entwickelt. Um 14 Uhr nachmittags war die Karawane, mit der der Priester reiste, aus Urmia abgegangen und musste am späten Abend die erste Rast in einem Dorf antreten, wo ihr Gastgeber ein angesehener Bauer war. Im Haus dieses Bauern wohnte auch ein alter Kurde, der in seiner Jugendzeit Räuber gewesen sei. Jetzt tue er «nach seiner Art und Lehre Buße». Er bete fleißig zu Gott, dreimal am Tag. In Gegenwart der Angehörigen der christlichen Karawane tat er «sein Gebet seinem Gott». Er konnte schlecht hören, und doch begannen die Christen ein Gespräch mit ihm über die Religion. Er habe Christus als Propheten gelten lassen, deren größter und letzter Mohammed gewesen sei. Ohne auf die vorgebrachten Argumente des Muslim einzugehen, wurde ihm unterbreitet, dass Christus allein der Erlöser sei, weil er nicht nur Mensch, sondern auch Gott sei. Die christliche Position wird den Muslim kaum erschüttert haben, wenn er sie nicht ohnehin schon kannte; er taucht im Bericht nicht wieder auf.

Es ging hier offenbar mehr darum, den christlichen Anspruch in den Raum zu stellen, als sich in ein offenes Gespräch einzulassen. Somit entsprach das Gespräch ganz den Gewohnheiten, die sich am Ausgang des Mittelalters zwischen Vertretern beider Religionen zusehends eingestellt hatten. Es nahm eher die Gestalt eines festen Rituals an, als lebendig und eigendynamisch zu sein und Überraschendes oder neue Einsichten zu bringen; ein Ritual mit der Funktion der Selbstbestätigung für die Syrer. So heißt es einmal in einem Bericht zum Gespräch eines anderen syrischen Priesters mit einem Muslim: «Ein syrischer Christ fragte einen Muslim: ‹Ihr weinet an den Todestagen der Gründer eurer Religion, wir weinen nicht an dem Tag, da Christus gestorben ist. Woher kommt das?› Der Muslim gab die Antwort: ‹Unsere Kalifen sind tot, aber euer Christus lebt.›» Die Antwort des Muslims wirkt wie die eines christlichen Katechumenen, der seine Lektion gelernt hat.

Die eigenen Möglichkeiten erstaunlich überschätzend (und angestachelt von der Präsenz westlicher Missionen) waren syrische Priester im 19. Jahrhundert davon überzeugt, dass sie geeigneter seien für die Mission unter Muslimen als die Europäer. So meinte einer der Priester: «Wir können mit großer Leichtigkeit auch unter den Mohammedanern arbeiten. Sie nennen uns, die wir noch zur alten syrischen Kirche gehören, ‹Nassara›. Sie achten unsere Kirche viel höher als die anderen Kirchen. Denn wir stehen in einem freundlicheren Verhältnis zu ihnen als die anderen. So zum Beispiel wenn ein Mohammedaner unterwegs sich mit einem Syrer unterhält, und er erfährt im Laufe des Gesprächs, dass er die alte Kirche verlassen hat und ist zu einer der neuen, fremden Kirchen übergetreten, sofort werden sein Wesen und seine Worte viel kälter jenem Christen gegenüber. Aber wenn sie mit einem reden, der noch ‹Nassara› ist, so erweisen sie ihm die Ehre und sprechen mit größerer Freundlichkeit zu ihm. Bei Besprechung religiöser Fragen geben sie ihm in vielen Sachen Recht. Und dann sagen sie wohl: ‹Es ist doch schade um euch, ihr bekennt und glaubt die Gemeinschaft mit Gott, aber ihr sagt, dass Christus Gott ist.›» Aus solchen Begegnungen sei doch zu ersehen, dass die Muslime das Christentum viel eher von den autochthonen, nicht direkt mit dem Westen verbundenen Christen annähmen als von den Missionen. Die vermeintlich größere Wertschätzung der nicht direkt mit dem Westen und seinen Missionen verbundenen Christen zeugt auch davon, dass den autochthonen Christen die Zugehörigkeit zur islamischen Welt zugestanden wurde und die Historie gelehrt hatte, dass von ihnen keine Gefahr ausging. Die alteingesessenen Christen wiesen nicht nur kulturelle Gemeinsamkeiten auf, sie gehörten längst zur gesicherten und vertrauten historischen Erfahrung der Muslime mit den in ihrem Lebenskreis existierenden religiösen Minderheiten.

Planmäßig betriebene Religionsgespräche konnten sich allerdings recht schwierig gestalten. So meldete einer der syrischen Priester in den letzten Jahren vor dem Ersten Weltkrieg zwar, er habe einen Mullah zum Freund gewonnen; aber die Bezeichnung «Freund» stand da mehr für die labil-positive Atmosphäre denn für eine wirklich entwickelte Beziehung.[10] Zwar musste sich der syrische Priester selbst eingestehen, dass sich der Mullah nur des eigenen Vorteiles willen auf ihn einließ und schlicht ein zusätzliches Einkommen suchte, indem er den Syrer in Kurdisch unterrichtete, es kam aber doch zu täglichen einstündigen Treffen und bei diesen dann auch zu religiösen Gesprächen. Der Muslim erwies sich als offen und herzlich. Nach Europa wolle er nicht gehen: «O, dann würde man mich zum Christen machen.» Auch die gemeinsame Lektüre des Markusevangeliums ließ sich der Mullah gefallen. Auf die Leidensgeschichte habe er entsetzt reagiert und gefragt, warum denn die Christen nicht alle Juden vernichteten. Die Antwort, die Christen würden in jedem Menschen – ob Jude oder Muslim – ihren Bruder erkennen, bestätigte er mit dem Hinweis, so habe Jesus das selbst gewollt und befohlen. Als der Syrer in die Moschee mitzugehen wünschte, packte sein Gegenüber zwar die Furcht. Aber er brachte schließlich seinen Bruder mit, der an der größten Moschee des Ortes Mullah war und anbot, in seiner Begleitung seine Moschee aufzusuchen. Der syrische Priester war davon überzeugt, schon dieses Angebot belege, dass das offene und empathische Gespräch zwischen Geistlichen beider Religionen mindestens zu einem wichtigen Teilerfolg führe. «Das zeigt doch, wie diese Leute nach Austausch der Meinungen und gegenseitigem Kennenlernen frei und freundlich werden und den Hass und die Verachtung fallen lassen.»

Wenige Jahre später, bei der Flucht vor der Vernichtung seines Volkes im Iran, verlor der Priester seine Frau. Seither erinnerte er immer wieder an das Geschehen, das den Syrern alle missionarischen Illusionen raubte. Direkte Kontroversen mit Muslimen vermieden die Syrer. Wo sie unwillentlich Teil einer christlich-muslimischen Kontroverse wurden, reagierten sie mit Panik. Auf den ersten Blick tragen ihre Texte zu den direkt ausgetragenen Kontroversen am Ende der Missionsepoche wenig bei. Auf den zweiten Blick aber zeugen sie davon, wie die ostsyrischen Christen auch über das Gespräch mit den Muslimen der sozialen Marginalisierung zu entkommen trachteten. Dabei blieben sie aber deutlich in den kulturellen Codes der Gesamtgesellschaft verfangen, in denen das Überschreiten der Grenze des Schicklichen hin zur antimuslimischen Polemik nicht im direkten Schlagabtausch, sondern nur als Mittel zur Bewusstseinsstärkung nach innen, in den innerchristlichen Bereich hinein möglich war. Polemik und Kontroverse waren also auch im vorsichtig geführten Gespräch immer mit enthalten. Der seit langem verinnerlichte Konflikt wirkte sowohl in der inneren pauschalen Abqualifizierung der Muslime, unter deren oft pauschaler Abqualifizierung die Christen zu leben hatten, als auch in der äußeren Umsichtigkeit des Gesprächs zwischen Christ und Muslim.

1994: Ein Religionsdisput in Geiselhaft

Religionsgespräche zwischen Repräsentanten des syrischen Christentums und des Islam gibt es bis heute. Im Januar 1994 wurde Melki Tok, der syrisch-orthodoxe Priester des Dorfes Miden in der Südosttürkei, von islamischen Terroristen entführt; erst nach langen, qualvollen Tagen in Gefangenschaft konnte er sich selbst befreien. Während der Haft kam es auch zu einem Gespräch zwischen einem in den Schriften versierten Muslim und dem Priester. Wie die gesamte Entführungsgeschichte wurde es später vom Priester für seine Gemeinde auf Tonband gesprochen.[11] Es ist ein Erinnerungsprotokoll, das natürlich geprägt ist von den Eigenheiten dessen, der sich erinnert, zugleich aber auch den Gegebenheiten solcher Gespräche, wenn auch hier in der besonderen Situation der Geiselhaft, erstaunlich genau entspricht. Dem Priester waren die Augen verbunden worden, so dass ihm eine genauere Identifizierung seines Gegenübers nicht möglich war. Der gelehrte Entführer stellte weithin nur Fragen, auf die sein christlicher Gefangener zu antworten hatte. Damit folgt das Gespräch der seit dem Mittelalter üblichen Struktur. Das Frage-Antwort-Schema wird erst da aufgebrochen, wo der Muslim meint, sein Gegenüber aufgrund muslimischer Lehre korrigieren zu müssen. Das wesentliche Stück dieses interessanten Entführungsberichtes ist jedem nachvollziehbar, der einmal verwickelt war in solche spontanen interreligiösen Diskussionen abseits des akademischen Betriebs, wo sie künstlich erzeugt und geführt werden. Wegen seiner großen Anschaulichkeit sei dieses Kernstück hier ungekürzt wiedergegeben.

«Er fragte mich: ‹Glaubt ihr an die Tora?› Ich antwortete: ‹Ja, ich glaube an die Tora, die Gott schrieb und Mose, seinem Propheten, gab.› ‹Glaubst du an die Propheten?› Ich sagte: ‹Ich glaube an alle Propheten, die im Alten Testament erwähnt sind.› ‹Wie viele sind es?› ‹Es sind 24 Propheten.› Er sagte: ‹Nein, es sind viele, mehr als 370 Propheten.› Vielleicht sagte er auch ‹Tausende›, ich weiß nicht

Der syrisch-orthodoxe Priester Melki Tok wurde 1994 von Islamisten entführt und konnte sich erst nach einigen Tagen befreien. Er trägt hier die Ketten, mit denen man ihn gefesselt hatte. Während seiner Geiselhaft kam es zwischen ihm und seinen Entführern zu einem «interreligiösen Dialog».

mehr wie viele. Ich sagte: ‹Wir kennen nur so viele [d. h. 24] Propheten.› Er sagte: ‹Glaubst du an diese Propheten?› Ich antwortete:
‹Ja.› Er fragte: ‹Und das Evangelium?› Ich sagte: ‹Ich glaube auch
an das Evangelium.› Er sagte: ‹Die Juden sagen, dass Esra der Sohn
Gottes ist [Bezug auf Sure 9,30], und ihr Christen sagt, Christus ist
der Sohn Gottes.› Ich sagte: ‹Ich weiß nicht, ob die Juden behaupten, dass Azro [d. i. Esra] Sohn Gottes ist oder nicht. So etwas habe
ich noch nicht gehört, und ich weiß auch nicht, dass sie so etwas
sagen. Allerdings sagen wir: Christus ist Sohn Gottes und er ist
Gott. Und wer dieses Wort nicht bekennt, der verleugnet das ganze
Evangelium, vom Anfang bis zum Ende. Das ist unser Glaube und
so glauben wir. Wir glauben, dass Christus der Sohn Gottes ist. Er
ist das Wort aus dem Munde Gottes, das Fleisch und Sohn Gottes
geworden ist, und hat uns errettet.› Er sagte: ‹Was sagst du dann
über unser Buch, über den Koran?› Ich sagte: ‹Ich kann über das,
was nicht in der Bibel erwähnt ist, nichts sagen, und ich kann nichts
anderes glauben. Wenn die Bibel den Koran erwähnen würde, hätte
ich gerne daran geglaubt. Er wird aber nicht erwähnt.› ‹Und was
denkt ihr von unserem Propheten?› Ich sagte: ‹Der Name eures
Propheten ist weder im Alten Testament noch im Neuen Testament
erwähnt. Warum glauben wir dann an das Wort, warum glauben
wir an die Propheten, die Propheten der Juden sind? Sie stehen in
der Tora und die Tora gehört den Juden. Warum akzeptieren wir
ihre Propheten, obwohl die Juden Christus gekreuzigt haben, und
lehnen euren Propheten aber ab? Ihr akzeptiert vieles aus dem
Evangelium und schätzt das Evangelium. Ihr akzeptiert und schätzt
Christus und Maria, aber die Juden akzeptieren keinen einzigen
Punkt aus dem Evangelium, warum glauben wir an ihre Propheten?
Wenn auch der Name eures Propheten aufgeschrieben wäre [im
Evangelium], warum sollte ich nicht auch euren akzeptieren?› Er
sagte: ‹Aber der Prophet Mose sagt: Gott wird einen Propheten aus
euren Brüdern hervorbringen, und wer an ihn nicht glaubt, wird
verloren gehen.› Ich sagte: ‹Mose hat dies in Bezug auf Christus gesagt!› Er sagte: ‹Nein, er bezieht sich auf Mohammed.›»

Bei diesem Dissens zu der Frage, wem die biblischen Weissagun-
gen gelten, ob Christus oder Mohammed, verharrt das Gespräch
noch einen Moment, um sodann auf die Frage überzugehen, ob

christliche Mädchen einen Muslim heiraten dürfen und ob er als Priester eine Muslima mit einem Christen verheiraten würde; was der Priester für den Fall bejahte, dass sich das Mädchen taufen ließe. Es endet mit Fragen über die vom Priester auszuübende Kirchenzucht. Es ist keine Frage: Dieses Gespräch entbehrt jeden intellektuellen Reizes und wird auf verhältnismäßig schlichtem Niveau geführt. Zugleich verrät es aber, dass der Priester auch über Basiskenntnisse des Korans verfügen musste, die er aber wohl nur durchs Hörensagen aufgenommen hat. Aus diesem Wissen um sein Gegenüber leitet sich der Duktus seiner Antworten ab. Diese wiederum bieten nicht mehr als Basiswissen, das reflektierten theologischen Entwürfen heute nicht standhält. Es ist aber genau jene eiserne Ration von Grundwissen für den christlich-islamischen Dialog, dessen sich die westsyrischen Christen seit dem Mittelalter mittels ihrer Lehrbücher immer wieder vergewissert haben. Das Gespräch könnte in ähnlicher Weise auch 1894 oder 1794 oder gar 1194 oder 994 stattgefunden haben.

Seit Jahrhunderten laufen solche Gesprächen nach dem immer gleichen Muster ab, so dass in der westlichen Wissenschaft die Meinung aufkam, die uns überlieferten interreligiösen Gespräche hätten möglicherweise gar nicht real stattgefunden. Es gehört jedoch sozusagen zum Spiel, dass der jeweils zugeworfene Ball auch sachgerecht beantwortet wird und beide Gesprächspartner am Ende den Raum verlassen können mit dem beruhigenden Bewusstsein, dass sich nichts geändert hat am Status quo. Freilich liegt unter diesem Bewusstsein auf christlich-orientalischer Seite ein zweites. Hier hält man durch ständiges Anfragen den Christen unter Druck. Da man meint, schon zu wissen, was er antwortet, geht es nicht um die Antwort als einen Akt kreativer oder selbstständiger Verantwortung des Glaubens, sondern um die Korrektheit der Antwort im Sinne einer geradezu überpersonalen Lehre. Mit solchen Überprüfungsspielchen wird von beiden Seiten kontrolliert, ob die vor Jahrhunderten etablierte Grenze zwischen den Religionen noch besteht. Ist das gegeben, so hat das Gespräch sein Ziel erreicht. Verständigung ist nicht wirklich gewollt, allenfalls Belehrung. Der Christ aber muss wissen, dass er sich auf diese muslimischen Fragen hin immer wieder für seine Religion zu rechtfertigen hat, die doch eigentlich von der muslimischen überholt sei und derer es doch eigentlich gar nicht bedürfte, hätte der Christ nur endlich gelernt, dass die korrekten Antworten zuletzt auf muslimischer Seite liegen.

IV. «Fünfte Kolonne des Westens» oder «Motor der Modernisierung»?

In historisch wichtigen Wendezeiten kooperierten einerseits orientalische Christen wie der Patriarch Benjamin I. (reg. 626–665) mit den Ägypten erobernden muslimischen Arabern, während andererseits etwa das kleinarmenische Königreich sich in die Kreuzzugsbemühungen des Westens eingliederte. Immer bestanden diese beiden Optionen für die orientalischen Christen, ohne je wirkliche Optionen zu sein. Denn im Falle der Entscheidung für die Differenz zum Westen verloren sie nicht nur die westliche Unterstützung, sondern mussten sich auch nüchtern und ohne Träume von einer potenziellen Rechristianisierung ihrer angestammten Lebensräume in die islamisch beherrschte Welt einfügen. Chancen, deren innergesellschaftliche Grenzziehungen durch Leistungsbereitschaft zu überschreiten oder gar dauerhaft Motor politischer Entwicklungen zu werden, gab es kaum. Erstaunlicherweise gelang dies dann aber doch immer wieder an jeweils entscheidenden Nahtstellen. Im Falle der Entscheidung für den Einklang mit dem Westen entschieden sie sich für eine Entfremdung von ihrer Umwelt und setzten sich zugleich der Gefahr aus, ihre orientalische Identität zu verlieren. Der letzte König der Armenier im Nachgang der Kreuzzugszeit liegt scheinbar in der Fremde begraben, in St. Denis in Paris, aber zugleich symbolisch eben doch auch in seiner eigentlichen Heimat, dem Westen.

Immer war die Wahl, die die orientalischen Christen zu treffen hatten, die zwischen Strick oder Kugel. Sowohl ihre Umwelt im Orient als auch ihre «Glaubensgeschwister» im Westen erlebten das Eigene der orientalischen Christenheit nicht als so wertvoll, dass sie es gefördert hätten in seiner Eigenart. Fremd blieben sie den einen, weil sie nicht die gleiche Religion teilten und weil sie mental teilweise fremdbestimmt wirkten. Fremd blieben sie aber auch den anderen, weil sie mit ihren historisch erworbenen Animositäten und

Verhaltensmustern die Illusionen von einer auf westlichen Werten aufbauenden Weltgesellschaft störten. Allein schon mit ihrer Existenz demonstrierten sie, dass da potenziell eine Unterlegenheit des Westens nicht nur historisch, sondern auch gegenwärtig bestehen konnte. Und dies bedeutete eine Infragestellung der Expansion eines Denkens, das sich der Aufklärung verdankt, der ihm folgenden Technologie und ihrer dem Anspruch nach universalen Werte.

Diese Wahl zwischen zwei Unmöglichkeiten blieb auch kennzeichnend für die Existenz der orientalischen Christen im 19. und 20. Jahrhundert und überlagerte, was sie ihrer Herkunft und Identität nach bis heute sind: die autochthone Bevölkerung, also die ununterbrochen, lange vor der arabischen Eroberung dort lebenden Menschen, die ihre eigene religiöse und kulturelle Identität im Ausgleich mit den Identitäten der später zur Majorität werdenden Bevölkerungsgruppen der Muslime bewahrten.

Erwartungen und Enttäuschungen des Westens

Mit dem 19. Jahrhundert befinden wir uns in der Endphase des historischen Prozesses, den Historiker als die «europäische Welteroberung» bezeichnen. Daran hatten besonders England, Frankreich, die Niederlande und Russland Anteil, für eine kurze Zeit auch Deutschland. Im Zuge der Eingliederung Deutschlands in diese Bewegung – Deutschland brauche auch einen Platz an der Sonne, so rechtfertigte der Reichskanzler damals die Gründung deutscher Kolonien, und moralisch schien es geradezu gerechtfertigt, die Welt mit dem deutschen Wesen zu beglücken («am deutschen Wesen wird die Welt genesen») – begannen auch deutsche Gelehrte so zu denken, wie man im Geiste europäischer Expansion dachte. Deutsche Kolonialstrategen wie Paul Rohrbach (der führende Kopf des so genannten «Ethischen Imperialismus», 1869–1956) träumten nicht nur von Mesopotamien als der Kornkammer des Deutschen Reiches, sondern auch von der Inbesitznahme Persiens. Der für seine Orientforschungen berühmte Geograf Ewald Banse (1883–1953) schrieb in seinem Orientbuch von 1914, noch vorkriegszeitlich sich in der Arbeits- und Wertegemeinschaft mit allen europäi-

schen «Kulturnationen» wähnend, Bezeichnendes über die Nestorianer, die Karl May so gründlich in seinem Buch «Durchs wilde
Kurdistan» verunglimpft hatte: Diese Nestorianer in Persien gäben
«einen guten, aufnahmefähigen Boden für die Einführung abend-
ländischen Wesens» ab; sie würden darum «dermaleinst den Ausgangspunkt für die Zivilisierung Kurdistans bilden», und bei einem
«bewaffneten Vorgehen eines europäischen Staates gegen die mohammedanischen Kurden jener Gebirgsstriche» böten sie, «mit
Hinterladern bewaffnet», mit ihrem «Ingrimm auf die Glaubens-
feinde eine schätzenswerte Hilfe».[1]

Orientalische Christen werden hier also instrumentalisiert im
Planspiel des kolonialistisch agierenden Westens. Dabei wurden sie
nicht gefragt, ob sie denn überhaupt die «Fünfte Kolonne» des
Westens darstellen wollten. Schlicht wegen ihrer religiösen Differenz zur muslimischen Umwelt und ihrer historisch bewährten
Wehrhaftigkeit erschienen sie als geradezu natürliche Verbündete
der westlichen Eroberungs- und Unterjochungsziele. Und natürlich mussten diese in vermeintlicher Nähe zum Westen stehenden
Orientalen in den Vorstellungen ihrer westlichen «Freunde» über-
einstimmen in dem Wunsch nach dem Edelsten des Westens: dem
fortschrittlichen Wissen, das den Westen angeblich über den Orient
erhob. So bestätigte im selben Jahr wie Banse der Missionshisto-
riker Georg Haccius (1847–1926) demselben nestorianischen Volk,
dass es «ein heißes Verlangen nach Erlösung und Freiheit, nach
Schutz und Hilfe, nach Wissen und nach einem neuen Leben» in
sich trage, ein «Hunger nach der Bildung Europas und ein Wissensdurst» beherrsche es, «wie man es selten» finde.[2] Das war damals im
19. und 20. Jahrhundert über weite Jahrzehnte hin einer der wesentlichen Aspekte westlicher Wahrnehmung: die orientalischen Christen als fünfte Kolonne des Westens und zugleich als Motor der Modernisierung, die zugleich natürlich Europäisierung zu bedeuten
schien.

Doch gerade in der konkreten Begegnung mit der orientalischen
Christenheit entwickelte sich auch eine ganz andere Sicht. Ein Kol-
lege von Haccius, Karl Maurer, eine treibende Kraft der Hermannsburger Mission in Persien, bereiste etwa zur gleichen Zeit Nordwestpersien, um die Gemeinden zu besuchen, die mithilfe der deutschen

Missionsgesellschaft dort die alte nestorianische Kirche von innen im Sinne westlich-protestantischen Denkens erneuern wollten. Sein Fazit war die Widerlegung der westlichen Illusionen im Blick auf die orientalischen Christen. Der Zustand dieser Kirche sei «ein Hindernis für die Ausbreitung des Christentums unter den Mohammedanern», die Christen seien das schwächere und besiegte «Volk».[3] Durch den langen Druck seien sie moralisch geschädigt, der Muslim sei zuverlässiger und sauberer. Lediglich unter europäischer Leitung könnten orientalische Christen wertvolle Dienste tun. Auch der Mann der Orientmission sah in den orientalischen Christen nichts weiter als eine fünfte Kolonne des Westens, aber von ihrer Wirkung versprach er sich nicht eben viel. Erstaunlich wenig solidarisch erweist sich hier der Missionsmann mit den Menschen, unter denen seine Mission arbeitete.

Die Sicht des Missionars deckt sich weithin mit der eines führenden deutschen Politikers dieser Zeit, Friedrich Naumann (1860–1919). Er kam im Zuge von Kaiser Wilhelms II. zweiter Orientreise 1898 zu seiner ersten direkten Begegnung mit orientalischen Christen. «Es ist traurig zu sagen, aber es ist wahr, dass im Allgemeinen von außen der Türke einen anständigeren und besseren Eindruck macht, als der orientalische Christ. Er ist der Herr, der Christ ist der Knecht.»[4] Was Haccius den orientalischen Christen zugesprochen hatte – Bildungshunger und Wissensdurst –, Naumann sprach es ihnen ab: «Was ist es, das so abstoßend wirkt? Der Mangel an Erneuerungskraft! Alles ist alt, nichts ist jung!» Nicht Dynamik, sondern Stagnation kennzeichnete für Naumann die orientalischen Christen. «Ein verkalktes, verstaubtes, verarmtes, ausgetrocknetes Christentum, dürr wie ein steiniges Wadi ohne Wasser.» Das wenige Leben, das es dort für ihn zu entdecken gab, werde geradezu vergeudet: «Viel Innigkeit, aber diese Innigkeit klebt an vermoderten Fetzen und glattpolierten Steinen.» Es versteht sich, dass nach Naumanns Meinung von diesen Christen nichts zu erwarten war für die moderne Gestaltung des Orients. Weil nun die orientalischen Christen für ihn im Blick auf die heraufzuführende Modernisierung des Orients ausfielen, so lag es nahe zu meinen, diese werde durch die europäischen Christen erfolgen: «Der Mohammedaner fühlt, dass der moderne abendländische Christ sein Herr sein wird. Er grollt dem Europäer, dass er sein Haupt so hoch trägt, wie es der orientalische Christ nie wagen würde, aber ändern kann er es nicht.»

Die wenigen Zitate machen deutlich: Der Westen rechnete auf die orientalischen Christen als eine fünfte Kolonne und auf deren Engagement als Motor der Modernisierung. Wo diese Erwartungshaltung enttäuscht wurde, da wandte man sich von ihnen ab und anderen Kräften zu (später werden es dann säkularistische aus allen Lagern sein). Die angeführten Beispiele deuten schon darauf hin, dass die Rolle der orientalischen Christen im 19. und 20. Jahrhundert nie nur aus dem Orient allein zu verstehen ist – vielmehr ist sie immer auch in Interaktion zu den Erwartungshaltungen und Anforderungen zu sehen, die aus dem Westen auf sie zukamen.

Napoleon und das Beispiel Ägypten

Lange vor Napoleon fanden sich deutsche Missionare im Orient, die auf verschiedenste Weise und mit verschiedensten Zielen versuchten, zwischen den orientalischen Christen und den deutschen Kirchen eine Brücke zu schlagen. Diese Phase der westlich-orientalisch-christlichen Interaktion ist bis heute fast gänzlich unerforscht, obwohl reichhaltiges Quellenmaterial dafür zur Verfügung stünde. In Konstantinopel führten die Herrnhuter theologische Dialoge und waren von ihrem Erfolg – der Ökumenische Patriarch sprach im Blick auf die Gemeinschaft seiner orthodoxen Kirche mit der Brüderkirche von völliger kirchlicher Einheit! – derart überrascht, dass sie die Erklärung des Patriarchen zurückwiesen, weil sie weiter ging als das, was man selbst gewollt hatte. Offensichtlich hatte sich da in Konstantinopel etwas getan seit der Zeit der Reformation, als man noch das Ansinnen der deutschen Lutheraner auf Kirchengemeinschaft zurückgewiesen hatte. Auch in Kairo kam es zwischen dem Verhandlungsführer der Herrnhuter und dem koptisch-orthodoxen Papst zu einer theologischen und kirchlichen Verständigung. Die Herrnhuter wirkten von ihrer Niederlassung in Kairo jahrzehntelang besonders nach Oberägypten hinein und gaben ihre Siedlung erst wenige Jahre vor der Französischen Revolution auf, in deren Folge Napoleon ägyptischen Boden betrat. Wie in Konstantinopel und Kairo, so finden sich deutsche Sendboten nahezu an allen wichtigen Orten des Orients. In Isfahan beispielsweise scheiterte aber der Versuch der Festsetzung der Herrnhuter, und Jahrzehnte später erging es der Basler Mission ähnlich unter den Armeniern. Diese bis heute weitgehend unbekannten deutschen Aktivitäten des 18. und frühen 19. Jahrhunderts dokumentieren, dass da immer schon eine relativ intensive Begegnung zwischen orientalischen Christen und dem Westen bestand, zusätzlich zu den zu allen Zeiten vorhandenen ökonomischen und politischen Kontakten.

Das Abenteuer des Eroberungszuges von Napoleon Bonaparte nach Ägypten nimmt aber eine besondere Stellung im Rahmen dieser Interaktionen ein: Erstmals wurde eine europäische Macht wieder auf orientalischem Boden tätig. Am 19. Mai 1798 hatten 280 Schiffe, darunter dreizehn Kriegsschiffe mit 38 000 Infanteristen an Bord, den Hafen Toulon unter dem Kommando Napoleons verlassen und ankerten am 1. Juli vor Alexandria. Der Feldzug gelang, am 24. Juli betrat Napoleon Kairo. Mittlerweile hatte der englische Admiral Nelson jedoch die französische Flotte versenkt. Die Franzosen warben daraufhin örtliche Truppen an, unter denen sich eine sechshundertköpfige griechische Legion befand, die unter anderem die Schifffahrt auf dem Nil zu schützen hatte; auch eine achthundert Mann starke koptische Legion wurde gegründet. (Solche Truppenteile hatten drei Jahre später, nach dem Ende der französischen Herrschaft, keine andere Wahl, als Ägypten zu verlassen und sich nach Frankreich ausschiffen zu lassen, wo sie gnadenlos in den Kämpfen des Napoleonischen Reiches eingesetzt wurden.) Der französische General, dem die sechzehn ägyptischen Provinzen unterstellt waren, erhielt einen Verwalter zur Seite, der für die Steuereintreibung zuständig war. Dieses Amt oblag bezeichnenderweise einem Kopten. Für die Kopten wirkte sich seine Tätigkeit nun besonders positiv aus, da er viele traditionelle und schikanöse Regelungen, denen die Kopten ausgesetzt waren, abschaffen ließ. Zugleich allerdings wurden manche individuellen Freiheiten der Kopten beschränkt, sofern es galt, die muslimische Mehrheit für die französische Politik zu gewinnen. So blieb es den Kopten untersagt, einen weißen Turban zu tragen oder während des muslimischen Fastenmonats in der Öffentlichkeit zu essen. Als dann die Franzosen den Oktober-Aufstand 1798 der Muslime nur dadurch brechen konnten, dass sie die Al-Azhar-Moschee bombardieren ließen und anschließend dort unwürdig hausten, ging der Bonus der Franzosen endgültig verloren. Napoleon verließ heimlich seine Armee. Der alsdann mit dem Oberbefehl betraute General Kléber baute noch stärker auf die Kopten. Doch wurde er bereits am 14. Juni 1800 von einem jungen Muslim getötet, der sich zu diesem Zweck einen Monat lang in der Al-Azhar-Moschee aufgehalten hatte. Bei der Restauration der türkischen Herrschaft nach der Kapitulation der Franzosen am 31. August 1801 waren die Christen die Hauptleidtragenden. Wichtige Führer der Kopten wurden als Kollaborateure hingerichtet, die türkischen Truppen ließen sich in den koptischen Vierteln nieder.

Doch mit der Machtergreifung Mehmet Alis (reg. 1805–1849) wandte sich das Blatt wieder zu ihren Gunsten. Kopten stiegen in hohe Staatsämter auf und bekamen höchste Ehrentitel zuerkannt. Nun begannen, initiiert vom Papst Petros VII., in der Zeit von 1809 bis 1852 umfangreiche Reformmaßnahmen in der koptischen Kirche, die unter dem Eindruck der europäischen Bildung besonders dazu bestimmt waren, das Bildungsniveau des Klerus zu heben. Die Folge war, dass dann im Laufe des 19. Jahrhunderts in den Kreisen der Intellektuellen und Geschäftsleute tatsächlich die Kopten prozentual stärker vertreten waren, als ihr Anteil an der ägyptischen Gesamtbevölkerung ausmachte. 1856 wurde gar die Kopfsteuer für die Kopten abgeschafft, und sie wurden schließlich auch zum Kriegsdienst aufgerufen. 1866 machte endlich der «verfassungsrechtliche Status» Ägyptens keinen Unterschied mehr zwischen Muslimen und Christen. Koptische Schulen wurden in großer Zahl gegründet, sie waren wissenschaftlich und fremdsprachlich orientiert. Es entwickelte sich eine koptische Presse. Als äußeres Zeichen der Restitution der Kopten wurde die Residenz des Papstes wieder aufgebaut. Weithin war dieser Beginn der bis heute fortwirkenden Reformbewegung eine Folge der Präsenz englischer Missionare im Land, die zwar ihr Ziel, Muslime zu bekehren, nicht erreichen konnten, sich aber dafür nun den orientalischen Christen zuwandten. Zahlreiche Kopten gingen daraufhin zu den Protestanten über, was zur Folge hatte, dass der Patriarch die Betroffenen exkommunizierte. Auch hinsichtlich ihrer Leitungsgremien gestaltete sich die koptische Kirche um und führte gar ein Laiengremium, den Patriarchenrat, zu ihrer Leitung ein, das 1847 von der Regierung bewilligt wurde und als Aufsichtsorgan für die Finanzen, Gebäude, Schulen, Presse und karitativen Organisationen fungierte.

Mittlerweile war Ägypten unter britisch-französische Kontrolle gekommen. Angesichts eines Aufstandes erschienen am 20. Mai 1882 vor Alexandria sechs britische und sieben französische Kriegsschiffe. Am 11. Juni kam es dann in der Stadt zu Zusammenstößen. Erregte Muslime ließen ihre Wut an den Christen aus, mindestens fünfzig Christen starben. Häuser und Geschäfte von Kopten und Griechen wurden geplündert, die Stadtbehörden griffen nicht ein. Die Europäer flohen. Die Briten schließlich eröffneten das Feuer, sandten eine weitere Armee von Suez aus, und am 24. September etablierten sie den nun unter ihrem «Schutz» stehenden Khediven, den Stellvertreter des osmanischen Sultans in Ägypten, wieder in seine Stellung. Obwohl in gewisser Weise um Ausgleich zwischen den Religionen bemüht, griffen die Engländer doch immer wieder auf die Kopten zur Festigung ihrer schwachen Position zurück. Symbolisch war es da, dass der 1908 zum Premierminister ernannte Kopte Butros Ghali, ein Anglophiler, 1910 von einem Nationalisten ermordet wurde. Allerdings suchten die Briten das Finanz- und Steuermonopol der Kopten zu brechen und dafür allen Bevölkerungsschichten westliche Verwaltungsmethoden zu vermitteln. Zahlen sprechen zuweilen für sich: 1910 waren etwa 10 Prozent der Bevölkerung Ägyptens Christen, die Beamtengehälter aber gingen zu 40 Prozent an Kopten. Die Hälfte des gesamten ägyptischen Vermögens gehörte Ausländern, die fast durchweg Christen, viele auch orientalische Christen (etwa Griechen und Armenier), waren. Natürlich blieben die meisten Kopten Bauern und Handwerker, aber die hohe Präsenz im öffentlichen Dienst zeigt doch, wohin sich die koptische Bevölkerungsschicht bewegte. Beim großen Kongress der Kopten in Assiut 1911 forderten sie öffentlich einen ihnen gemäßen Anteil bei der Verwendung der Staatseinnahmen und eine weitere Öffnung der öffentlichen Ämter für sie sowie die Möglichkeit für Beamte und Schüler, am Sonntagsgottesdienst teilnehmen zu können und dafür von Dienst und Schule freigestellt zu werden.

Der Erste Weltkrieg führte schließlich zur offiziellen Proklamation des britischen Protektorats über Ägypten. Im Zuge einer Studentenrevolte kam es anschließend zur Bildung einer ägyptischen Regierung, die zu leiten sich der ehemalige Finanzminister bereit erklärte; es war wieder ein Kopte. In der ägyptischen Verfassung von 1923 wurde nochmals festgehalten, dass alle Ägypter vor dem Gesetz gleich seien. Selbst Gamal Abdul Nasser stand als ägyptischer Präsident (reg. 1954–1970) noch in einer gewissen Weise für diesen Gleichheitssatz, der sich bei ihm aber aus Anleihen aus dem sozialistischen Gedankengut speiste. Symbolisch war sein Einsatz für die Grundsteinlegung zur großen Markuskathedrale in Kairo. Symbolisch aber war auch der Tod des Bischofs Samuel, der als Vertreter des Papstes am 6. Oktober 1981 während einer Parade neben dem Präsidenten Anwar Sadat stand und mit ihm von extremistischen Muslimen ermordet wurde. Längst war es (besonders 1980 und 1981) wieder zu blutigen Auseinandersetzungen zwischen Kopten und Muslimen gekommen, und die bereits vorlaufende neue Gesetzgebung dieser Jahre – die Einführung der Scharia – bedeutete einen Rückschritt in den rechtlichen Regelungen, der geradezu in die Zeiten vor Mehmet Ali zurückzuführen schien. Selbst im Parlament waren jetzt nur noch fünf Abgeordnete der Kopten vertreten, und die Kopten wurden in ihrer Bedeutung für die ägyptische Gesellschaft so geschwächt wie selten zuvor.

Das Beispiel Ägypten dokumentiert: Es steht außer Frage, dass die orientalischen Christen in umfangreicherer Weise als ihre muslimischen Mitbürger Nutznießer des Wissens der westlichen Missionsschulen wurden, gerade weil denen der beabsichtigte Einbruch in den Islam verwehrt blieb und sie sich nun sozusagen ersatzweise an die orientalische Christenheit hielten. Diese wiederum konvertierte zwar nur teilweise zu den Protestanten und Katholiken, aber sie nahm insgesamt den Impuls zur Hebung der Bildung in stärkerem Maß auf als ihre muslimische Umwelt, was zu einer einseitig erhöhten Präsenz im Staatsapparat führte und zugleich zu einem

Ein koptischer Mönch beim Entzünden von Weihrauch vor der Ostermesse mit Papst
Schenouda III. im April 2007 in Kairo. Die Liturgie, die bei den Kopten auf Koptisch
und Arabisch gefeiert wird, ist das Herzstück orthodoxer Frömmigkeit und Kirchlichkeit. Sie soll hinführen zu einer «Liturgie nach der Liturgie», also zu einem alltäglichen Handeln gemäß der «Beheimatung bei Gott».

überhöhten Anteil an den Intellektuellen des Landes. Das historische Beispiel Ägypten scheint also die Fragestellung hinsichtlich des Verhältnisses zum Westen dahingehend zu beantworten, dass die orientalischen Christen sich in enger Anlehnung an den Westen und die im Lande sich etablierenden Westmächte tatsächlich als Motor der Modernisierung erwiesen. Dabei aber emanzipierten sie sich von einem zum Repressionsinstrument verkommenen System von Schutzverträgen und dem Status einer unter besonderer Steuerpflicht stehenden Minderheit; so waren sie muslimischer und zeitweise auch nationalistischer Repression ausgesetzt, die in ihnen eben nichts weiter als eine fünfte Kolonne des Westens zu sehen vermochte.

Emanzipation und Nationalismus

Als im Orient Reformen Einzug hielten, deren idealer Gehalt aus dem Westen importiert wurde, begann sich das Auseinanderstreben zwischen der mittlerweile längst zur Mehrheit gewordenen muslimischen Bevölkerung und den Angehörigen der christlich-orientalischen Völker zu verstärken. Der Kalif und Sultan des Osmanischen Reiches hatte bereits 1839 und 1856 Reformen in westlicher Manier angestrebt, die gültig sein sollten für alle Einwohner des Reiches, unabhängig von der Religionszugehörigkeit. Gleichheit vor dem Gesetz bedeutete zugleich die Einführung der Militärpflicht für die orientalischen Christen. Zwar bemühte sich die Reformbewegung in der Folgezeit um die Beseitigung der konfessionellen und religiösen Unterschiede und die Verschmelzung aller unterschiedlichen Volksgruppen des Reiches in einer neuen Ideologie, dem Osmanismus. Aber es blieb doch unausweichlich, dass diese Bewegung mit den traditionellen und auf religiösen Werten aufbauenden Gesellschaftsstrukturen und ihren Verfechtern kollidieren musste. Der Nationalismus, der im Schatten dieser ersten Reformbewegungen heranreifte, stand mit seinem laizistischen Gesellschaftsbegriff ausdrücklich weithin im Gegensatz zur religiös-sozialen Ordnung des alternden Reiches. Zwar teilten viele orientalische Christen die Ideale der Bewegung – in dieser Zeit entstanden

z. B. auch die bis heute existierenden Parteien der Armenier, die oft alsbald sozialistisches Gedankengut in sich aufnahmen –, aber stärker blieb doch der Wille zur Emanzipation vom Osmanischen Reich, der aus einer Mischung von nationaler Bestrebung mit einer über die christliche Religion vermittelten historischen Identität erwuchs. Wo immer den christlichen Ethnien im Westen des Osmanischen Reiches die Emanzipation gelang, da vollzog sie sich in direkter Rückbindung an den Westen und mit Eingriffen ausländischer Mächte in die Belange des zerfallenden Staates. Die Reform zeitigte also eine ihr entgegengesetzte Wirkung. Irritiert notierte der britische Generalkonsul in Beirut 1841 die ihm eigentümlich erscheinende Tatsache, dass es ein halbes Jahr nach der Verkündung der Reformen im Land «eine allgemeine Reaktion zugunsten des Korans und der exklusiven Privilegien der Muslime gegenüber Christen» gegeben habe. Diese Reaktion stehe «in krassem Widerspruch zu der Doktrin von der Gleichheit aller vor dem Gesetz», die doch das Herzstück des Reformwerkes gewesen sei.

Auch da, wo es den christlichen Bevölkerungsgruppen verwehrt blieb, die nationale oder ethnische Emanzipation zu erreichen, teilten sie das neue Gedankengut. Ihre Intellektuellen wurden oft zu entschiedenen Anhängern des Säkularismus und des Nationalismus. Von der Übernahme dieser westlichen Ideen erhofften sie sich den Wandel im Orient. Wenn diese Ideen im Orient übernommen worden wären, so wäre die Frage nach der religiösen Zugehörigkeit sekundär geworden und hätte anderen Maßstäben Platz machen müssen, etwa der besonderen Qualifikation für bestimmte Aufgaben. Noch heute ringen die orientalischen Christen um die von ihnen erstrebte Gleichheit.[5]

Doch diese Emanzipationsbewegungen gingen einher mit immer stärkeren Reaktionen der muslimischen Mehrheitsbevölkerung. Die Christenmassaker 1860 in Syrien und im Libanon stellten eine Reaktion beispielsweise auf die Zurückdrängung der Drusen und die Stärkung der Maroniten dar, selbst wenn dabei die in der Wissenschaft umstrittene Frage außer Betracht bleibt, wem denn nun welches Maß an Verschulden der explosiven Situation zuzurechnen wäre. Wie den damals vor allem betroffenen Maroniten erging es 1895/96 den Armeniern. Dieses Mal war der Blutzoll, den die christliche Bevölkerung für die Emanzipationsbestrebungen in ihren Kreisen zu leisten hatte, noch weit höher. Wohl 200 000 Armenier verloren ihr Leben. Die Assyrer oder Nestorianer wurden Mitte des 19. Jahrhunderts zunächst in ihrer Stellung im kurdischen Tribalsystem entscheidend geschwächt und dann, als sie sich in der Folge des Ersten Weltkrieges in Urmia schon am Ziel einer zumindest lokalen Emanzipation wähnten, zermalmt. Chaldäern und Syrern erging es ebenso, ganz zu schweigen vom Schicksal der Armenier im Ersten Weltkrieg. Von daher ist zu verstehen, wenn Historiker daraus eine direkte Folge konstruieren: Der Niedergang der nichtmuslimischen einheimischen Bevölkerung sei das Ergebnis der Abschaffung des Systems der Dhimma bzw. des Milletsystems.

Andererseits beteiligten sich die Eliten der orientalischen Christen aktiv an der arabischen nationalistischen Bewegung. Sie sehnten sich danach, aus der Außenseiterrolle des Milletsystems befreit zu werden und eine aktive politische Rolle spielen zu können, und fühlten sich daher in vielen Wirkungsfeldern mit der Vorreiterrolle betraut, die Gesellschaft auf den Weg der Modernisierung zu führen. Wichtige Vertreter des arabischen Nationalismus sind orientalische Christen. Hier können etwa Faris al-Khoury, Michel Aflaq und George Habash genannt werden. Al-Khoury (1877–1962) wurde im Gebiet des heutigen Libanon geboren und studierte zunächst Recht an der American University in Beirut, bevor er 1908 für einen christlichen Sitz im osmanischen Parlament kandidierte. Zeit seines Lebens unterstützte er nationalistische Strömungen und engagierte sich seit der französischen Herrschaftsübernahme 1920 zunächst gewaltsam, dann diplomatisch für deren Beendigung. Er beteiligte sich 1928 an der Gründung des Nationalen Blocks und vertrat die nationalistische Partei seit 1932 im Parlament. Wiederholt übernahm er das Amt des Finanzministers, bis er in den 1940er und 50er Jahren Parlamentspräsident und Ministerpräsident war. Aflaq (1910–1989), in Damaskus geboren, entstammte einer orthodoxen Familie, was sich freilich nur in seiner säkularistischen Einstellung auswirkte. Als Mitbegründer der Baath-Partei 1943 wirkte er auf den gesamten nordarabischen Raum ein. 1949 übernahm er das Amt des syrischen Erziehungsministers, ebenso 1954. In den Jahren 1952–1954 und 1966/67 ging er ins Exil in den Libanon.

Nach dem Sechstagekrieg der arabischen Nationen gegen Israel verlegte er sein Exil 1967 nach Brasilien. Vor seinem Tod ging er 1974 nach Bagdad, wo er aber nicht wieder an seine politische Schlüsselfunktion in der Baath-Partei anknüpfen konnte. Der Mitbegründer der arabischen nationalistischen Bewegung, Habash (geb. 1926), gebürtig im palästinensischen Lydda, studierte zunächst Medizin an der Amerikanischen Universität in Beirut bis 1951 (im selben Jahr wurde er erstmals aufgrund einer Demonstration verhaftet). Er begann seine Arbeit als Mediziner in palästinensischen Flüchtlingscamps in Amman. Im April 1957 ging er wegen der Politik des jordanischen Königs gegenüber den Palästinensern in den Untergrund und floh nach Syrien. Nach der Rückkehr der Baath-Partei an die Macht in Syrien floh er nach Beirut. Durch die Erfahrungen mit dem verlorenen arabisch-israelischen Krieg 1967 kam es zur Gründung der Volksfront zur Befreiung Palästinas am 11. Dezember 1967, deren erster Generalsekretär Habash wurde (bis 2000 blieb er im Amt). 1969 kehrte er nach inneren Zerwürfnissen mit den palästinensisch-arabischen Führungseliten nach Amman zurück. Die Konfrontation mit König Hussein und die Zurückweisung der UNO-Resolution sowie die von ihm zu verantwortenden Flugzeugentführungen sorgten für weltweites Aufsehen («Schwarzer September» 1970). Im libanesischen Bürgerkrieg spielte er eine aktive Rolle. Er leistete nach dem Camp-David-Abkommen Widerstand und verweigerte sich auch den Osloer Vereinbarungen.

Unterschiedliche Anbindungen an westliche Kräfte führten auch zu unterschiedlichen Standorten im Orient. Da fanden sich Christen einerseits als Befürworter der libanesischen Unabhängigkeit und andererseits als Anhänger eines Großsyrien. Ähnlich der Emanzipation der Juden in Europa stellten sich viele die Emanzipation der Christen im Orient vor und konnten daher ihren «christlichen», arabisch-laizistischen Nationalismus durchaus vereinbaren mit der Vorstellung etwa eines mehrheitlich islamischen Großsyrien. Noch in einem Interview im August 2001 wird an Formulierungen von George Habash dessen Zugehörigkeit zu beiden Welten unmissverständlich deutlich: «Gewiss bin ich optimistisch. Und das sage ich nicht bloß aus Opportunismus, sondern weil ich sehe, wie sich die Realität und die Geschichte bewegt, und weil ich die Kraft und die

Entschlossenheit unseres Volkes kenne. Ich sehe die Möglichkeit der arabischen Nation und die historische und zivilisierte Rolle, die es in der internationalen Arena spielen kann. Der Schlüssel, um gegen jeden potenziellen internen Konflikt Front zu machen, ist, einen demokratischen Prozess auf jeder Ebene der Gesellschaft zu garantieren und den kulturellen, religiösen, politischen und sozialen Pluralismus zu sichern, so dass er zu einer Quelle des Reichtums und der Einheit anstatt zu einem Weg hin zur Zersplitterung wird, die die ausländischen und kolonialistischen Einmischungen begünstigt.»[6] Auch Habashs marxistische Ideen sind mittlerweile von der politischen Wirklichkeit der Länder überholt worden, in denen er wirkte und wirkt.

Christliche Autoren in der modernen arabischen Literatur

Die Schriftsteller aus den christlichen Milieus, Ethnien und Konfessionen thematisieren zumeist nicht spezifisch christliche Themen und nehmen auch nur in Ausnahmefällen eine erkennbar christlich-religiöse Ausgangsposition ein.[7] Allerdings kann anhand ihrer Werke oft ein ganz anderer Blick auf die Region geworfen werden als durch die Brille der muslimischen Autoren. Da werden die großen Themen der Politik aufgegriffen, die die Geschichte der Region kennzeichnen. Solch ein großes Thema war für viele christlich-orientalische Autoren natürlich der Bürgerkrieg im Libanon. Der Rum-Orthodoxe Elias Khoury (geb. 1948) hatte selbst aktiv am Bürgerkrieg im Libanon teilgenommen, und einige der Werke dieses Großmeisters der arabischen Literatur (etwa «Das Tor zur Sonne» 2004) thematisieren die damit verbundenen Erfahrungen von Straßenkämpfen oder die Geschichte palästinensischer Mitbürger im Libanon anhand eines Flüchtlingslagers, dessen Zerstörung im Bürgerkrieg die Welt empörte.

Damit ist schon das zweite große Thema der christlich-orientalischen Autoren angesprochen: Palästina, der Nahostkonflikt und die Koexistenz der abrahamitischen Weltreligionen. Der palästinensische Protestant Emil Habibi (1921–1996) unternimmt in seinem

Roman «Saraja, das Dämonenkind» von 1998 einen autobiografischen Durchgang durch die neuere Geschichte Palästinas. Der ägyptische Kopte Edwar al-Kharrat (geb. 1926) hatte teil an dem Schock der Niederlage der Araber gegen Israel im Junikrieg 1967 und verarbeitete diese Erfahrung literarisch. Gegenüber solchen «großen» Themen der christlich-orientalischen Literatur der Gegenwart ist etwa die Thematisierung der Wirkungen des Zweiten Weltkrieges, wie sie in einem Werk des orthodoxen Christen Hanna Mina (geb. 1924) vorliegt, eher eine Ausnahmeerscheinung.

Das dritte große Thema ist der eigene Raum, das soziale Milieu im Mikrokosmos. Das Leben in den Dörfern der Christen im Libanon schilderte Fuad Qablan Kanaan (1920–2001) in seinen Werken («An den Flüssen Babylons» 2004), während Anton Shammas (geb. 1950), palästinensischer Christ aus Fassuta, sein Heimatdorf im Fokus hat («Arabesken» 1989). Die christliche Südlibanesin Emily Nasrallah (geb. 1931) ergriff Partei für die unterdrückten Frauen in den libanesischen Dörfern und thematisierte angesichts der Tatsache, dass heute weitaus mehr orientalische Christen außerhalb als innerhalb des Orients leben, und das mit steigender Tendenz, die Entfremdungsprozesse zwischen Migranten und Zurückgebliebenen («Flug gegen die Zeit» 1991 und «Septembervögel» 1996). Ein Migrant innerhalb des arabisch-islamischen Raumes, Jabra Ibrahim Jabra (1926–1994), palästinensischer Christ aus Bethlehem, der sein Leben in Bagdad beschloss, thematisierte Heimat und Fremdheit aufgrund seiner eigenen Verlusterfahrungen («Der erste Brunnen: Eine Kindheit in Palästina» 1997).

Mit ihrer tragischen Biografie steht Marie Ilyas Ziyada (1886–1941) einzigartig dar: Sie verkörpert geradezu die Nöte einer ihre westlichen Freiheiten zusehends verlierenden ägyptischen Gesellschaft und die daraus resultierende Verletzlichkeit und Isolation einer allein stehenden Frau und Christin.[8] Sie war die erste Frau, die Vorlesungen an der Ägyptischen Universität besuchte. Wegen einer durch die gesellschaftliche Repression bedingten Depression wurde sie 1935 von den Verwandten entmündigt und in eine Nervenheilanstalt in Beirut eingewiesen. Als sie 1939 nach Kairo zurückkehrte, war sie eine gebrochene Frau. Gegen die Fraktionierung der orientalischen Gesellschaft nach Religion, Nationalität, Sitte und

Lehre betonte sie, dass es möglich sei, von den Unterschieden und Gegensätzen zu profitieren. Zunächst hatte sie das eingegrenzt auf die Entwicklung der individuellen Persönlichkeit des Einzelnen, zog dann aber von dort aus Parallelen im Blick auf die Entwicklung «individueller» Völker. Dabei sei jeder Individualität und Verschiedenheit Raum zu geben, denn durch Unterschiede werde die Welt «nicht hässlicher gestaltet». Die vermeintlichen Gegensätze und Verschiedenheiten erschienen zwar einander ausschließend, in Wahrheit aber würden sie einander ergänzen und komplettieren.

Die von Nasrallah und Ziyada zentral behandelte Frauenfrage weist hinüber zu den literarischen Werken, die zugleich Plädoyer sind. Fransis Marrash (1835–1874), Christ aus Aleppo, plädierte für eine moderne arabische Kultur nach europäischem Vorbild, forderte die Gleichheit aller vor dem Gesetz und knüpfte den Patriotismus ausdrücklich nicht an eine religiöse Zugehörigkeit. Unüberschaubar sind die Stimmen, die sich der Gleichstellung der Frauen in den islamisch geprägten Gesellschaften widmen. Zuweilen repräsentieren die Autoren selbst wichtige Aspekte des kulturellen Raumes: George Schehadé (1905–1989), orthodoxer Herkunft aus dem Libanon, repräsentiert den frankophonen Aspekt der Levante. In Ahmad Faris Shidyaq (1804–1887) kommt das Nebeneinander der Religionen und Konfessionen zur Geltung (er war gebürtiger Maronit, der zum Protestantismus übertrat und dann Muslim wurde), während der palästinensische Protestant Taufiq Sayigh (1923–1971) die Entfremdung von Gott und Heimat thematisierte, jene Themen, die dem in der arabischen Welt einstweilen gescheiterten Experiment des Säkularismus nahestanden.

Immer wieder gingen entscheidende Impulse für die gesamte arabische Kultur von orientalischen Christen aus. Mikhail Nuaima (1889–1988), rum-orthodoxer Christ aus dem Libanon, der Theologie in der Ukraine studierte, gilt als Begründer der Kurzgeschichte in seinem Land, und Marun Naqqash (1817–1885), christlicher Libanese aus Sidon, kann dies mit Blick auf das moderne arabische Theater in Anspruch nehmen.

Wie nur wenige wurde ein christlicher Orientale im Westen schnell Bestandteil der Weltliteratur: Amin Maalouf (geb. 1949). Ihm ist mit seinem Werk «Die Kreuzzüge aus der Sicht der Araber»

(2001) ein Perspektivenwechsel gelungen. Seither sieht die Thematisierung der Kreuzzüge anders aus, weil er die arabische Sicht, historisch recherchiert und fiktiv ergänzt, nun über die Kreise der engeren historischen Wissenschaft hinaus einer breiten Lesergemeinde zugänglich macht. Maalouf vermittelt wie wenige die Perspektive des in zwei Welten oder zwischen zwei Welten Existierenden. Seine Bücher handeln von einem Mekkapilger, der von Christen entführt wird, übrigens mit historischem Hintergrund («Leo Africanus: Der Sklave des Papstes» 1992), von den Reisen eines libanesischen Händlers des 17. Jahrhunderts vor dem Hintergrund der jüdischen, christlichen und islamischen Traditionen als den ums Mittelmeer versammelten religiösen Kulturen («Die Reisen des Herrn Baldassare» 2001), und sogar von dem islamisch-jüdischen Gegensatz in einer Liebesgeschichte zwischen einem türkischen Muslim und einer deutschstämmigen Jüdin und ihrer Erfahrung der unüberwindlichen Grenze zwischen Libanon und Israel («Die Häfen der Levante» 1997). Seine Warnung vor einer Identität, die sich nur als einem Kulturkreis zugehörig empfindet und daher «Mörder» schaffe, ist als eine Warnung sowohl an gewisse Haltungen im amerikanisch-europäischen Kulturkreis als auch an die entsprechenden Engführungen in der islamischen Welt zu lesen.

Einen ähnlich prominenten Platz auf dem deutschen Büchermarkt nimmt der gebürtig aramäischsprachige Christ Rafik Schami (geb. 1946) aus Damaskus ein, dessen Bücher zahlreiche Auflagen erleben und dem es gelungen ist, eine feste Leserschar in Deutschland um sich zu versammeln.[9] Besonders in seinen autobiografischen Texten thematisiert er auch seine Kindheit als Christ in muslimischer Umwelt. Vor Maalouf erlangte bereits Khalil Gibran (1883–1931), gebürtiger Maronit aus dem Libanon, Weltruhm und wird heute nicht nur in vielen Kirchen des Westens und in theologischen Werken zitiert und diskutiert, sondern wirkt auch als selbst stilisierte Kultfigur tief gerade in die Bereiche der Esoterik hinein. In seinen frühen Schriften aber setzte er sich auch kritisch mit dem Klerus seiner Kirche auseinander.

Der Aspekt der religiösen Zugehörigkeit ist bei den christlich-orientalischen Autoren gerade nicht das Konstitutive. Zuweilen arbeiten sie bewusst an dessen Überwindung in der Hoffnung auf größere Teilhabe der Christen an der Gesellschaft in ihren Ländern. Und doch lässt sich die Herkunft der Autoren zumeist schnell eruieren. An Sargon Boulos (geb. 1944) sei das kurz verdeutlicht. Boulos, einer der bedeutendsten assyrischen Lyriker, schreibt seine Gedichte in arabischer Sprache, die er von seiner Mutter erlernte inmitten einer «syrisch» sprechenden Familie.[10] Er wurde in der Nähe des Habbania-Sees bei Bagdad geboren und zog mit seiner Familie nach Kirkuk im Nordirak. 1962 ging er nach Bagdad, 1967 überquerte er zu Fuß die irakisch-syrische Grenze und ging – ohne Geld und Ausweis – nach Beirut, wo er maßgeblich an der Wiederbelebung einer führenden arabischen Literaturzeitschrift Anteil hatte. Seit 1969 lebt er vorwiegend in den Vereinigten Staaten von Amerika. Von seinen umfangreicheren arabisch abgefassten Werken erschienen zwei erstmals in Deutschland («Von Anfang bis Ende» 1992 und «Laternenträger in der Nacht der Wölfe» 1996). In den Dichtungen von Boulos finden sich zahlreiche Hinweise auf einen reflexiven Umgang mit der eigenen Konfessionszugehörigkeit. Da taucht eben nicht nur die verlorene Heimat wieder auf, da werden nicht nur Gestalten ins Gedächtnis zurückgerufen, mit denen Boulos dem Vergessen entgegentritt. «Vom Ort der Vergangenheit» möchte er «Dinge in Erinnerung» rufen, Leben herbeizitieren, «damit sie [die Dinge] sich durch ihre Einzigartigkeit selber ausdrücken». Das einstige Flüchtlingselend der väterlichen Familie (der Vater war Schreiner, Bügler und traditioneller Arzt), das Provisorium einer Hütte aus Lehm und Wellblech, die sich vier Familien mit von Seilen herabhängenden Laken teilten, steht im Kontrast zu dem Übersetzer, der Lyriker der Beat-Generation ins Arabische übersetzte, der zu seiner Auswanderung nach Amerika schlicht sagte: «Amerika war die Möglichkeit eines neuen Traumes». Doch mit dem Traum verging das Vergangene nicht, blieb die Heimat nicht zurück. «Ich habe den Irak nie verlassen. So weit du auch gehen magst, du wirst zu den gleichen Quellen zurückkehren, zu ihren Ursprüngen in der Kindheit und in der Verwandtschaft, um von ihnen zu trinken. So hörst du nicht auf, in die Vergangenheit zurückzukehren, während du dich in der Gegenwart befindest.» Obgleich seine Muttersprache «Assyrisch» und seine Umgangssprache im Exil Englisch ist, verfasst er seine Werke weiterhin in seiner Zweitsprache Arabisch. Die Migration ins Ausland bedeutete für ihn, heilsame Distanz zu gewinnen und unaufhörlich zu vergleichen. Das Leben wird doppelgesichtig, Exil zu innerer Auswanderung und Erbe Aufgabe. «Nicht das Erbe ist das Problem, sondern unsere Sicht darauf. Denn auch unser Leben ist ein Erbe.» So wird auch das christliche Erbe eigenständig vergegenwärtigt. Da stehen Gedichte wie «Für den Besucher nach dem Jüngsten Tag» neben dem Prosatext «Exorzismus für den Überlebenden in der Sintflut» und dem zuweilen gebethaften Nachfolgegedicht «Für Jesus, Zeilen im Sand». Doch seine Erinnerung birgt auch die Geschichte seines mit seiner Kirche sich identifizierenden Volkes und beispielsweise der Mongolenzeit. Am Schluss steht die bittere Erkenntnis des Migranten gerade angesichts der Aktualisierung der kollektiven Erinnerung seines Volkes: «Aber die Rückkehr scheint unmöglich zu sein»; und die schlichte Tröstung: «Den Anfang wählen wir / aber das Ende wählt uns / es bleibt kein Weg als der Weg.»

Natürlich können christlich-arabische Autoren auch in interreligiöse Dispute mit muslimischen Autoren verwickelt sein. Der Hamburger Islamwissenschaftler Albrecht Noth meinte gar einmal, das Ganze christlich-muslimischer Koexistenz anhand eines solchen Dialogs zweier Intellektueller im Libanon des Jahres 1971 erfassen zu können.[11] Da hatte ein muslimischer Autor den christlichen deshalb gerügt, weil dieser die arabische Umgangssprache und nicht das Hocharabische verwendet hatte. Der Vorwurf: Indem der Christ das Umgangsarabisch benutzt habe, trage er zum Verlust der durch das Hocharabische konstituierten Einheit bei; das entspreche dem, was die Kolonialisten den Arabern suggerierten. Der Christ bezweifelte, dass eine künstliche Sprache Einheit konstituieren könne. Ob der Christ nicht vor dem Erbe des Hocharabischen fliehe, fragte der Muslim. Müsse ihm gegenüber nicht der Verdacht aufkommen, dass bei ihm das wesentlich Arabische fehle? Was, so fragte der Christ zurück, ist denn das wesentlich Arabische? Antwort: Die Flamme, die «die Araber als zivilisierte Gemeinschaft in die Welt getragen haben». Darauf der Christ: Etwas anderes hätten die Araber auch heute nicht zu bieten. Meine er gar den Islam und sei also jeder Nichtmuslim kein Araber? Sei er darum zu strafen, weil er nach christlicher Gemeinschaft strebe und nicht nach muslimischer? Die Gründer des Libanon waren christliche Araber – und sollten jene, die die libanesische Nation errichtet hätten, nicht als Araber betrachtet werden, nur weil sie keine Muslime gewesen seien?

Das Ganze endet in einem Schlagabtausch, in dem der Christ die mangelnde Offenheit im Islam für die unteilbare menschliche Kultur beklagt und daher der islamischen Welt eine dunkle Zukunft prognostiziert. Der Muslim dagegen weist den Christen darauf hin, dass die reine Lehre im Christentum bei dessen Gang durch die Geschichte entstellt worden sei und es, angefangen mit dem Kult um die Vergöttlichung Jesu, heute ein Konglomerat aus Rationalismen und Religionen sei. Der Islam habe jedoch seine Identität bewahren können, obwohl er mit denselben Völkern in Berührung gekommen sei wie das Christentum. Übrigens kann der Muslim durchaus darauf verweisen, dass sich der Islam mit dem Erbe der Griechen befasst und es den Europäern vermittelt habe, was der Christ damit pariert, dass dies in der islamischen Welt keine Tiefenwirkung gehabt habe, sondern dass sich der nichtrationale Traditionalismus durchgesetzt habe. Die Testfrage nach der Einstellung des orientalischen Christen zum Thema Palästina beantwortet der Christ vor allem damit, dass diese Frage ein Weltproblem darstelle und nicht ein ausschließlich arabisches. Und was in diesem Gespräch wie ein Sieg des Muslim aussehe – die unverbrüchliche Bewahrung der reinen islamischen Lehre –, habe die islamische Welt in Spannung zur Entwicklung der Menschheit gebracht. Ihrem Überlegenheitsgefühl stehe das der real feststellbaren hoffnungslosen Unterlegenheit entgegen, die orientalischen Christen blieben dagegen flexibel für den Fortgang der Entwicklung und die Aufnahme neuer Erkenntnisse und Horizonterweiterungen.

Wenn hier auf der Ebene einer kulturbezogenen Diskussion zwischen Muslim und Christ ein Dialog geführt wird, dann sind die klassischen Topoi nur noch abgeleitet zu erkennen (etwa die Verfälschung der wahren Lehre bei den Christen). In dieser Diskussion zeigt sich, dass der muslimische Partner nicht ernsthaft willens ist, den Christen als gleichberechtigten, aber anders ausgerichteten Mitbürger, als Bereicherung im Kollektiv «islamische (= arabische) Welt» willkommen zu heißen. Oder umgekehrt: Auch «arabische

Welt» meint in muslimischer Interpretation eben nichts Säkulares oder Nationales oder Ethnisches oder Sprachliches, sondern zuletzt Bestimmtheit durch den Islam.

Die Sicht der Anderen: Bat Yeor und Prinz Hassan

Das starke Engagement vieler orientalischer Christen für den arabischen Nationalismus und die arabische Literatur verübeln ihnen andere orientalische Christen, die besonders auf ihren nichtarabischen Traditionen beharren.

Bat Yeor. In der Arabisierung und der Aufgabe der christlich-orientalischen Sprachen zugunsten des Arabischen will auch Bat Yeor gar eine Wahl, eine freiwillige Entscheidung sehen.[12] Ihre Position ist eine extrem pointierte Sicht auf das Phänomen des bewusst sich als arabisch verstehenden Christentums. Statt ihre eigene Kultur und Sprache zu modernisieren, hätten die orientalischen Christen für Angleichung optiert: sie hätten sich «der Kultur der Eroberer» angepasst. Was Bat Yeor hier übersieht, ist, dass die verwandten Strukturen im Denken und auch in vielen Lebensbereichen zwischen Muslimen und Christen so alt sind wie ihre Koexistenz unter den Arabern. Und sprachlich war es eine der größten Transformationsleistungen des orientalischen Christentums, ihr geistiges Gut etwa aus dem Syrischen ins Arabische zu übersetzen, wie dies im ostsyrischen Raum bereits im 8. Jahrhundert in großem Umfang geschah. Die Akzeptanz der herrschenden Sprache bedeutete zunächst gerade den Gewinn eines gesellschaftsfähigen Anschlusses in Wissenschaft und Kultur, nicht deren Verlust.

Für Bat Yeor aber ist die Eingliederung der orientalischen Christen ins Arabertum der eigentliche Sündenfall der orientalischen Christen. Sie spricht von «Arabophilie» als einem «Bestandteil der religiösen Emanzipation», die einen «Prozess ideologischer Entfremdung» ausgelöst und die in den religiösen Millets bewahrte religiöse Solidarität zerstört habe. Die araberfreundliche Haltung der Christen bedeute das Erlöschen einer spezifisch christlichen kollektiven Identität aus vorislamischer Zeit. Die Beschreibung des orientalischen Christentums ist für Bat Yeor daher die Beschreibung eines Zerfalls und Niederganges.

Der Übergang der orientalischen Christen zum Arabertum und zum arabischen Nationalismus (den sie in den westlichen Missionsstationen im Orient ersonnen sieht und dem sie eine kräftige antisemitische Note zuschreibt) und das Sozialverhalten der Dhimmitude werden von ihr schließlich zusammengebracht als zwei Seiten ein und derselben Medaille: Dies System sei «ebenso die Geschichte einer Unterdrückung wie die einer Kollaboration». Wo also orientalische Christen sich bewusst als Araber zu definieren beginnen, da verraten sie nach Meinung von Bat Yeor ihre Zugehörigkeit. Zugehörig seien die Christen im Orient weder dem Westen noch den Arabern, sondern nur dem Orient und ihrer jeweiligen religiösen, kulturellen, sprachlichen und ethnischen Tradition. Tatsächlich gibt es etwa unter den Assyrern im Irak nach wie vor heftige Reaktionen, wenn sie als Araber bezeichnet werden. Als eine Bewältigungsstrategie ihres Überlebens als Minderheit (die ehemals eine Mehrheit war) war der Rückgriff auf ihre vorchristlichen Wurzeln bei orientalischen Christen stets ein intensiv genutztes Mittel. Bei den Assyrern im Irak wird König Tiglatpileser III. (8. Jh. v. Chr.) zumindest im Kontext öffentlicher politischer Demonstrationen oft so geehrt, dass er deutlich präsenter ist als die spätere christliche Tradition. Für die Maroniten leistet dies der Rückgriff auf die Phönizier, für die Syrer der auf die Aramäer, und eine jüngere Darstellung zur koptischen Kirche begann gar Jahrtausende vor Christus im Rückgriff auf die Zeit der Pharaonen. Die Einstellung der Rum-Orthodoxen formuliert einer ihrer bedeutendsten gegenwärtigen Denker, Tarek Mitri (geb. 1950), eindrucksvoll als ein verzweiflungsvolles und gänzlich realitätsfernes Unterfangen: «Nach dem Zusammenbruch und auf Grund der Weigerung, sich den Zusammenbruch einzugestehen, begab sich die ‹christliche Welt› auf eine andere Ebene und verwandelte sich in ein quasi mythologisches Goldenes Zeitalter, das wir wiederbeleben oder zu dem wir zurückkehren wollen. Die vorbildhafte Vergangenheit legt sich auf eine vorbildhafte Zukunft und wird zum Horizont der kirchlichen Ansicht über die Geschichte.»[13]

Bat Yeor sieht die Christen entweder als der Repression in Gestalt der bis heute wirkenden Dhimmitude erlegen oder als Kollaborateure mit den arabischen Eroberern. Diese Sicht kann der eigenen Geschichte und Gegenwart der orientalischen Christen nicht gerecht werden. Sie dürfte zugleich nicht ganz untypisch sein für jüdisch-israelische Positionen zum orientalischen Christentum, das sich für sie ganz unverständlich eben weitgehend auf der Seite der antiisraelischen Araber befindet (besonders pointiert die Vertreter der palästinensischen Befreiungstheologie).

Prinz Hassan. Die andere extreme Position könnte etwa mit der des jordanischen Prinzen Hassan beschrieben werden. Er anerkennt, dass das System der Schutzverträge kennzeichnend gewesen sei für die arabischen Gesellschaften. Es habe in Übereinstimmung mit dem Koran und dessen Stellung zu den Buchreligionen gestanden und nicht auf die Konversion der Muslime gezielt. Seine einschränkenden und diskriminierenden Vorschriften seien erst durch die spätere islamische Rechtswissenschaft erfolgt, und nur wenige seien so angewandt worden, wie sie formuliert sind. Während Prinz Hassan den Syrern zuschreibt, wie weithin den Melkiten und Maroniten auch, Araber oder aramäische Araber gewesen und noch heute zu sein, wirft er den Kopten ihr Festhalten an ihrer Sprache und ihrer eigenen historischen Ethnizität vor. Die Syrer hingegen hätten mit ihren Übersetzungen ins Arabische die Voraussetzungen für die muslimischen Errungenschaften im wissenschaftlichen Bereich geschaffen.

Durch das Auftreten der katholischen und evangelischen Missionskirchen sieht er das ethnische Identitätsbewusstsein der Angehörigen dieser Kirchen eher gestärkt, obwohl der Vorwurf der Mutterkirchen ihnen gegenüber gerade der der Verwestlichung und des Verrats war. Die Griechisch-Katholische Kirche sei so seit ihrer Gründung ausschließlich von einem arabischen Klerus geleitet worden. Sie führte auch die erste Druckerpresse auf arabischem Boden ein und schuf damit die Voraussetzungen für die arabische literarische Wiederbelebung. Natürlich ist in der Wahrnehmung des Prinzen die ausschließliche Verwendung des Arabischen in vielen dieser Kirchen besonders zu loben. Und es ist sicher kein Zufall, dass er das entsprechende Kapitel enden lässt mit dem Hinweis darauf, es sei nicht verwunderlich, dass die Idee des arabischen Nationalismus zum ersten Mal von christlichen Arabern formuliert und artikuliert wurde, von denen die meisten Unierte oder Protestanten gewesen oder durch deren Schulen gegangen seien. Fraglos billigt der Prinz den orientalischen Christen eine führende Rolle in der arabischen Renaissance zu, führt die Wiederbelebung des arabischen Humanismus auf sie zurück, die Grundlagen des arabischen Nationalismus und den modernen arabischen Journalismus. Ihre Pionierarbeit in den akademischen Berufen und im Bildungswesen dank ihres gesellschaftlichen und intellektuellen Vorsprungs wird gewürdigt. Sie hätten – anders als die Muslime – keine Vorbehalte gehabt, neue Ideen und gesellschaftliche Modelle anzunehmen, die aus der westlichen Welt stammten. Bezeichnenderweise spricht der Prinz in diesem Zusammenhang nur ganz vorsichtig davon, dass die orientalischen Christen mit der westlichen Welt «symbolisch ihr Christentum teilten».[14] Dass nach seiner Wahrnehmung die Christen in der palästinensisch-arabischen Sache bis in die Gegenwart eine herausragende Rolle als Sprecher innehaben, dürfte auch auf seine Vertrautheit mit der palästinensischen Befreiungstheologie zurückzuführen sein. Gemeinsam mit den arabischen Mitbürgern islamischer Religionszugehörigkeit prangern sie die israelische Okkupation des arabischen Landes an.

Die Abwanderung der Christen aus dem Orient sieht der Prinz in kurzlebigen Gefühlen begründet, hervorgerufen durch Wellen des islamischen Fundamentalismus; sie sei nicht von dauerhafter Einsicht vorangetrieben. Die christlichen Araber seien keinesfalls Fremde in Arabien, ganz im Gegenteil: «Die islamisch-arabische Gesellschaft ist eine Gesellschaft, deren Geschichte und Kultur sie bis zum heutigen Tag seit vierzehn Jahrhunderten ohne Unterbrechung geteilt haben und zu deren materieller und kultureller Zivilisation sie unaufhörlich in hohem Maße beigetragen haben, und zwar ebenso auf eigene Initiative hin wie als Antwort auf vertrauensvolles Ersuchen. Mit einem solchen Erbe von Vertrauen und Wohlwollen zu ihren Gunsten haben christliche Araber keine Veranlassung, sich mehr als andere Araber um ihre Zukunft zu sorgen. Mit der Geduld, dem Schwung und dem Einfühlungsvermögen, für die sie in der Geschichte bekannt waren, und mit ihrer oft einfallsreichen Führung werden sie keinerlei Schwierigkeiten haben, in der zukünftigen arabischen Welt ihren Platz zu finden – zu ihrem eigenen Vorteil und zum Vorteil aller anderen Beteiligten.»[15]

Dies ist natürlich eine beschönigende Sicht. Die Leidensgeschichte der orientalischen Christen und ihre Ängste nimmt der Prinz nicht wirklich ernst, und er will auch nicht einsehen, warum nach Jahrhunderten der Repression ganze Landschaften, die christlich bevölkert waren, nun von den Christen verlassen wurden und werden. Zudem vereinnahmt er die orientalischen Christen, ihrem oft anders gearteten eigenen Verständnis zum Trotz, als Araber. Dadurch kann er der eigenen Geschichte und der Gegenwart der orientalischen Christen gar nicht gerecht werden. Hassans Position ist wohl nicht ganz untypisch für die liberalen Strömungen unter den Muslimen des Orients, die nicht verstehen können, warum die orientalischen Christen ihnen im Kampf für einen freiheitlichen Orient die Solidarität aufkündigen, indem sie ihre Heimat durch Abwanderung «verraten».

Engagement vor Ort oder Auswanderung?

Aus den Reihen der orientalischen Christen fehlt es nicht an Stimmen, die sich für den Verbleib im Orient aussprechen und ihre Geschwister dazu auffordern, in diesem Sinn die Entwicklung vor Ort voranzutreiben. Wer hätte denn ein vergleichbar existenzielles Interesse an säkularer Verfassung und Religionsfreiheit oder einem die Religionen zurückstellenden Nationalismus? Und doch sind diese Ideen, weil sie von Christen vertreten werden, für viele Mitbürger im Orient bereits verdächtig. Modernismus und Säkularismus bei Christen werden oft als Verfolgung christlicher Partikularinteressen abgetan, und gelegentlich klingt dabei die Verdächtigung an, sie seien als Vertreter dieser Ideen nichts weiter als die fünfte Kolonne im Dienst des westlichen Imperialismus. So können die Christen heute weniger denn je die Entwicklung einfach selbst vorantreiben und müssen hoffen, dass sich Muslime, im Wissen um die ausweglose Lage ihrer christlichen Mitbürger, aus eigenem Interesse an einem freiheitlichen Staat für sie engagieren. Einer der bekannteren ägyptischen Säkularisten, der Schriftsteller Faraj Foda (1946–1992, von Islamisten ermordet) hat dies einmal so formuliert: «Ich bin fest davon überzeugt, dass mir mein Muslimsein unter dem nationalen Gesichtspunkt nur in einer Hinsicht eine Vorrangstellung gegenüber den Kopten gibt, und dies ist, dass ich eher als sie in der Lage bin, die Sache der nationalen Einheit zur Sprache zu bringen und zu sagen, was sie nach meiner festen Überzeugung in der Brust tragen und aus Sorge um die nationale Einheit sagen wollen, was sie sich aber gleichzeitig zu sagen fürchten – ebenfalls aus Sorge um die nationale Einheit.»[16]

Doch nicht alle Wortführer des orientalischen Christentums lassen sich von der extrem erschwerten Lage in der Gegenwart daran hindern, sich zu exponieren. Zu diesen offenen Denkern gehört George Khodr (geb. 1923), einer der führenden rum-orthodoxen Theologen und Kirchenführer (Metropolit vom Berg Libanon). Er sieht die ungebremste Auswanderung der orientalischen Christen bis heute darin begründet, dass sie Vorreiter des Fortschritts waren und sich immer noch in dieser Tradition verstehen: «Die Christen lebten auf einem zivilisatorischen Niveau, das sie in die Hauptstädte der Zivilisation und nach materiellem Nutzen streben ließ, den sie als Symbol des Fortschritts ansahen. Der zivilisatorische Wettlauf und ihr Wunsch, in der Welt daran teilzuhaben, spornte zweifellos zur Emigration an.»[17] Khodr kann bis heute als Repräsentant derer gelten, die ungebrochen für eine Zivilgesellschaft im Orient kämpfen und die sich damit als Motor des Fortschritts, aber nicht einfach als fünfte Kolonne des Westens sehen. Obwohl fraglos westlichem Denken verpflichtet, differenziert er hier deutlich. Das zeigt sich etwa an seiner Stellung zum säkularen Staat. «Der Begriff des Säkularismus interessiert mich nicht, ich habe ihn selten gebraucht. Mich interessiert vor allem die Freiheit, ich meine die Freiheit der individuellen Selbstbestimmung, wie sie jeder für sich versteht. Zu dieser Überzeugung ist Europa gelangt, ohne dass die orientalische Welt sie begriff. Die europäische Auffassung ist die menschliche Auffassung einer kreativen Gesellschaftsordnung. Diese widerspricht weder unseren spirituellen Gaben noch

Während des Besuchs von Papst Benedikt XVI. in Istanbul im November 2006 kam es zu großen Demonstrationen. Auf dem Plakat sind der Papst und der Ökumenische Patriarch Bartholomäus I. mit Schlangenzungen dargestellt, die Aufschrift heißt: «Patriarch und Papst in Fener [d. i. der Patriarchatsbezirk]: Wo bleibt das türkische Volk? Den Papst wollen wir nicht in der Türkei.» Im selben Jahr wurden mehrere Menschen aus vermeintlich religiösen Motiven ermordet. Dem Patriarchen wurde Mitte 2007 vom Obersten Gericht in Ankara untersagt, das Attribut «ökumenisch» zu tragen, was den Ehrenprimat des Patriarchats von Konstantinopel über alle ortho- doxen Kirchen weltweit ausdrückt.

der tiefen Religiosität. Es bedeutet keineswegs den sittlichen Verfall.» So hofft er, die in Europa erworbene Geisteshaltung als allgemeinmenschliche auch im Orient verankern zu können. Mit Spitzensätzen wie «Wissenschaft unterliegt keiner Herrschaft und kennt keine Autorität außer sich selbst» steht er in der Tradition seiner orientalischen Glaubensgeschwister, die über Bildung und Wissenschaft den Ausweg aus sozialer Marginalisierung suchten. Sie wurden zu Vorreitern des Fortschritts und gingen, wo ihnen dies versagt blieb, in die Emigration, weil ihnen die geistige Beheimatung wichtiger war als die angestammte geografische oder religiös-soziale, wenn sie nicht offen war für Fortentwicklung.

Wo immer den orientalischen Christen die Möglichkeit eingeräumt wurde, sich als Motor etwa des Bildungssystems zu betätigen, da taten sie es und tun es noch. Die Universitäten des Libanon zeugen davon ebenso wie die Sonntagsschulbewegung bei den Kopten. Anderenorts fühlen sich orientalische Christen daran gehindert, ihren erkennbaren Beitrag zum Ausbildungssystem leisten zu können, sie resignieren in diesen Bereichen zusehends. Die aus dem 19. Jahrhundert sich speisenden Vorurteile ihrer muslimischen Mitbürger scheinen unüberwindlich, und der Wille, die Christen ihren eigenen und unabhängigen Beitrag leisten zu lassen, scheint wenig ausgeprägt. Wo daraufhin Resignation um sich greift, da verstärkt sich der Wunsch nach Auswanderung, die so in ihrer Weise belegt, dass die orientalischen Christen für Modernisierung und «westliche» Werte einstehen.

«Motor der Modernisierung» oder «Fünfte Kolonne des Westens»? Beides lässt sich bejahen, beides lässt sich aber auch einschränken. Wann immer sich orientalische Christen nach Gleichberechtigung sehnen, blieb und bleibt ihnen gar nichts anderes übrig, als für die Modernisierung ihrer Umwelt einzutreten. Und die ist für sie nicht zu haben ohne den Westen. Eine Emigration in den Westen ist nicht zwangsläufig ein «Ja» zur Gesamtheit westlicher Lebenswelt, sondern nur zu den entscheidenden Merkmalen, ohne die man nicht mehr existieren will und denen man sich zugehörig fühlt. Würden diese Merkmale im Orient ermöglicht, erübrigte sich für viele der Weg gen Westen und sie stünden da, wo sie sind, für das, was sie sind: Menschen, die Fortschritt und

Moderne, Gleichheit und Verantwortung wollen und bejahen, nicht als etwas Westliches, sondern als etwas elementar Menschliches.

V. Zur gegenwärtigen Lage der Christen im Orient

Die Frage, welche Länder zur «islamischen Welt» gehören, stellt sich hier erneut, wenn mit Blick auf die gegenwärtigen Staatenformationen die Situation der Christen beleuchtet werden soll. Unzweifelhaft ist es geboten, die Lage der Christen im Reich der Schia (Irak/Iran) darzustellen. Auch der Libanon, einst ein christlich dominierter Staat, gehört in gewisser Weise schon lange zur islamischen Welt (in anderer Sicht möglicherweise noch lange nicht). Und die Türkei? Die Rechtswirklichkeit und noch mehr die mentalen Bedingungen in der Gesellschaft haben die Türkei in den vergangenen Jahrzehnten grundsätzlich verändert und dort zu einem Ungleichgewicht im Blick auf die drei traditionellen Weltreligionen – Judentum, Christentum und Islam – geführt, das mit der säkularen Grundverfassung längst nicht mehr im Einklang steht. Auch wenn die Türkei sich heute weiterhin nicht als islamischer Staat definiert, so ist ihre Wendung hin zu den gesellschaftlichen Regeln des Islam unverkennbar, und über ihre einstige Führungsrolle in der islamischen Welt hinaus ist sie heute wie eh und je ein akzeptierter Partner innerhalb der islamischen Welt, trotz der schweren historischen Verwerfungen zwischen Türken und Arabern. Abschließend soll auch kurz die Situation in Äthiopien, das sich an den Grenzen der muslimischen Welt befindet, und in Ägypten, das schon im vorigen Kapitel ausführlicher behandelt wurde, skizziert werden.

Die komplizierte Geschichte der Christen Palästinas durch die Jahrhunderte stellt in vieler Hinsicht einen Sonderfall dar. Bis heute kann das, was eines Tages ein unabhängiger Palästinenserstaat sein könnte, nicht als ein gesicherter Staat der islamischen Welt betrachtet werden, in dessen Sozialgefüge der «Normalfall» christlich-muslimischer Koexistenz studierbar wäre. Und Israel ist selbstverständlich nicht Teil der islamischen Welt. An diesem Land und an

Jerusalem hatten christliche Mächte aber immer wieder ein ausgeprägtes Interesse. Hier siedelten sich über Jahrzehnte deutsche Pietisten an, um der Wiederkunft des Herrn nahe zu sein, hier sammelten sich Pilger aus aller Herren Länder, um sich auf dem Boden zu bewegen, den einst die Füße Jesu Christi betreten hatten. Doch die Palästina-Israel-Frage, die viele Muslime ihren christlichen Gesprächspartnern als Gretchenfrage stellen, ist nicht auf dem Boden der Koexistenz der drei Weltreligionen im Orient gewachsen, sondern auf dem Boden weltpolitischer Prozesse. Entsprechend weisen Christen die Beantwortung dieser Frage ab oder bezeugen ihre Arabizität in Palästina durch die so genannte «Palästinensische Befreiungstheologie», deren unterdrückendes Gegenüber Israel darstellt.[1]

In Palästina zeigt sich am Schicksal der Gebäude der Kampf der beiden Weltreligionen miteinander; das Judentum spielte hierbei kaum eine aktive Rolle. Da wird ein Patriarch eingekerkert, weil ihm die Muslime vorwarfen, er habe bei der Restauration der einsturzgefährdeten Auferstehungskirche deren Kuppel erheblich vergrößert; da verbrennen Muslime im 10. Jahrhundert gleich zwei Mal große Teile dieser Kirche. Beim zweiten Mal hatte sich der Patriarch dorthin geflüchtet, um unerfüllbaren Finanzforderungen der Muslime zu entkommen, er wurde getötet. Seinen Leichnam banden die aufgebrachten Muslime an einen Pfeiler und verbrannten ihn. Doch sein Nachfolger restaurierte die zerstörte Kirche wiederum. 1009 befahl der Kalif Al-Hakim ihre gänzliche Zerstörung. Schon 1012 erstand sie dann wieder neu mit Billigung der muslimischen Herrscher. Und ein Markstein bleiben bis heute die antichristlichen Inschriften, die seit dem Bau des Felsendomes unter Kalif Abd al-Malik (reg. 685–705) zu lesen sind.

Eines kann hier schon vorweg festgestellt werden: In allen vorderorientalischen Gesellschaften führte die Idee des aus Europa übernommenen Nationalismus zum Niedergang der Christen. Die islamische Erneuerung als Erbe der Nationalisten, Säkularisten und Sozialisten änderte hieran gerade nichts. Bestenfalls wurde, wie im Iran, das alte und diskriminierende Schutzbürgerverhältnis wieder etabliert. Selbst Länder, die nicht an den Entwicklungen im Osmanischen Reich und im Iran teilhatten und keine historisch überlieferten Schutzabkommen für Christen kennen, nehmen im Zuge der Islamisierung teil an der Entrechtung der Christen. In Pakistan etwa werden immer wieder Todesurteile gegen Christen wegen vermeintlich blasphemischer Äußerungen gegen den Islam gefällt. Auch der 1998 vollzogene Freitod von Bischof John Joseph, Vizepräsident der pakistanischen Bischofskonferenz, der damit gegen die Verurteilung eines Christen auf der Grundlage falscher Anschuldigungen demonstrieren wollte, änderte daran nichts. In Pakistan leben zwei Millionen Christen, zumeist Konvertiten aus den Kreisen der Unberührbaren, weiterhin zutiefst marginalisiert von der Gesellschaft. In Saudi-Arabien wird nach wie vor so getan, als gäbe es die relativ hohe Anzahl der Christen im Land gar nicht, offiziell gibt es dort, wo alle Religionen neben dem Islam verboten sind, keine christlichen Geistlichen, immer wieder werden Christen aus religiösen Gründen verhaftet.

Irak und Iran

Die Kernlande des einstigen Persischen Reiches entsprachen in ungefähr den heutigen Staaten Iran und Irak. In der Zeit der Omajaden (660–750) lag das Machtzentrum, das in den Jahrhunderten des Beieinanders von Schah und Patriarch in der persischen Hauptstadt gewesen war, außerhalb des Kernbereichs der ostsyrischen Christen. Die Omajaden regierten im Westen von Damaskus aus das ihnen unterworfene Riesenreich. Doch die Kirche des Ostens blieb eine östliche Kirche, und so waren die Omajaden für sie dann schlicht die «Westlichen». In ihrem Bereich aber herrschten immer wieder Führer der Schia. Deren Kampf mit den sunnitischen Omajaden brachte auch die ostsyrische Kirche in Nöte.

Schon kurz nach seiner Inthronisation (685/86) sah sich so der Patriarch Henanischo einem erbitterten Widersacher aus den eigenen Reihen gegenüber. Der Metropolit von Nisibis, Johannan «der Aussätzige», versuchte im Jahr 686, Henanischo mithilfe des omajadischen Statthalters im Irak vom Patriarchenstuhl zu vertreiben. Die Konstellation ist deutlich: Auf der einen Seite steht der Metropolit der verhältnismäßig westlich und in Nähe zur omajadischen

Zentralmacht gelegenen Stadt Nisibis, auf der anderen Seite steht der gewählte Patriarch Henanischo in der alten Metropole des Ostens. Der Zwist zwischen beiden rührte bereits aus der Wahl Henanischos her. Offenbar hatte sich Johannan Hoffnungen auf den Patriarchenstuhl gemacht. Die Wahl des gelehrten Widersachers erbitterte den übergangenen Metropoliten für die gesamte ihm verbleibende Lebenszeit. Während Johannan noch auf eine Koalition mit den Omajaden setzte, ermordete im selben Jahr 686 Mukhtar, der Führer der Schia, den omajadischen Gouverneur des Irak und erlangte die Herrschaft. Nun rüstete der Bruder des Ermordeten mit einer Armee zum Feldzug gegen den Mörder. Dadurch wurden die kirchlichen Angelegenheiten in die innermuslimischen Machtkämpfe eingebunden. Beim Auszug seiner Armee gegen Kufa nahm er den Metropoliten von Nisibis, Johannan, mit sich. Für diese Unterstützung seines Feldzuges versprach er dem Metropoliten die Absetzung des Patriarchen Henanischo. Den würde er dann durch ihn, Johannan, ersetzen. Johannan hat sich aufgrund dieser Koalition schon im Besitz des Sieges über den Patriarchen geglaubt. Doch dann unterlagen die omajadischen, die «westlichen» Truppen. Die Niederlage hatte für den Aspiranten auf den Patriarchenthron weitreichende Folgen, und er hatte Mühe, sein Leben zu retten. Allerdings wurde kurz darauf auch Mukhtar ermordet. Damit wendete sich das Blatt erneut. Nun wurde Henanischo, ein Jahr vor dem vollständigen Sieg des Kalifen Abd al-Malik im Jahr 691, beim Sohn des Kalifen verklagt. Johannan der Aussätzige hatte einige Vornehme dazu anstiften können, dem Kalifensohn eine Anklageschrift zu überstellen, und diesem sogar Bestechungsgeld geboten. Inhalt der Anklage des Aspiranten war die Allianz, die Henanischo mit den anti-omajadischen Kräften eingegangen sei. Henanischo wurde seiner patriarchalen Insignien beraubt und Johannan an seiner Stelle in Seleucia-Ctesiphon installiert. Er hielt Henanischo einige Zeit im Gefängnis fest. Mit zwei Mann Begleitung wurde er schließlich auf den Weg ins Gebirge geschickt. Da er nach der Ersteigung der Bergeshöhen im Sterben zu liegen schien, wurde er von seinen Begleitern allein in einer Höhle zurückgelassen. Doch nahmen ihn Schäfer, die ihn nur noch schwach atmend fanden und denen er sich als der Katholikos offenbarte, mit in ihre Hütten und pflegten ihn. Nach seiner Genesung zog er sich ins Jonas-Kloster bei Ninive/Mossul zurück. Der den Patriarchenthron usurpierende Johannan starb ohne Nachfolger 22 Monate nach seiner Einsetzung. Henanischo aber blieb in seinem Exil im Jonas-Kloster. Er starb dort im Jahr 700 an der Pest.[2]

Ähnliche Vorgänge wiederholten sich in den folgenden Jahrhunderten, und sie zeigen, wie schwierig es für die Patriarchen war, sich im Kräftespiel der innermuslimischen Gegensätze zu behaupten, wenn innerkirchliche Opposition sich dadurch durchzusetzen suchte, dass sie sich den muslimischen Machthabern antrug. Henanischo übrigens verfasste einen Evangelienkommentar und setzte sich darin auch mit der Botschaft der Muslime auseinander, indem er beispielsweise vehement zurückwies, dass Jesus nur ein Prophet gewesen sei. Schon in seiner Zeit als Lehrer der Exegese, der sich intensiv auch mit Aristoteles beschäftigte, hatte er zu polemischen Ausdrücken bei der Bezeichnung der Muslime gegriffen, denen er an zentralen Punkten unterstellte, sie würden schlichtweg nur faseln. Auch die direkte Konfrontation mit dem Kalifen Abd al-Malik vermied er nach den Berichten der christlich-arabischen Chroniken nicht. Da wird berichtet, der Patriarch sei zur Ankunft des Kalifen zur üblichen Begrüßung im Lande Senaar erschienen. Bei dieser Gelegenheit nun habe der Kalif die Frage gestellt, was er hinsichtlich der Religion der Araber herausgefunden habe. Der Patriarch habe schlagfertig geantwortet, es werde behauptet, dass das Reich des Kalifen durch das Schwert entstanden sei. Der Glaube hingegen werde durch göttliche Wunder gestärkt; so sei das auch im christlichen und jüdischen Glauben der Fall. Damit unterschied Henanischo im Blick auf die muslimische Herrschaft zwischen deren weltlicher Macht und der inneren Macht des Glaubens, trennte also die Ausbreitung durch Gewalt von der Religiosität. Der Kalif reagierte: Er befahl, dem Patriarchen die Zunge herausschneiden zu lassen. Fürbitten erreichten, dass er dieses Urteil dahingehend umwandelte, den Patriarchen für alle Zeiten aus seiner Umgebung zu verbannen.

Im Weltbild der ostsyrischen Christen begann der Westen nach wie vor dort, wo einst die Grenze des Römischen Reiches war. Syrien gehörte für sie zum Westen. Für den Historiker Johannan bar Penkaye (zweite Hälfte 7. Jh.) war dabei der Kampf der Schia gegen die Omajaden ein Akt der Gnade Gottes für die Christen und eine Strafe für die Gewalttätigkeiten der arabischen Eroberer.[3] Für ihn war die Ära der heidnischen Herrscher die Zeit der wahren, inneren Blüte der Kirche, weil da stets die Gefahr der Verfolgung bestanden habe. Erst mit der Christianisierung des Imperium Romanum habe die Untugend Einzug in die Kirche gehalten, und Sicherheit und Friede hätten zu vielen Übeln geführt. Durch die stets drohenden Verfolgungen aber seien die Christen Persiens davor bewahrt worden. Da Gott keine Mittel mehr gesehen habe, die dogmatischen Zerwürfnisse und die Zerrissenheit der Kirche zu heilen, habe er zu ihrem Heil die Araber geschickt. Der Islam stehe in der Tradition des Alten Gesetzes und respektiere das Christentum und besonders seine Mönche. Nichtchristliche Herrschaft sei an sich kein Übel. Nur wenn das Christentum Zeiten der Toleranz und des Wohlstandes erlebe, erliege es der Laxheit und Verweltlichung; so beantworteten Christen das von Gott kommende Gute mit dem Bösen. Intoleranz der Herrschenden und Verfolgung aber seien in gewisser Weise notwendig, damit die Christen ihre Identität behalten könnten. Mit diesem Geschichtsbild weist Johannan bar Penkaye Ähnlichkeiten zur späteren Literatur der Schia auf. Er war einer der großen Ideologen des Ost-West-Gegensatzes aufgrund der alten Strukturen in den neuen Machtkonstellationen, und seine Geschichtsphilosophie fügt sich nahtlos ein in das Beharren der sich auf die neue Situation einstellenden Patriarchen nach dem Untergang des Sassanidenreiches. Diese hielten an alten Vorstellungen fest und stellten damit ein Verbindungsstück dar zwischen dem untergegangenen Reich der Sassaniden und dem 749 etablierten Reich der Abbasiden, das in mancher Hinsicht die Nachfolge des alten Sassanidenreiches antrat.

Unter der Herrschaft der Abbasiden (750–1258) trat dann die Kirche, die sich heute offiziell die Apostolische Assyrische Kirche des Ostens nennt, in die Phase ihrer Blüte ein. Schon 635 war sie offiziell in China zugelassen worden durch ein Edikt des Kaisers Tai-Tsung, und längst schon war sie in Indien heimisch, wo ihre Nachfahren bis heute für sich in Anspruch nehmen, direkt aus der Mission des Apostels Thomas hervorgegangen zu sein. Lediglich auf der Arabischen Halbinsel selbst schrumpfte die Kirche mehr und mehr unter dem Druck der muslimischen Mehrheit dahin. Besonders beachtlich waren die Erfolge der systematischen Mission seit dem 8. Jahrhundert in Zentralasien, wo ganze Türkstämme und Stämme der Mongolen sich ihr anschlossen. Es war das besondere Kennzeichen dieser Mission der Kirche des Ostens, dass sich das Christentum hier nicht wie sonst mit politischen Absichten verbreitete, sondern eine Sache ausschließlich der Kirche selbst war. Keine Macht instrumentalisierte diese Mission für ihre Zwecke, und nirgends konnte diese Mission auf eine politische Kraft zurückgreifen, die ihr den Rücken stärkte. Gerade die Tatsache, dass diese Kirche nie Staatskirche wurde, prägte ihr Selbstbewusstsein.

In die neu gegründete Hauptstadt Bagdad zog auch der Katholikos-Patriarch der Kirche des Ostens, Timotheos I. (reg. 780–823), um. Damit befand er sich in der Nähe zur Macht, in direktem Kontakt zum Kalifen. Dem Westen gegenüber ließ er keinen Zweifel daran, dass sich in ihm die rechtgläubige Tradition des Christentums verkörpere. Fraglos nutzte hier der Katholikos-Patriarch an der Wende zum 9. Jahrhundert die Harmonie von Staat und Kirche im Westen als Argument für die eigene Rechtgläubigkeit und zugleich für die Zweifel an der Rechtgläubigkeit der Kirche im Römischen Reich. So wurden ihm selbst die Muslime zu Helfern, um dem Westen gegenüber die Unverfälschtheit des christlichen Glaubens bei den Ostsyrern zu erweisen. «Bei uns selbst aber gab es niemals einen christlichen Herrscher, sondern zunächst die Magier [damit ist die zoroastrische Religion des Sassanidenreiches gemeint] für etwas mehr als vierhundert Jahre, danach die Muslime. Und weder die ersteren noch die anderen waren darum bemüht, etwas hinzuzufügen oder zu mindern am Bekenntnis des Christentums. Sie zeigten vielmehr großen Eifer, unser Bekenntnis gänzlich auszurotten, außer jenen gesegneten Herrschern der Muslime, die in Sachen des Glaubens niemals irgendeinen Zwang ausübten. Das also, was uns die heiligen Apostel überliefert haben, blieb bei uns unverändert bewahrt, unerschüttert von Anfang an, und ohne dass es geändert wurde.»[4] Der Patriarch Timotheos fasst hier – politisch geschickt – die sassanidischen Herrscher sämtlich als Verfolger auf, was historisch natürlich nicht ganz korrekt ist, aber doch für die

Mehrheit gelten dürfte. Im Gegenzug unterscheidet er verfolgende und tolerante Herrscher auf Seiten der Muslime.

Zwar residierte der Patriarch nun in Bagdad, aber er nahm für sich weiterhin die Würde des etwa dreißig Kilometer entfernten Patriarchensitzes in der sassanidischen Reichshauptstadt Seleucia-Ctesiphon in Anspruch und war dort geweiht und inthronisiert worden wie alle seine weiteren Nachfolger auch. Der Wechsel der Residenz war nur aus praktischen Gründen notwendig, später sollte der Sitz noch des öfteren verlegt werden.

Als im 13. Jahrhundert die Mongolen Bagdad eroberten (1258) und das Reich der Abbasiden beseitigten, gehörten die Angehörigen der Kirche des Ostens noch einmal zu den Gewinnern der politischen Wende. Symbolträchtig zog der Patriarch in den Palast der Kalifen ein, der ihm vom Mongolenherrscher als Residenz überlassen worden war. Von 1281 bis 1317 stand der Kirche dann gar ein Mongole als Patriarch vor, der vor Antritt seiner Reise gen Westen Mönch in der Nähe von Peking gewesen war. In der Mitte des 14. Jahrhunderts begann der Niedergang dieser Kirche, nachdem bereits am Ende des 13. Jahrhunderts die Mongolen nicht – wie erhofft – das Christentum, sondern – wie befürchtet – den Islam angenommen hatten.

Im 17. und 18. Jahrhundert kam es zu erheblichen Verwirrungen durch Unionsversuche mit Rom, die erst 1778 mit dem Übertritt des Metropoliten von Mossul, Johannes Hormizd, eine für die Union stabile Basis fanden. Seitdem ist das Zentrum der Chaldäer, wie die mit Rom unierten Ostsyrer heißen, der Raum des heutigen Irak.

Im Ersten Weltkrieg widerfuhr dann den Ostsyrern der vermutlich schwerste Vernichtungsschlag ihrer neuzeitlichen Geschichte, was hier nur anhand einiger stenogrammartiger Punkte und einem Bericht aus den Quellen angedeutet werden soll.[5] Am 18. Mai 1915 telegrafierte der deutsche Konsul von Mossul nach Konstantinopel an die Botschaft. Der Patriarch der Kirche des Ostens und der Patriarch der Chaldäer hatten ihn über die laufenden Verfolgungen informiert. Er sprach schon am 13. Juni 1915 davon, dass sich die Zustände in den Bezirken von Mardin und Amadia «zu einer wahren Christenverfolgung ausgewachsen» hätten. Am 31. Juli

Das armenische Viertel von Isfahan, Händler vor der Bethlehem-Kirche (ca. 1958). Der persische Schah Abbas I. hatte 1598 die Hauptstadt nach Isfahan verlegt, wo auch das armenische Viertel Neu-Julfa errichtet wurde. 1605 wurden dazu 50 000 Armenier aus der armenischen Stadt Julfa zwangsumgesiedelt. Von den Persern gejagt, auf der Flucht vor der türkischen Herrschaft, geriet die Deportation zum Alptraum. Wer zu schwach war zum Weitergehen wurde erschlagen, erfror oder verhungerte. Viele ertranken im eisigen Wasser des Araxes. Nur 25 000 erreichten die Hauptstadt des Schahs. Hier durften sie Neu-Julfa errichten und erhielten Steuer- und Religionsfreiheit.

1915 meldete der Botschafter in Konstantinopel dem deutschen Reichskanzler die Vorgänge in deutlicher Form. «Seit Anfang dieses Monats hat der Wali von Diarbekr, Reschid Bey, mit der systematischen Ausrottung der christlichen Bevölkerung seines Amtsbezirks, ohne Unterschied der Rasse und der Konfession, begonnen. Hiervon sind u. a. die katholischen Armenier von Mardin und Tell Ermen und die chaldäischen Christen und nicht-unierten Syrer der Bezirke Midiat, Djeziret ibn Omar und Nisibin betroffen worden.» Die bedrängten Ostsyrer hatten auf einer großen Stammesversammlung im April beschlossen, dem Osmanischen Reich den Krieg zu erklären, was am 1. Mai 1915 formal umgesetzt wurde. Sogleich folgte unter der Leitung des Walis von Mossul der türkische Angriff, gleichzeitig mit dem kurdischen, auf den ostsyrischen Stamm der Tiari. Noch am 3. August hat der Wali von Van den Patriarchen der Kirche des Ostens eingeladen, eine Loyalitätserklärung für das Osmanische Reich und seine Armee abzugeben. Auch die Verhandlungen mit den Russen führten zu keiner effektiven Hilfe, und so wurden im Oktober die ersten Ostsyrer massakriert. Im selben Monat schließlich floh das eingeschlossene Volk unter der Leitung des Patriarchen nach Persien.

Der Abzug der russischen Truppen aus Nordwestpersien im Januar 1915 hatte da schon die Vertreibung der syrischen Christen in der fünfmonatigen türkisch-kurdischen Besetzungszeit der Region zur Folge gehabt. Der Missionsdirektor der amerikanischen Mission belegte durch Beispiele, dass an den Massakern reguläre türkische Truppen beteiligt waren. Aus der französischen Mission wurden Männer herausgezerrt und im türkischen Hauptquartier erschossen. Die Rettung für das ostsyrische Volk schien schließlich nur die Flucht in den Irak zu bieten. Flucht, Verfolgungen, Massaker, Hunger und Krankheiten kosteten einen Großteil des ostsyrischen Volkes das Leben. Der Bericht des syrischen Priesters Jaure Abraham schildert stellvertretend für viele Zeugnisse auch die Qualen dieses letzten Fluchtabschnittes. «Am 18. Juli 1918 verließen wir Urmia und flohen nach Süden, nach Hamadan. Diese Flucht dauerte 22 Tage. Das ganze Volk war unterwegs mit Wagen, Pferden und Habe. Auf dem Wege wurden wir achtmal vom Feinde umzingelt; einige tausend wurden getötet oder gefangen weggeführt. Am vierten Tage unserer Flucht ließen wir unsern Wagen, vor den vier Ochsen gespannt waren, alle unsere besten Sachen, die Bücher usw. zurück. Meine Frau ritt auf einem Pferd, das wir noch hatten; wir andern flohen zu Fuß. Den ersten Tag machten wir ungefähr 70 km zu Fuß ohne Schuhe und Strümpfe in der Sommerhitze auf den sandigen Wegen Persiens. Selbstverständlich waren Tausende von Menschen in derselben Lage wie ich. Das fliehende Volk bestand annähernd aus 90 000 Seelen. Säugende Frauen ließen ihre kleinen Kinder am Wege liegen und flohen. Auf dem ganzen Wege begegneten wir Kindern, die von ihren Eltern verlassen waren. Sie liefen den Flüchtlingen entgegen und riefen den Fremden weinend zu: ‹Papa, Mama, nimm mich mit!› Aber niemand konnte helfen. Neugeborene Kinder ließ man liegen. Väter und Mütter, die schwach waren, wurden im Stich gelassen. Andere starben unterwegs und blieben unbeerdigt liegen. Wir mussten hungern, denn alle Vorräte ließen wir unterwegs, drei Tage waren wir ohne Brot und ohne Wasser. Denn die Tausende von Menschen mit ihrem Vieh tranken alles Wasser weg. Beinahe das ganze Volk wurde an Dysenterie krank; auch Cholera raffte viele Menschen weg. Als wir uns Hamadan näherten, wurde meine Frau krank. Wir hatten in Hamadan angesehene Verwandte. Sie nahmen uns als Gäste in ihre Häuser auf. Meine Frau lag eine Woche krank. Am 10. August nahm sie der Herr zu sich. Am 11. wurde sie bestattet unter großer Teilnahme der angesehenen Männer zu Hamadan und der syrischen Flüchtlinge. Ich fiel in tiefe Betrübnis.»[6] Über Hamadan floh Jaure Abraham mit seinen Kindern weiter nach Täbris. Für eine Weile überließ man ihm die armenische Kirche der Stadt für seine gottesdienstlichen Feiern. Schließlich aber musste er erneut unter erheblichen Entbehrungen über Bombay bis nach Amerika emigrieren und konnte erst als hochbetagter Mann von 76 Jahren 1930 in seine angestammte Heimat zurückkehren. Als Geistlicher hatte er in Philadelphia unter seinen Landsleuten für die Wiedererrichtung des Heimatdorfes und seiner Kirche gesorgt. 1938 wurde er in heimatlicher Erde bestattet.

Heute ist das Kernland der Apostolischen Assyrischen Kirche der Irak. Aber auch im Iran stellt sie nach wie vor eine der traditionellen Kirchen dar und wird von der Regierung als solche anerkannt. So leben nicht nur die religiös dominierenden Schiiten auf beiden Seiten der irakisch-iranischen Grenze, sondern auch die verschwindend geringe Minorität der assyrischen Christen ist auf beiden Seiten zu Hause. Das prägt ganze Biografien wie die der Aiyleen Dardan, die in einer christlich-assyrischen Familie erst auf der irakischen, dann auf der iranischen Seite der Grenze aufwuchs.[7] Christin zu sein hieß für Aiyleen Dardan zugleich Assyrerin zu sein. Als Kind hatte sie bei den Asiatischen Spielen in Teheran zu einer «assyrischen Gruppe» gehören dürfen, die einen Nationaltanz aufführte. Die Mutter konnte «nur Assyrisch lesen und schreiben»: «Zu Hause sprachen wir Assyrisch, und in der Schule lernten wir Arabisch und Englisch. Zum Iran und zur dortigen Farsi-Sprache hatten wir keine Beziehung. Das wenige, das wir darüber wussten, kannten wir nur vom Erzählen.»

Ihr Erlebnisbericht schildert ihre letztendlich scheiternde Liebe zu einem beim Geheimdienst des Schahs tätigen Muslim, den sie heiratet und von dem sie sich in Revolutionswirren und Exil langsam und schmerzlich löst. Die Geschichten verlorener Liebe und verlorener Heimat greifen bei ihr ineinander, um zur Geschichte ihrer Emanzipation zu werden. Das Buch endet mit einer Absage an die verlassene Zweitheimat Iran und die Vergangenheit. Ihr Christsein eröffnete ihr den Weg gen Westen. Dabei ist ihr Wissen um die eigene christliche Tradition inhaltlich dürftig und beschränkt sich auf wenige Äußerlichkeiten. Hinsichtlich des Ablaufes der Begräbnisse weiß sie etwa als Unterschied nur zu benennen, dass Christen Särge benutzen, Muslime hingegen ihre Toten in weiße Laken hüllen. Das Gefühl aber, zu einer gefährdeten Minderheit zu gehören, ist immer wieder präsent. Eindrücklich beschreibt sie auch den sozialen Druck, der seitens der christlichen Assyrer wegen ihrer «verbotenen» Liebe zu Mansur auf ihr lastete. Zeitweilig wird sie sogar aus ihrer Familie verstoßen. Späterhin löst der Druck der Verheimlichung ihrer christlichen Religionszugehörigkeit ähnlichen Zwiespalt aus. «Mein Vater war ein strenggläubiger Muslim und hätte dich als Christin niemals akzeptiert», rechtfertigt Mansur einmal sein Verhalten.

Als das Kind des jungen Paares geboren war, vertiefte dies den religiös begründeten Gegensatz: «Ich wollte mein Kind nicht im islamischen Glauben erziehen.» Sie mussten befürchten, dass die Taufe des Kindes eines muslimischen Vaters Schwierigkeiten bereiten würde. So wurde das Kind im Ausland getauft. Der gemeinsame Bezugsrahmen der Liebenden, das Persien des Schahs, zerbrach 1978. Dardan reagierte mit pauschaler Angst und Depression auf die politischen Umwälzungen. «Weihnachten 1978 wurde ein trauriges Fest. Nicht nur für mich, sondern für alle Christen im Iran. Wir hatten Angst vor der ungewissen Zukunft. Was sollte aus uns werden, wenn die Mullahs tatsächlich an die Macht kämen?» Ihr Mann forderte die Eheschließung bei einem Mullah: «Dich wird man umbringen, zumal du auch noch Christin bist.» Das Paar ging schließlich nach Deutschland ins Exil. Doch hier zerbrach die Beziehung: Ihr Mann wurde zunehmend fundamentalistisch, eine Scheidung war für Dardan die schmerzliche, aber unausweichliche Lösung.

Seit 1943 verfügten die Christen im Iran über einen eigenen Rechtsstatus, der nach der Islamischen Revolution 1979 gültig blieb. Kultusfreiheit ist garantiert, auch eigene Gerichte in Heirats- und Erbschaftsangelegenheiten, sogar die Vertretung der Armenier und Assyrer im Parlament. Doch der Bau von Kirchen ist verboten, selbst der Druck von Bibeln. Enormen Repressionen sind besonders die Protestanten ausgesetzt. Auch international anerkannte Institutionen (Christoffel-Schule) wurden enteignet, viele Geistliche des Landes verwiesen. Konvertiten wurden ermordet. Seit 1982 enthält das iranische Zivilgesetzbuch etwa die Bestimmung, dass ein Ungläubiger zwar keinen Muslim beerben könne; wenn aber unter den Erben eines Verstorbenen sich auch nur ein Muslim befinde, so seien die ungläubigen Angehörigen vom Erbe ausgeschlossen. Dies wurde 1999 vom obersten religiösen Führer noch einmal bestätigt. Die Zahl der offiziell registrierten Christen im Iran liegt heute bei 200 000.

Die vom Iran in den Irak geflohenen Ostsyrer erwartete eine Fortsetzung ihrer Leiden. Schon 1919 bis 1921 waren zwei der assyrischen Stämme, die im Irak ihre letzte Zuflucht vor der Vernichtung in ihrer türkisch-iranischen Heimat gefunden hatten, auf türkischen Boden zurückgekehrt, mussten aber der militärischen Übermacht der Türken wegen wieder in den Irak ausweichen.[8] Die

Assyrer im Irak stellten wesentliche Teile der zur britischen Mandatsmacht loyalen Polizeitruppen. Ihnen erschien die Flucht aus dem Irak die einzige Möglichkeit, nachdem deutlich geworden war, dass sie nicht mehr in ihre heimatlichen Siedlungsgebiete würden zurückkehren können. 1933 eskalierte die Lage. Mitte Juli erreichten die ersten Abordnungen der Assyrer die syrisch-irakische Grenze. Der Patriarch wandte sich vergeblich Hilfe suchend an zwölf ausländische Botschaften. Die irakische Armee griff die auswandernden Assyrer trotz ihrer weißen Flaggen an und nahm sie am 4. und 5. August unter Beschuss. 65 der 95 assyrischen Dörfer im Irak wurden zerstört. Die britischen Truppen beschränkten sich auf Luftaufnahmen vom schrecklichen Geschehen. Dem Patriarchen wurde die irakische Staatsbürgerschaft aberkannt. Der deutsche Orientalist Rudolf Strothmann kommentierte die Vorgänge bissig: «Es ist dies überhaupt des irakischen Militärs erste Leistung, die Erledigung der Assyrer. Sie beginnt mit dem Abschießen flüchtiger Assyrer; dann werden ab dem 8. August systematisch Assyrer […] zusammengetrieben und die Männer erschossen.»[9] Zutreffend sprach Strothmann von «Massenmorden und Verwüstungen». Auch im Irak suchten die Christen ihr Heil in nichtreligiösen Bewegungen. Die Niederwerfung der Kommunisten im Norden des Irak im Jahre 1959 beschrieb der deutsche Reisende Hans Peter Hohn 1963 als Moment der Depression für die Christen, da sie sich im Norden des Irak vom Kommunismus mehr erwartet hatten als «von einem nach Kairo ausgerichteten arabisch-islamischen Nationalismus».[10] Hohn unterstellte ihnen opportunistische Motive, denn von einem kommunistisch beherrschten Irak hätten sie sich mehr Macht und Einfluss erhofft.

Unter Saddam Hussein (reg. 1979–2003) war die Situation ambivalent. Im Norden kam es zu Bombardements auf christliche Dörfer, Hunderte wurden zerstört. Dennoch bot der Irak zu jener Zeit den Christen halbwegs stabile Verhältnisse, wie sie heute im Vorderen Orient nur noch in Syrien und Jordanien vorhanden sind. 1972 wurde sogar das nur von Christen gesprochene Syrisch als Landessprache anerkannt. Mit dem Sturz Saddam Husseins freilich begann alsbald die Hatz religiöser Fanatiker gegen die Christen. Über ihre Nöte unter Anfeindungen, Diskriminierungen und Terror berich-

Eine muslimische Frau vor einer zerstörten Kirche in Bagdad, die im November 2004 Ziel eines Autobombenangriffs wurde. Bei diesem Anschlag detonierten zwei Bomben vor zwei Kirchen innerhalb weniger Minuten, es wurden drei Menschen getötet und 45 verwundet. Kirchen sind im Irak überproportional häufig Ziele von Attentaten. In der Hoffnung, im Norden sicherer zu sein, sind die meisten Christen im Land auf der Flucht oder versuchen, ins sichere Ausland auszuwandern.

ten die Medien deutlich weniger. Zu offensichtlich markiert die Lage der Christen im Irak den Wandel, der im Gefolge der amerikanisch-britischen Intervention im alten Mesopotamien auf eine Abwendung vom säkularen Staat und eine Hinwendung zu einer verstärkten Islamisierung weist. Diese durchaus zweifelhafte Folge des militärischen Abenteuers verstärkt die Marginalisierung der Christen in der neuen irakischen Gesellschaft, die für den Erhalt des säkularen Staates oder zumindest für gesicherte Rechte für die Christen kämpften. Dutzende von Kirchen wurden zerstört, die einzige christliche Fakultät, das Babel-College, von Bagdad in den Norden des Landes verlegt (dort ist die Bedrängnis etwas geringer als im Reststaat), unzählige Christen wurden ermordet, Attentate auf Schulen und Klöster, Entführungen selbst von hohen Geistlichen verursachen ein starkes Gefühl der Unsicherheit. Die Hälfte aller Christen im Land hat die Flucht ergriffen. Man geht davon aus, dass sich nur noch eine halbe Million Christen im Irak aufhält. Sie können sich als drittgrößte religiöse Kraft zwischen Schiiten und arabischen Sunniten schwer behaupten. Ihr Schicksal hängt vom Schicksal des Irak ab, aber die große Bedeutung, die die akademischen Ausbildungsinstitutionen der Christen im Irak hatten (besonders die Akademie für die syrische Sprache in Bagdad), werden sie wohl nie wieder erlangen können.

Libanon

Der Libanon in seiner heutigen Gestalt ist eine Schöpfung des 20. Jahrhunderts.[11] Zwar gab es Phasen autonomer Herrschaft im 17. und zu Beginn des 19. Jahrhunderts, auf die im Interesse einer libanesischen Geschichte, Identität und Nation verwiesen werden kann, aber an der engen Verflochtenheit des Landes mit der Geschichte seiner ebenfalls erst in dieser Form im 20. Jahrhundert geschaffenen Nachbarstaaten ändert das wenig. Charakteristisch für die regionale Entwicklung waren diese kurzen «Selbstständigkeiten» unter dem Emir Fach ed-Din II. und Baschir Chehab II. dennoch. Der eine war Druse, der andere Maronit. Diese beiden Völker, die zugleich religiöse Größen darstellen, bestimmten entscheidend die lokale Geschichte des Berges Libanon. Als sie im Jahr 1860 dann zu militanten Gegnern wurden und je auf eine andere europäische Macht zurückgriffen (die Drusen auf die Engländer, die Maroniten auf die Franzosen), führte dies zu einem der ersten schrecklichen Massaker der Geschichte des modernen Vorderen Orients, in dem Tausende von Maroniten umkamen.

1864 wurde mit der Gründung eines Rates das konfessionelle Prinzip im Libanon eingeführt: zwölf Mitglieder umfasste er, davon vier Maroniten, drei Drusen, zwei Griechisch-Orthodoxe (das sind die heute arabischsprachigen Rum-Orthodoxen), einen Sunniten, einen Schiiten und einen Melkiten (als ein Angehöriger der mit Rom unierten Griechen). Die Hungerblockade der Türken gegen den Libanon kostete unzählige Opfer. Der bereits im Sykes-Picot-Abkommen zwischen Frankreich und Großbritannien 1916 zwischen ihnen aufgeteilte Vordere Orient sah Syrien, den Libanon und Teile der heutigen Südosttürkei für Frankreich vor. Tatsächlich bekam Frankreich das Mandat für Syrien und den Libanon 1919 zugesprochen. Zur Republik ausgerufen wurde er 1926. Das aus der Religionszugehörigkeit abgeleitete Proporzsystem sah nunmehr die Verteilung der Staatsämter wie folgt vor: der Präsident ist Maronit, der Ministerpräsident Sunnit, der Parlamentspräsident Schiit. Auch die anderen Gruppen wurden an den Ämtern beteiligt. Selbst die Verteilung der Sitze im Parlament richtete sich hiernach aus. Im Nationalen Pakt von 1943 wurde das System übernommen. Der Libanon wurde unabhängiger Staat und erklärte 1947 Israel den Krieg (Waffenstillstandsabkommen 1948). Der maronitische Präsident Camille Nimr Chamoun (reg. 1952–1958) rief die amerikanische Armee ins Land, die den Panarabismus im Libanon und den daraus entstandenen Bürgerkrieg 1958 beendete. Ende der 1960er Jahre wurde das Land zum Ausweichkriegsschauplatz des Nahostkonflikts, erhielten die Palästinenser im Abkommen von Kairo 1969 im Südlibanon Land zugesprochen, mussten Hunderttausende von Palästinensern nach ihrer Vertreibung aus Jordanien aufgenommen werden, griffen israelische Kommandos in den libanesischen Raum hinein. Schließlich brach 1975 der zweite Bürgerkrieg aus, in dessen Folge es zum Einmarsch syrischer und israelischer Truppen und der Vertreibung der Christen aus dem Chouf kam. Nach dem Abzug der amerikanischen Truppen, am Ende des Bürgerkriegs, zogen zunächst die Israelis aus dem Südlibanon ab, dann auch die Syrer. Der erneute Übergriff 2006 der israelischen Truppen auf den Libanon zur Bekämpfung der schiitischen Hisbollah schlug fehl und stärkte sie nur, dabei trieb er das Land in die Nähe eines neuen Bürgerkrieges, auch aufgrund erneuter Gefechte der libanesischen Armee mit militanten Gruppen in Palästinenserlagern.

Schon der Bürgerkrieg hatte massive demografische Verschiebungen zur Folge. Die Christen erwiesen sich anfälliger für die Migration als die Muslime. Die Maroniten schrumpften auf ein Viertel der Bevölkerung zusammen, die Protestanten verschwanden bis auf einen Restbestand, aber auch die bessergestellten Sunniten gingen. Bei den Christen stellten nur die Armenier nach dem Völkermord von 1915 einen erheblichen Zuwandererstrom in den Libanon dar.

Gerade ihre Sonderposition macht die komplizierte Lage im Land deutlich. Bereits während des ersten Bürgerkriegs ging ein Riss mitten durch die armenische Gemeinschaft, ihre Milizen kämpften auf beiden Seiten gegeneinander. Als nun die Armenier im zweiten Bürgerkrieg neutral blieben, gerieten sie auch durch christliche Milizen unter Beschuss, die sie damit zu einer eindeutigen Positionierung zwingen wollten. Als gegen Ende des Bürgerkrieges die verfeindeten christlichen Armeen aufeinanderprallten, da tobten die Kämpfe im neutralen armenischen Viertel und forderten den neutralen Armeniern einen hohen Blutzoll ab. Heute sind gerade die Armenier mit Patriarchat, eigener Universität und Schulen im Libanon unvermindert präsent, haben sechs bis sieben Abgeordnete im 128 Sitze umfassenden Parlament, also ebenso viele wie die Drusen. Auch ihnen ist der Libanon eine Fluchtburg, wie das historisch für Drusen und Maroniten der Fall war. Er allein bietet ihnen eine vollwertige und gleichberechtigte Staatsbürgerschaft in der arabischen Welt. Er erlaubt eine Existenz frei von gesellschaftlichem oder politischem Druck, wohingegen sie anderenorts zur Assimilation und Aufgabe der armenischen Identität gedrängt werden.

Wer sich die politische Verfasstheit des Libanon in seiner neueren Geschichte vergegenwärtigt, sollte nicht übersehen, was als die libanesische Lebensart jahrhundertlang die Geschichte der Region bestimmte: das fruchtbare Nebeneinander der Religionen und die enorme Aufgeschlossenheit für die europäisch-amerikanische Kultur, zu deren Vermittlern sich zahlreiche, vor allem christliche Libanesen aufschwangen. Zu den berühmtesten gehören die Angehörigen der Familie al-Bustani. Butrus al-Bustani (1819–1883) etwa gehörte zu den Mitbegründern der amerikanischen Schule, die 1866 zur American University of Beirut erhoben wurde. Das hatte auf katholischer Seite die Gründung der Schule der Jesuiten in Ghazir zur Folge, die zur Université Saint-Joseph wurde. Die Konkurrenz der Konfessionen wirkte stimulierend. Gründeten die Jesuiten eine Zeitung, so folgten die Amerikaner bald darauf. Protestanten und Katholiken brachten beachtliche Bibelübersetzungen ins Arabische hervor, Druckereien sorgten für das rasche Fortschreiten der Bildung im Land. Damit wurde der Libanon zugleich zur Drehscheibe für die Vermittlung von europäischer und amerikanischer Kultur,

Technik und Wissenschaft in den Orient hinein. Butrus al-Bustani schrieb enzyklopädische Werke, half bei der presbyterianischen Bibelübersetzung und gründete mehrere Zeitschriften. Sein Sohn Salim al-Bustani (1846–1884) schrieb Theaterstücke, Romane und Kurzgeschichten. Sulaiman al-Bustani (1856–1925), der aus derselben Familie stammte, wirkte als Minister für Landwirtschaft und Bodenschätze in Istanbul und übersetzte die «Ilias».

Jusuf Naoum (geb. 1941), in Deutschland lebender libanesischer Schriftsteller, wurde vom 1975 ausbrechenden Bürgerkrieg derart aufgerüttelt, dass er in den Libanon fuhr, um sich ein Bild zu verschaffen, und in Deutschland, wo er schon zehn Jahre lebte, eine Libanonhilfe gründete. Er schrieb Erzählungen und Gedichte, die bei Veranstaltungen in Deutschland vorgetragen wurden. Er wagte die Rückkehr in den Libanon nicht, obwohl er sich herausgefordert fühlte von den Kriegstreibern in seiner Heimat. «Da ich Angst hatte, geschah dies nicht», bekennt er in dem Vorwort des Sammelbandes «Der Scharfschütze» (1983). Die Berichterstattung zum Libanon in Deutschland empfand er als verwirrend. Bei seinen Gesprächen während seines Aufenthaltes im Libanon kam er zur Einsicht, «dass der Krieg im Libanon nicht ein Religionskrieg ist, sondern dass er hauptsächlich auf sozialen und politischen Gegensätzen beruht». So willkommen diese Entlastung den religiösen Menschen, die für Frieden eintreten, auch sein mag, so durchsichtig ist sie in der dahinter stehenden Absicht. Naoum positionierte sich links, weil man in der arabischen Linken damals einen Schlüssel gefunden zu haben meinte, mit dem über die soziale Dimension der Gespaltenheit in Ethnien, Religionen und Stammesstrukturen hinauszukommen sei in einen gemeinsamen Kampf aller gegen diejenigen, die als wirtschaftlich und politisch mächtig empfunden wurden. Doch diese Position scheiterte an der Wirklichkeit der arabischen Gesellschaft, die allen in ihr aufkommenden Sozialismen zum Trotz dieses letztlich als europäisch empfundene Denkmodell nicht akzeptierte. Naoums Position erinnert aber daran, dass die Struktur des libanesischen Staates zwar auf religiösen Bindungen aufgebaut ist, dass daneben aber alte Bindungen und neu hinzutretende das Land ebenfalls unverkennbar prägen: die alten Clans und Feudalherren, die neuen Gelder aus Iran und der arabischen Welt, die allgegenwärtigen Kontakte nach Syrien. Deutlich ist nur: Der Libanon ist kein Staat mit einer christlichen Mehrheit mehr. Ohne Christen freilich wäre der Libanon in kulturhistorischer Sicht nicht der Libanon, auch in Zukunft nicht.

Türkei

Die heutige Republik Türkei ist ein Nachfolgestaat des 1923 untergegangenen Osmanischen Reiches.[12] Aus den Kreisen der zuletzt regierenden Jungtürken ging auch Mustafa Kemal Atatürk (1881–1938) hervor, der gegen die unter westlichen Pressionen stehende Regierung in Istanbul 1920 in Ankara eine Gegenregierung und Nationalversammlung gründete. Am 29. Oktober 1923 wurde die türkische Republik ausgerufen, nachdem bereits am 1. November 1922 das Sultanat abgeschafft worden und Sultan Mehmet VI. Vahideddin (reg. 1918–1922) außer Landes gegangen war. 1923 unterzeichnete die Türkei den Vertrag von Lausanne und erkannte damit auch die Rechte der religiösen Minderheiten im Land an. Erst am 3. März 1924 aber schafften die neuen politischen Kräfte auch das Amt des Kalifats ab, und der letzte Kalif, Abdülmecid II. (reg. 1922–1924), musste mit den Angehörigen der gesamten osmanischen Herrscherfamilie das Land verlassen. Vor dem Hintergrund dieser historischen Voraussetzungen müssen Geschichte und Gegenwart der Kirchen in der Türkei gesehen werden.

Die Griechen. Der erste Ökumenische Patriarch nach der Eroberung Konstantinopels 1453 wurde nach einer Audienz beim Sultan der im Kampf gegen die Union mit Rom hervorgetretene Mönch Gennadios (Georgios Scholarios, ca. 1405–ca. 1473). Seine Weihe fand schon nicht mehr in der Hagia Sophia statt, die bereits in eine Moschee umgewandelt worden war. Während einerseits fortlaufende Beschlagnahmungen die Kirche wirtschaftlich gefährdeten, wurde andererseits das Amt des Patriarchen käuflich. Schnelle Wechsel auf dem Patriarchenthron waren die Folge. Eine gewichtige Rolle nahmen die Phanarioten wahr, die einflussreiche und wohlhabende byzantinische Oberschicht im Stadtviertel Phanar

(Fener), die eine politische Konzentration der Orthodoxen im Osmanischen Reich unter der Leitung des Ökumenischen Patriarchats und eine Hellenisierung der orthodoxen Völkerschaften verfochten. Sie allein waren finanziell imstande, für die Schulden des Patriarchats aufzukommen oder am Hof des Sultans zu intervenieren. Viele übten höchste Staatsämter aus. In ihren Kreisen wuchs die Idee der Erneuerung von Byzanz, hier wurde auch der Aufstand von 1820/21 in Griechenland und Rumänien geplant. Nach dessen brutaler Niederschlagung wurde der Ökumenische Patriarch, der sich nicht öffentlich von der Erhebung distanziert hatte, zum Sündenbock. Die Nachricht vom Aufmarsch der Phanarioten alarmierte den Patriarchen Gregorios V. (reg. 1797–98, 1806–08, 1818–21). Er rief umgehend eine Synode ein. Doch war das Patriarchat bereits von Polizei umstellt. Wenige Bischöfe entwichen zu den Aufständischen. Die Polizei drang in den Amtssitz ein und nahm den Patriarchen gefangen. Am 22. April 1821 wurde er am Tor des Patriarchenpalastes von der türkischen Polizei gehenkt. Führende Hierarchen – zwei Metropoliten und zwölf Bischöfe – und sämtliche führenden Phanarioten wurden ebenfalls hingerichtet. Die Machtbefugnisse des Patriarchats wurden eingeschränkt. Der Vertrag zwischen Sultan und Patriarch, der nach der Eroberung Konstantinopels abgeschlossen worden war und über die Jahrhunderte die Basis für das Überleben der griechischen Orthodoxie in Istanbul und der Türkei abgegeben hatte, wurde als von den Griechen gebrochen angesehen. Seither blieb ein Grundmisstrauen gegen die Griechen bestehen.

Ein letzter und entscheidender Vernichtungsschlag gegen das Christentum in Kleinasien erfolgte 1921, als Griechenland den türkischen Reststaat angriff, um seine «Große Idee» des wiedererstehenden Byzantinischen Reiches zu verwirklichen. Schon am 15. Mai 1919 hatten griechische Truppen begonnen, Izmir/Smyrna zu besetzen. Als die Alliierten bei Kriegsende 1918 Istanbul okkupierten, erhofften viele Griechen den Anschluss Istanbuls an Griechenland. Vom Ökumenischen Patriarchat und den griechischen Kirchen wehten griechische Flaggen. Der Patriarch entband alle griechischen Untertanen vom Treueid an den Osmanischen Staat. Italienische Truppen standen in Antalya, französische in Kilikien. Der Friedensvertrag von Sèvres sollte die Türkei amputieren. Dies nutzte Griechenland zum Angriff. Doch die Truppen Athens wurden im Januar 1921 von Ismet Pascha (dem späteren Ismet Inönü) bei Inönü geschlagen, und im März 1921 ein zweites Mal. Nach der Entscheidungsschlacht bei Sakarya im August 1921 warf Kemal Pascha sie endgültig zurück. Alliierte Kriegsschiffe lagen untätig im Hafen von Izmir, während die Türken in der Stadt die Christen umbrachten. Pragmatisch zogen sich Italien und Frankreich aus ihren Interessenzonen in Kleinasien zurück, die Christen ihrem Schicksal überlassend. Die gescheiterte griechische Okkupation fügte den Istanbuler Kriegsverbrecherprozessen gegen die für die Völkermorde Verantwortlichen schweren Schaden zu, denn fortan begegnete man den Griechen mit großem Misstrauen, was auch die kriegsmüde Bevölkerung auf die Seite der Nationalbewegung führte. Durch den Bevölkerungsaustausch aufgrund des Vertrages von Lausanne verschwand aber das Christentum aus Kleinasien. Nur in Konstantinopel, auf den vorgelagerten Prinzeninseln und den Inseln Imbros und Tenedos durften Griechen bleiben. Immerhin blieb das Ökumenische Patriarchat in Istanbul als religiöse Institution erhalten, ebenso auch das Armenische Patriarchat. Die Vertreibung und spätere Zwangsumsiedlung der Griechen aus der Türkei (die so genannten ionischen Griechen und die Pontus-Griechen erlagen bereits zuvor systematischer Verfolgung) traf das Ökumenische Patriarchat in seinem Lebensnerv, und nur die rasche Öffnung für die Ökumene sicherte ihm seine Aktionsfähigkeit im 20. Jahrhundert. Dennoch schrumpfte die Zahl der griechisch-orthodoxen Gläubigen beständig, und die türkische Erdrosselungspolitik gegenüber dem Patriarchat führte 1971 schließlich sogar zur Schließung der theologischen Fakultät von Chalki. Dem Ökumenischen Patriarchat unterstehen heute 2000–3000, dem Patriarchat von Antiochia etwa 10000 Gläubige.

Eine spezielle Auswirkung des türkischen Nationalismus auf die griechisch-orthodoxen Untertanen war die Sammlung derer, die sich eher als Türken denn als Griechen empfanden. Schon im Osmanischen Reich gab es turkophone Orthodoxe, doch erst mit dem Auftreten von Papa Eftim I. (1884–1962) erwuchs ihnen ein Führer, der sie sammelte. Mit Hinweis auf die Verfolgung der

Orthodoxen in der Türkei als Folge nationalen Gegensatzes rief Eftim zur Abkehr vom Ökumenischen Patriarchat von Konstantinopel auf. Infolge der starken Bedrängnisse, in die das Patriarchat durch die griechisch-türkischen Feindseligkeiten geraten war, gelang es Eftim immer wieder, das Patriarchat unter Druck zu setzen und dessen schwierige Position in der Türkei für seine Anhänger zu nutzen. Seit 1921 organisierte er sukzessive eine bewusst «türkische» Orthodoxie in gewolltem Gegensatz zu der griechischen Orthodoxie in der Türkei. Sein Sohn folgte ihm als Papa Eftim II. (1962–1991). Der die «Kirche» seit 1991 leitende Selcuk Erenerol, der jüngere Bruder Eftims II., starb 2002, die «Kirche» selbst ist heute nahezu erloschen (ca. 100 Mitglieder). Bereits Eftim I. hatte den Sitz der Kirchenleitung von Ankara nach Istanbul verlegt. Drei Kirchengebäude in der türkischen Metropole gehören der Gemeinschaft heute noch. Mit ihrem Alleinvertretungsanspruch für alle Orthodoxen in der Türkei stieß sie auf Unverständnis beim Ökumenischen Rat der Kirchen und beim Vatikan. Nirgends erlangte sie Anerkennung. Sie wurde im Laufe ihrer Geschichte zu einem willfährigen Instrument der türkischen Religionspolitik und rechtfertigte beispielsweise die türkische Invasion auf Zypern.

Die Armenier. Schon acht Jahre nach der Eroberung Konstantinopels schuf Sultan Mehmet der Eroberer (reg. 1451–1481) mit der Berufung des armenischen Bischofs Yovakim von Bursa 1461 ein politisch gewolltes Gegengewicht zum Ökumenischen Patriarchat durch die Gründung des Armenischen Patriarchats in Konstantinopel und übergab den Armeniern dazu das traditionsreiche griechische «Wasserkloster» als Amtssitz. Seit 1863 wurde der Patriarch von Konstantinopel in der armenischen Konstitution dann ausdrücklich als einziger Repräsentant aller Armenier des Osmanischen Reiches bezeichnet. Die vehemente Reaktion des Osmanischen Reiches auf seine von den europäischen Großmächten vorangetriebene Entmachtung und Auflösung traf in erster Linie die Armenier. Unter Sultan Abdülhamid II. (reg. 1876–1909) wurden sie grausam verfolgt, zunächst 1894–1897, dann nochmals im Zuge der Konterrevolution 1909. Dennoch beteiligten sich die Armenier führend an der politischen Liberalisierung des Staates. Im

Ermordete armenische Kinder während des Ersten Weltkriegs in der Türkei, ca. 1915. Die Fotografie stammt von Armin T. Wegner (1886–1978), der in dieser Zeit als Sanitätssoldat Augenzeuge des Völkermords an den Armeniern wurde und sich später publizistisch für die Aufarbeitung des Geschehens engagierte.

Ersten Weltkrieg kam es dann zum planmäßigen Völkermord an den Armeniern auf Veranlassung der Jungtürken.[13] Deportationen erfassten alle Bevölkerungsschichten, die Zahl der Überlebenden war gering. Das Katholikat von Sis musste nach Antelias (Libanon) verlegt werden, da mit dem Abzug der Franzosen aus der Südtürkei erneute Verfolgungen der Überlebenden eingesetzt hatten.

In dem Prozess gegen den armenischen Attentäter, der in Berlin auf der Hardenbergstraße am 15. März 1921 den für den Völkermord hauptverantwortlichen Talaat Pascha erschossen hatte (der Attentäter wurde nach der Beweisaufnahme im Prozess freigesprochen), sagte als Zeuge auch Bischof Balakian aus und stellte die Vorgänge dar. Er selbst war Mitte September 1914 von Berlin nach Konstantinopel zurückgekehrt und dort am 21. April 1915 gemeinsam mit den führenden Intellektuellen der Armenier festgenommen worden. Nachdem bereits die Mehrheit ausgesondert und umgebracht worden war, sollten die verbleibenden sechzehn mit der armenischen Bevölkerung des Ortes, in dem der Deportationszug

Station gemacht hatte, in die Wüste nach Deir az-Zor verbracht werden. Doch der Wali verweigerte die Ausführung der telegrafisch eingegangenen Mitteilung des Innenministers (Talaat Pascha); er wurde umgehend abgesetzt. Sein Stellvertreter konnte bestochen werden, doch der neue Wali ließ die Anweisung des Innenministers sogleich umsetzen. Tatsächlich wurde auch Balakian weiter deportiert und Zeuge schwerster Gräuel. Schließlich gelang ihm die Flucht. Mithilfe deutscher Ingenieure beim Bagdadbahnbau und eines deutschen Offiziers, der ihm eine deutsche Uniform lieh, konnte er als Deutscher verkleidet zunächst nach Bulgarien, von dort nach dem Waffenstillstand Bulgariens mit der Entente nach Frankreich entkommen. «Man wollte die Armenier aus ganz Kleinasien räumen, aus Politik», lautete seine Erklärung in gebrochenem Deutsch.[14]

Vor dem Ersten Weltkrieg unterstanden dem Patriarchat von Konstantinopel 51 Diözesen mit 1,4 Millionen Gläubigen, das Katholikat von Sis leitete 15 Bistümer mit 300 000 Gläubigen, das von Achtamar nur zwei Bistümer mit 100 000 Gläubigen (es ging schon um 1914 unter). Diese Zahlenangaben liegen deutlich unter denen armenischer Repräsentanten, aber schon sie verdeutlichen den drastischen Wandel. Heute stellen die 80 000 Armenier die größte christliche Minderheit in der Türkei. Alle armenischen Kirchenvertreter treten heute weltweit und konsequent ein für die internationale Anerkennung der Vorgänge zu Anfang des 20. Jahrhunderts als Völkermord. So auch jüngst wieder Karekin II.: «Wir dürfen die Geschichte nicht vergessen. Der Genozid hat ein Volk und eine Kirche ausgerottet. Und doch sind wir auferstanden. Auch das ist ein Grund, warum wir – bei aller Nähe und Ökumene – eigenständig bleiben müssen. Wir haben den Genozid überlebt, jetzt erwarten wir von der Welt, dass sie den Genozid als solchen anerkennt. Das ist mehr als ein Beitrag zur Völkerverständigung, das ist ein Beitrag zum dauerhaften Frieden und zur Anerkennung unseres Volkes und unserer Religion.»[15]

Wenig bekannt sind bis heute die oben erwähnten Kriegsverbrecherprozesse gegen führende türkische Politiker, die 1919–1921 auf Druck der alliierten Siegermächte in Istanbul stattfanden, um den Völkermord an den Armeniern zu untersuchen.[16] Die Hauptangeklagten und Verantwortlichen für die Armeniermassaker – wie Enver Pascha und Talaat Pascha – waren allerdings längst geflohen. Zwar wurden Urteile gefällt und sogar Todesurteile vollstreckt, aber die Pläne zur Aufteilung der Türkei und der Krieg mit den Griechen beendeten diesen kaum begonnenen Selbstreinigungsprozess vorzeitig.

Die Syrisch-Orthodoxen. Im Zuge der Verfolgungen im Ersten Weltkrieg wurden auch die syrisch-orthodoxen Christen, heute die zweitgrößte christliche Kirche in der Türkei mit Bischofssitzen in Istanbul, Mardin, Midyat und Adiaman, stark dezimiert.[17] Der Exodus der syrisch-orthodoxen Gläubigen nach Europa und Amerika seit den 1970er Jahren ließ nur eine kleine Gruppe im Südosten der Türkei (ca. 3 000) und in Istanbul (15 000) zurück. In der Zeit nach dem Ersten Weltkrieg wurde im Kontext der Friedensverhandlungen auch der spätere Patriarch Mar Ignatius Ephrem I. Barsaum (1887–1957), damals noch Bischof Severos Ephrem, aktiv. Der in Mossul geborene Hierarch war zunächst ins Kloster Deir Zafaran als Mönch eingetreten. Er war ein gebildeter Mann, Mitglied des Oriental Institute der University of Chicago und Mitglied der Arab Academy in Damaskus, hatte 1913–1916 auch in Jerusalem und Paris studiert, ehe er 1918 zum Metropoliten des Libanon und Syriens mit Sitz in Homs geweiht wurde. Aktiv engagierte er sich bei den Hilfsmaßnahmen für die Flüchtlinge aus der Türkei und aus Syrien.

Bereits 1919 nahm er an der Friedenskonferenz in Paris teil, wohin er seitens des syrisch-orthodoxen Patriarchates entsandt worden war, um die Interessen der syrisch-orthodoxen Gläubigen bei den Verhandlungen zu vertreten. Er erhielt zwar die Möglichkeit, dort zu sprechen, und begann seine Rede mit den biblischen Worten «Selig sind, die Frieden stiften», um sodann Armut, Hunger und Unglück seiner Leute zu beschreiben, aber sein Bericht und sein Appell wurden offensichtlich kaum gehört; gleichermaßen erging es ihm bei einer ähnlichen zweiten Gelegenheit. Seine geschriebenen Eingaben blieben erhalten. Severos Ephrem wandte sich in einem Memorandum Anfang 1920 an die Friedenskonferenz mit der Bitte um die nationale und religiöse Sicherheit seines Volkes in der Zukunft. Er protestierte gegen die geplante autonome kurdische Regierung im Osten der Türkei. Wenn die entstehen würde, so riefe dies bei den syrischen Christen die Szenen des Horrors wach, den ihnen die kurdische Barbarei 1915 zugefügt habe. Hinter dieser Bemerkung des syrischen Patriarchen steht die Instrumentalisierung der Kurden für die brutale Bekämpfung der christlichen Minderheiten im Osmanischen Reich. In den Friedensverhandlungen nun wurde der zeitweilig von den Syrern vorgetragene Plan einer Nation für die Syrer weitgehend ignoriert und stattdessen über die Errichtung eines kurdischen Staates verhandelt. Im Artikel 62 des Vertrags von Sèvres wurde dann ein autonomes Kurdistan in Aussicht gestellt, das «vollkommene Garantie bieten» müsse «für den Schutz der Assyro-Chaldäer». Das erschien denen, die in erster Linie den Blutzoll in der Osttürkei und anderen Gebieten zu zahlen gehabt hatten, wie blanker Hohn, denn ihnen standen noch die Gräuel der sie bedrückenden, verfolgenden und mordenden Kurden vor Augen. Wie sollten sie hoffen können, dass diejenigen, die sich bereitwillig als Vollstrecker des Vernichtungswillens zur Verfügung gestellt hatten, nun als tolerante Hüter der Minderheiten und Menschenrechte sich erweisen sollten? Bis heute belasten diese Erfahrungen das Verhältnis zwischen Kurden und Syrern. Ephrem Barsaum wehrte sich dagegen, dass das Schicksal der Syrer in den Friedensverhandlungen gänzlich außer Acht gelassen wurde. Stets werde dort nur von den Massakern an den Armeniern gesprochen, während doch alle Christen davon betroffen gewesen seien. Proportional sei sein Volk stärker als alle anderen vom Schwert der Türken und der Barbarei der Kurden getroffen worden. Er legte der Konferenz eine Liste von 90 000 ermordeten West- und noch einmal 90 000 ermordeten Ostsyrern vor.

Nochmals im März 1920 protestierte Ephrem Barsaum als Delegierter des Patriarchen von Antiochien gegen die Restituierung der türkischen Herrschaft in Diyarbakir, in Mardin und in Urfa und wies darauf hin, dass die Hälfte seines Volkes dahingemordet worden sei. Dieses Mal sprach er also nur noch für die Syrisch-Orthodoxen und nicht mehr im Namen aller Syrer oder gar aller Christen der Türkei. Er suchte auch um konkrete Hilfe nach für die ruinierten Kirchen, die Witwen und die Waisen und fügte eine Liste der zerstörten Gebäude bei.

Erst heute hat die Zusammenstellung der überlieferten Quellen zum Geschehen langsam begonnen. Für das Bewusstsein der Nachfahren, die für die internationale Anerkennung dieses Vorganges als «Völkermord» kämpfen, haben freilich die mündlichen Überlieferungen größeres Gewicht für die eigene Identität. Das Jahr 1915 heißt bei den Syrern schlicht das «Jahr des Schwertes» (syr. *seyfo*). Exemplarisch seien zwei der bedeutenderen Autoren genannt, die die mündlichen Traditionen ihrer Mitchristen aufbereiteten und damit der Nachwelt erhielten. Abdemesih Neman von Qarabaschi (1903–1983), geboren in einem Dorf östlich von Diyarbakir, hielt sich seit 1910 für seine Ausbildung am Kloster Deir Zafaran bei Mardin auf, wo er den Massenmord an seinen Mitchristen erlebte. Bereits 1918 verfertigte der fünfzehnjährige Augenzeuge seine Aufzeichnungen, in denen er die Berichte derer sammelt, die auf der Flucht vor dem Morden im Kloster Schutz suchten. Sein Buch ist eine der wichtigsten Quellen der Betroffenen zum Geschehen und konnte erst vierzehn Jahre nach seinem Tod erstmals veröffentlicht werden.[18] Genannt werden muss auch Sleman de Beth Hanno (1918–2006), der 1953 zum Priester für die vor dem Völkermord nach Qahtaniye geflüchteten syrisch-orthodoxen Christen geweiht wurde und dessen Recherchen zum Völkermord eine der raren Quellen zur Erschließung des Geschehens und zu seiner Verankerung im kollektiven Gedächtnis der Aramäer sind.[19]

In einem offenen Brief an den Ausschuss für Menschenrechte der türkischen Nationalversammlung in Ankara forderten 2003 die Vertreter der historisch gewichtigen Kirchen (Ökumenisches Patriarchat, Armenisches Patriarchat, Syrisch-Orthodoxe Kirche, Katholische Bischofskonferenz der Türkei) die Rechtspersönlichkeit für alle Kirchen, die Zulassung von Ausbildungsstätten für ihren Nachwuchs und die Rückerstattung der konfiszierten Kirchen und Gebäude.[20] Sie baten die Regierung darum, «dafür zu sorgen, dass öffentliche und nicht-öffentliche Einrichtungen und Organisationen es unterlassen, Christen und Nicht-Moslems – die selbstverständlich Staatsbürger dieses Landes sind – als eine für die Sicherheit des Landes gefährliche gesellschaftliche Gruppe zu betrachten». Seither hat sich die Situation für die Christen aber nicht verbessert. Aufsehen erregten allein in den letzten zwei Jahren die Ermordung eines katholischen Priesters, eines deutschen Bibelwerkmitarbeiters, eines türkischen Evangelisten, besonders aber die Ermordung des armenischen Journalisten Hrant Dink (1954–2007). Menschen, die den Völkermord an den christlichen Völkern der Türkei eingestehen, werden mit Prozessen und oft hohen Strafen überzogen, selbst wenn es der syrisch-orthodoxe Priester der Muttergotteskirche von Diyarbakir oder gar der Nobelpreisträger Orhan Pamuk (geb. 1952) ist. Bis heute ist weder die griechische Hochschule auf Chalki noch das armenische Priesterseminar wieder eröffnet worden. Nach wie vor möchte sich die Türkei säkular verstehen, aber den 23 islamisch-theologischen Fakultäten steht keine einzige der traditionellen christlichen wieder eröffnet zur Seite.

Äthiopien

Das entgegen der eigenen historiografischen Überlieferung wohl erst seit dem 4. Jahrhundert christliche Land stand in engem Kontakt zur koptischen Mutterkirche in Ägypten, doch wurden diese Kontakte von den muslimischen Herrschern streng überwacht. Zur Leitung der äthiopischen Kirche entsandten die Kopten jeweils einen ihrer ägyptischen Mönche, der zum Metropoliten geweiht wurde. In politisch schwierigen Zeiten waren diese Entsendungen gefährdet, und es gelang im 10. Jahrhundert einmal einem ägyptischen Mönch, mit gefälschten Papieren diese Funktion zu übernehmen. Ernennungen künftiger Metropoliten brachten oft hohe Geldforderungen der Sultane mit sich; erst wenn diese erfüllt wurden, durfte der Patriarch von Alexandria den Metropoliten für Äthiopien entsenden. Das äthiopische Kernland sah sich ständigen An- und Übergriffen seiner muslimischen Nachbarreiche ausgesetzt. Zugleich empfanden sich die Äthiopier nach dem Ausfall der mächtigen christlichen Könige von Nubien als die Beschützer auch der Christenheit Ägyptens. Doch im 16. Jahrhundert eroberte der somalische Sultan das Land fast vollständig. Im Norden standen zeitweilig türkische Truppen in Eriträa. Einige ihrer heiligsten Orte wurden geplündert. Der Jemen selbst freilich, der so lange unter äthiopischer Herrschaft gestanden hatte, war 1569–1571 in türkische Hände geraten, und das Christentum dort verschwand verhältnismäßig schnell von der Landkarte. Im 17. Jahrhundert kam es infolge des Wirkens von Jesuitenmissionaren zu einer kurzlebigen Union der Äthiopier mit Rom, doch behauptete die Äthiopische Kirche sich schließlich auch vor dem römisch-katholischen Zugriff. 1998 trennte sich die eriträische von der äthiopischen Kirche vor dem Hintergrund des nationalen Gegensatzes. In Eriträa sollen heute 50 Prozent der Einwohner Christen, die anderen 50 Prozent Muslime sein, in Äthiopen 45 Prozent Muslime und ebenso viele Christen, mehrheitlich Angehörige der Äthiopisch-Orthodoxen Kirche, sowie knapp 3 Prozent Protestanten und wenige Katholiken. Kleinere äthiopische Gemeinden existieren in Israel, im Libanon und im Sudan. Eriträer und Äthiopier migrierten in alle Welt.

Die Koexistenz mit dem Islam dokumentiert bereits die erste Novelle des Schriftstellers Gebre Jesus Afeworq (1868–1947). Der in Zegé am Tana-See geborene Autor wurde von Kaiser Menelik zu Studien nach Italien geschickt, studierte dort zunächst Malerei und wurde tief von westlicher Bildung geprägt. Im zweiten italienisch-äthiopischen Krieg wegen seiner Äußerungen umstritten, war er der erste Novellenschreiber Äthiopiens. Er schrieb in Amharisch, und sein Einfluss auf die Entstehung der amharischen Literatur machte ihn zum Klassiker. Seine «Phantasiegeschichte» von 1908 fasst die christlich-muslimischen Kämpfe in Nordwestäthiopien in eine Familiensaga.[21] Ein junger Christ kann seinen von Muslimen entführten Vater mit der Hilfe eines reichen muslimischen Kaufmannes aus der Sklaverei befreien. Als er sich auf den Weg macht, diesem seinen Dank abzustatten, gerät er selbst in die Sklaverei. Der Vater und die als Mann verkleidete Zwillingsschwester werden auf ihrer Suche nach dem Entführten ebenfalls entführt, an den Hof des muslimischen Fürsten. Dort verliebt sich eine Prinzessin in die als Mann verkleidete Zwillingsschwester. Als der Fürst die Hintergründe erfährt, lässt er gar den entführten Sohn suchen, vereinigt die drei wieder in Freiheit und verheiratet den Sohn mit der Prinzessin, während der Kaufmann die Schwester heiratet, nachdem er Christ geworden war. Obwohl das Thema der griechischen Klassik entnommen und das Werk von europäischer Bildung durchdrungen ist, bestechen sprachliche und stilistische Qualität und die ganz mit der Region verwachsenen Redewendungen. Der Roman ist ein Schlüsselwerk zu den seit Jahrhunderten um und in Äthiopien anhaltenden interreligiösen Auseinandersetzungen. In dem zu seiner Zeit noch mehrheitlich christlichen Äthiopien dokumentierte die Novelle den allen Islamisierungen trotzenden kulturellen Überlebenswillen der äthiopischen Völker in ihrem angestammten Christentum ebenso wie dessen ständige Gefährdung. Das populäre Werk lieferte Generationen von Äthiopiern einen repräsentativen Ausdruck für ihre eigene Befindlichkeit im sie von allen Seiten umgebenden Islam. Dadurch wurde es der bedeutendste Roman der amharischen Literatur des 20. Jahrhunderts.

Ägypten

Die große Bedeutung der Kopten für Ägypten seit dem 19. Jahrhundert und über die gesamte Ära des Königreichs hinweg wurde seit der Revolution kontinuierlich abgebaut. Die Installierung eines Kopten als Uno-Generalsekretär entsprach nicht der politischen Stellung der Kopten im Land. 1955 wurden in Ägypten die konfessionellen Gerichte aufgehoben. Christen mussten nun versuchen, an staatlichen Gerichten ihr Recht einzuklagen. Aber während die Scharia 1971 nur «eine» Quelle der ägyptischen Verfassung war, ist sie seit 1980 die «Hauptquelle», d.h. es wird vorrangig nach ihr geurteilt. 1972, im so genannten Ramadan-Krieg, kam es zu massiven Ausschreitungen gegen die Kopten. 1981 eskalierte der religiöse Konflikt: Kirchen gingen in Flammen auf, mitten in Kairo töteten aufgebrachte Muslime Kopten. Der gegen die Einführung der Scharia protestierende Papst der Kopten, Schenouda III. (geb. 1923, reg. seit 1971), der zudem die Schonung der Mörder durch die staatlichen Behörden kritisierte, wurde im September 1981 mit acht weiteren Bischöfen in ein Kloster im Wadi Natrun verbracht und unter Hausarrest gestellt. Gemeinsam mit Präsident Sadat starb bei dem Attentat am 6. Oktober 1981 der die Koptische Kirche repräsentierende Bischof Samuel. Im Januar 1985 gestattete der neue Präsident die Freilassung des Papstes und seine Wiedereinsetzung in das Amt. 1990, 1992, 1995, Anfang 2000 wiederholen sich blutige Übergriffe auf Kopten. Unter den 454 Abgeordneten sitzen nur noch wenige Kopten (zeitweilig fünf, 1987 neun, 1996 keiner, heute vier).

Die Kopten verfügen über keine staatliche Fakultät. Ihre theologisch nur unzulänglich geschulten Priester stehen Gemeinden vor, die zwar eine gerade auf der Sonntagsschulbewegung aufbauende vitale Kirchlichkeit aufweisen, die aber zumeist durch wiederbelebte gemeinschaftliche Religiosität die Benachteiligungen des neuen ägyptischen Staates zu kompensieren versuchen. Lediglich sechs mit alternden Mönchen unterbesetzte Männerklöster bestanden 1959, heute sind es immerhin siebzehn. Frauenklöster mit Hunderten von Nonnen entstanden und leisten Sozialarbeit, Wallfahrten werden neu organisiert, Marienerscheinungen haben wieder Konjunktur. Matta al-Maskin (1919–2006) belebte die Spiritualität des Herzensgebetes wieder und führte das Gespräch mit der europäisch-amerikanischen Theologie, blieb aber am Rande der eher konventionell-traditionellen und erstaunlich auf die kollektive Erinnerung frühester Zeiten aufbauenden Frömmigkeit. Die koptische Elite, einst führend in der Mitgestaltung der ägyptischen Gesellschaft, ist weithin verschwunden zugunsten der erneuerten koptischen Frömmigkeit. Die Kirche sucht allem Druck zum Trotz eher die Verständigung mit konservativen, aber gemäßigten Islamisten, als dass sie die Brückenkopffunktion für das Innovative in der ägyptischen Gesellschaft noch wahrnehmen könnte oder wollte. Neuen religiösen Gruppen gegenüber verhält sie sich ebenso aggressiv ablehnend wie die islamische Mehrheitsgesellschaft.[22] So lebt sie in den Spuren des seit einem halben Jahrhundert aufgehobenen Milletsystems, in einer seit Jahrzehnten sich islamisierenden Gesellschaft, deren «Säkularisierung» nur eine Fiktion und deren Religionsfreiheit ein fernes Ziel ist.

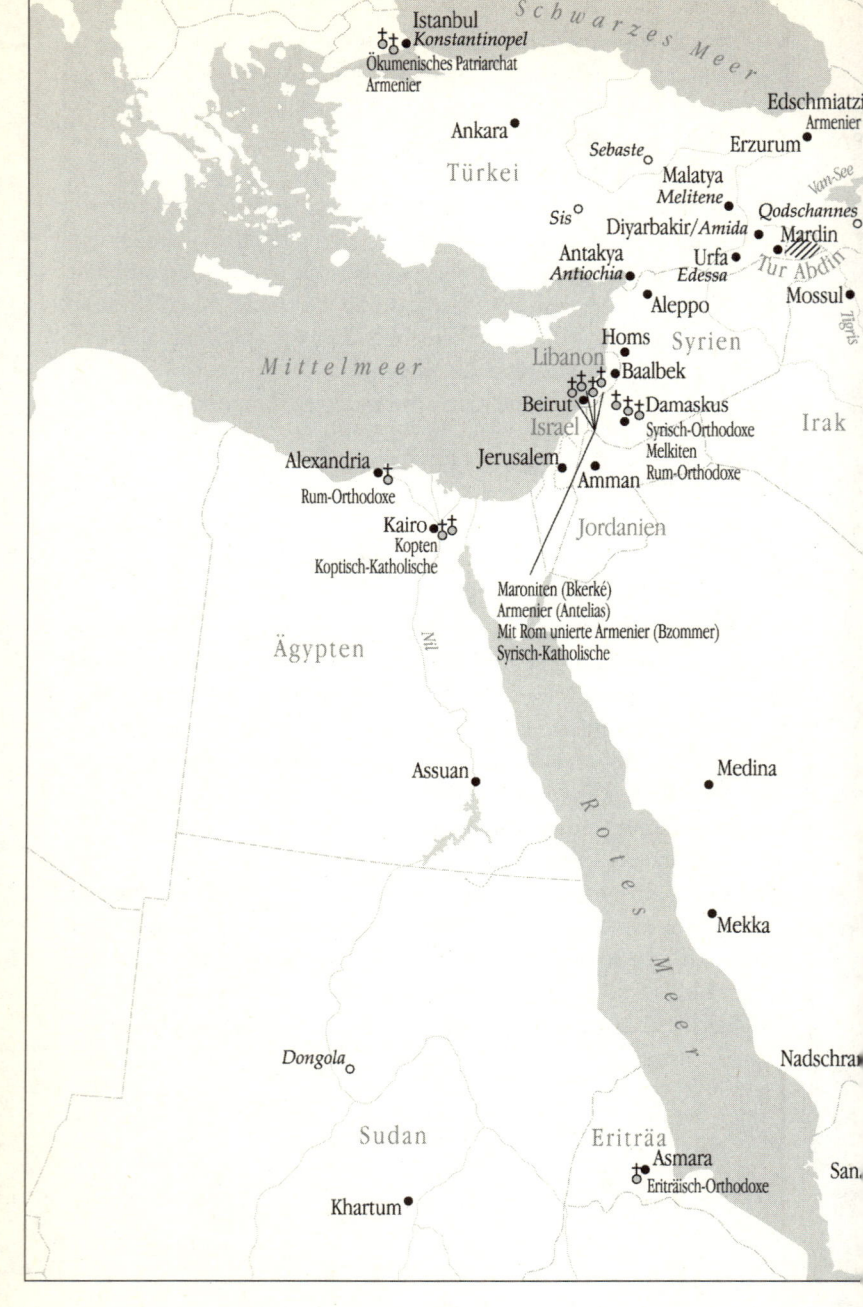

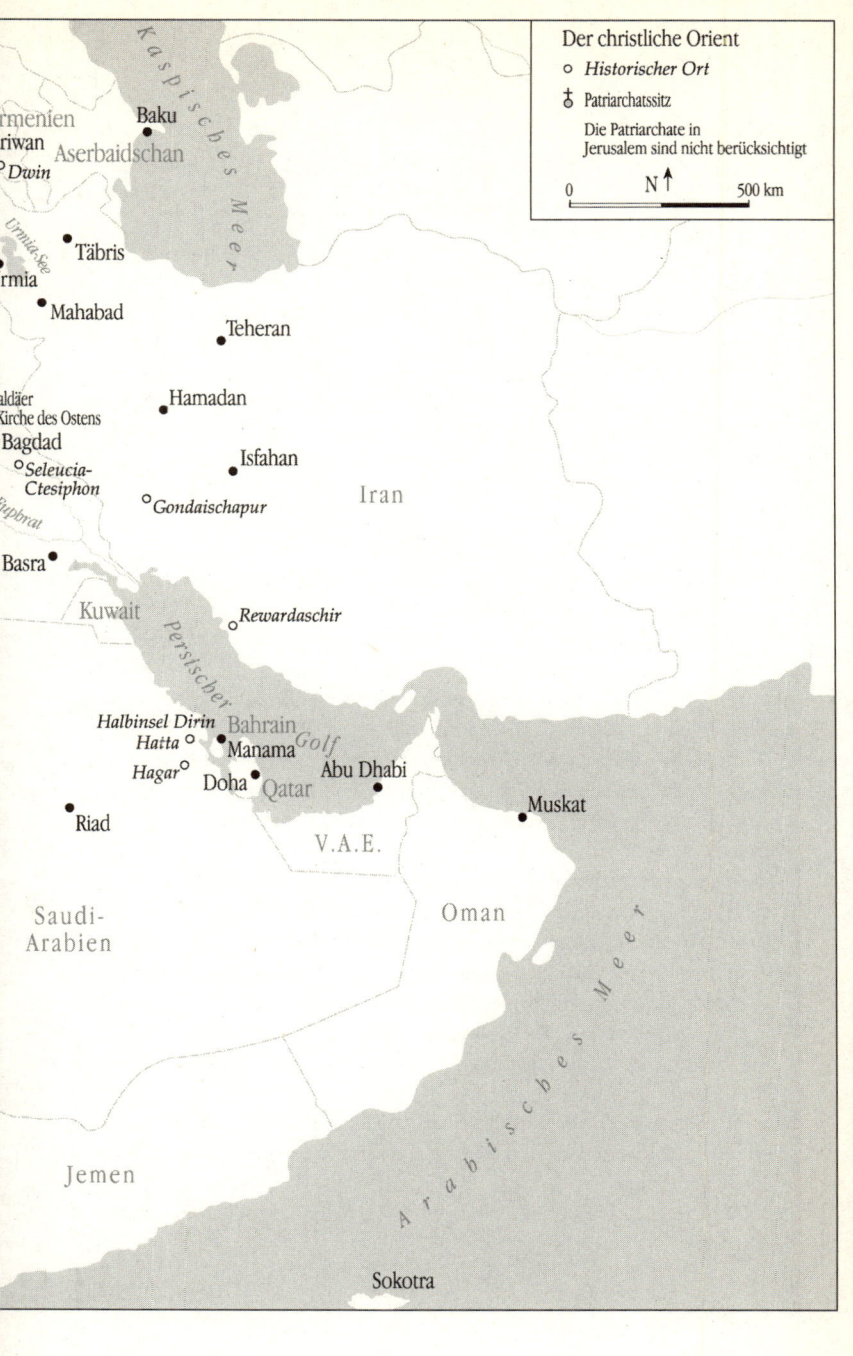

Der christliche Orient
- ○ *Historischer Ort*
- ⚚ Patriarchatssitz

Die Patriarchate in
Jerusalem sind nicht berücksichtigt

0   N↑   500 km

Kaspisches Meer

rmenien
Eriwan
○ *Dwin*

Baku

Aserbaidschan

Urmia-See

• Täbris

rmia

• Mahabad

• Teheran

• Hamadan

aldäer
Kirche des Ostens
⚚ Bagdad

○ *Seleucia-
Ctesiphon*

Euphrat

• Isfahan

○ *Gondaischapur*

Iran

Basra •

Kuwait

Persischer

○ *Rewardaschir*

Halbinsel Dirin
Hatta ○
Hagar ○

Bahrain *Golf*
• Manama
Doha •   Abu Dhabi •

• Muskat

• Riad

Qatar

V.A.E.

Oman

Saudi-
Arabien

Arabisches Meer

Jemen

Sokotra

Christen in der islamischen Welt: Ein Überblick

Diese Übersicht über den Bevölkerungsanteil von Christen in islamischen Ländern berücksichtigt auch Staaten, die in der Darstellung nicht oder nur am Rande behandelt werden. Die Zahlen sind mit Vorsicht zu betrachten. Ihre Erhebung ist schwierig, und sowohl die Kirchen als auch die staatlichen Stellen verknüpfen stets politische Absichten mit statistischen Angaben. In der Regel geben die Kirchen die Zahl ihrer Angehörigen höher an als die staatlichen Stellen. Die folgenden Schätzwerte dienen daher nur zur groben Orientierung.

Ägypten: 75 000 000 Einwohner, 89% Muslime (nur wenige Schiiten, Ismaeliten), 10% Kopten, daneben Minderheiten von Rum-Orthodoxen, Katholiken und Protestanten (zusammen 1%).

Algerien: 32 000 000 Einwohner, über 99% Muslime, kleine katholische und protestantische Minderheiten.

Armenien: 3 100 000 Einwohner, über 90% Angehörige der Armenischen Apostolischen Kirche, daneben armenisch-protestantische, armenisch-katholische und russisch-orthodoxe Gläubige. Gebiet von Berg-Karabach (Stand 1991): 146 000 Armenier, zumeist Mitglieder der Armenisch-Apostolischen Kirche, und 41 000 Aserbaidschaner, zumeist Muslime.

Äthiopien: 76 000 000 Einwohner, 45% Muslime, 45% Äthiopisch-Orthodoxe, 3% Protestanten, Minderheiten von äthiopisch-katholischen Gläubigen, Angehörigen von indigenen Religionen, Hindus, Sikhs.

Bahrain: 720 000 Einwohner, 81% Muslime (65% Schiiten, 35% Sunniten) und 10% Christen, daneben vor allem Hindus.

Bangladesch: 150 000 000 Einwohner, 83% meist sunnitische Muslime, 16% Hindus, christliche und buddhistische Minderheiten von ca. 1%.

Brunei: 360 000 Einwohner, 67% Muslime (meist Sunniten), Buddhisten, Daoisten und Konfuzianer (zusammen etwa 15%), 10% Christen (Katholiken, Protestanten).

Eriträa: 4 400 000 Einwohner, 50% eriträisch-orthodoxe Christen und 50% Muslime.

Indonesien: 234 000 000 Einwohner, 87% Muslime und 11% Christen (genauer: etwa 6% Protestanten, 3% Katholiken und 2% Angehörige anderer Konfessionen).

Irak: 25 000 000 Einwohner, 95% Muslime (66% Schiiten, 33% Sunniten) und 5% Christen, davon etwa die Hälfte Chaldäer, nächstgrößte Kirche ist die Assyrische Apostolische Kirche des Ostens («Nestorianer»), kleinere Gruppen von Syrisch-Orthodoxen, Syrisch-Katholischen, Rum-Orthodoxen, Armenisch-Apostolischen und Protestanten.

Iran: 67 000 000 Einwohner, 90% Schiiten und 8% Sunniten, daneben größere christliche Minderheiten der Armenier und der Assyrischen Apostolischen Kirche des Ostens, auch Katholiken und Protestanten, Juden, Parsen, Mandäer und die verfolgten Anhänger der Bahai-Religion.

Israel: 6 700 000 Einwohner, davon 76,7% Juden, 15,8% Muslime, 2,1% Christen (Rum-Orthodoxe, Melkiten, Armenier, Syrisch-Orthodoxe, Maroniten, Protestanten, Kopten, Äthiopier u. a.), 1,6% Drusen, 3,8% Übrige.

Jordanien: 5 400 000 Einwohner, davon 88% sunnitische Muslime und ca. 10% Christen verschiedener Konfessionen.

Kasachstan: 15 000 000 Einwohner, 47% vor allem sunnitische Muslime, 44% russisch-orthodoxe Christen, 2% Protestanten, unter den 7% anderer Religionszugehörigkeit auch Katholiken.

Kirgistan: 5 100 000 Einwohner, 75% sunnitische Muslime, 20% vor allem russisch-orthodoxe Christen.

Kuwait: 2 400 000 Einwohner, über 60% sunnitische und ca. 30% schiitische Muslime, daneben etwa je 5% Christen und Hindus.

Libanon: 4 500 000 Einwohner, 31% Schiiten und 20% Sunniten, 7% Drusen, 25% Maroniten, 7% Rum-Orthodoxe, 5% Melkiten, 4–5% Armenier, ca. 80 000 syrisch-orthodoxe Gläubige, 60 000 Angehörige der Apostolischen Assyrischen Kirche des Ostens, syrisch-katholische Christen, Protestanten.

Libyen: 5 900 000 Einwohner, 97% sunnitische Muslime, ca. 75 000 Katholiken, ähnlich viele Kopten, etwas weniger Rum-Orthodoxe.

Marokko: 31 000 000 Einwohner, 99% Muslime und ca. 70 000 Katholiken, wenige Juden.

Oman: 3 200 000 Einwohner, 53% Muslime, 28% Hindus und 15% Christen.

Pakistan: 165 000 000 Einwohner, 95% Muslime und 3% Christen (Thomas-Christen, Katholiken, Protestanten), daneben besonders Hindus.

Palästina: 3 400 000 Einwohner, zu über 90% sunnitische Muslime, daneben 3% Christen verschiedener Konfessionen.

Qatar: 900 000 Einwohner, davon 77,5% sunnitische Muslime, 8,5% Christen und 14% Hindus und andere.

Saudi-Arabien: 25 000 000 Einwohner, 98% Muslime, daneben christliche und hinduistische Minderheiten.

Sudan: 34 000 000 Einwohner, 70% Muslime, 10% Katholiken, auch Anhänger traditioneller Religionen und größere Minderheiten von Kopten und Protestanten.

Syrien: 18 000 000 Einwohner, 88% Muslime (80% Sunniten, 7% Alewiten), 2% Drusen, 10% Christen (Rum-Orthodoxe, Melkiten, Syrisch-Orthodoxe, «Nestorianer», Armenier, Maroniten, Syrianer, Chaldäer, Protestanten).

Tunesien: 10 000 000 Einwohner, 99% Muslime, daneben ca. 18 000 Katholiken und eine protestantische Minderheit, wenige Juden.

Türkei: 71 000 000 Einwohner, 99% Muslime (ca. 70% Sunniten, 25% Alewiten), ca. 200 000 Christen (80 000 Armenier, 18 000 Syrisch-Orthodoxe, 2–3 000 Orthodoxe des Patriarchates Konstantinopel, 10 000 Orthodoxe des Patriarchates Antiochia, daneben Katholiken und Protestanten).

Vereinigte Arabische Emirate: 4 100 000 Einwohner, 95% Muslime und 3% Christen, daneben vor allem Hindus.

Anmerkungen

Einleitung

1 Von meinen neueren Arbeiten, die dem Buch zugrunde liegen, seien hier nur folgende genannt: Armin T. Wegner und die Armenier, 2. Aufl. Hamburg 1996; Im Schatten von Schah und Kaliph. Christsein östlich der griechisch-römischen Welt, und: Zwischen Größenwahn und Minderwertigkeitsgefühl. Christsein im Haus des Islam, beide in: R. G. Kratz/ H. Spieckermann (Hg.): Götterbilder, Gottesbilder, Weltbilder. Polytheismus und Monotheismus in der Welt der Antike, Band II, Tübingen 2006, 243–261 bzw. 263–276; Der Patriarch und seine arabischen Christen. Die nestorianischen Katholikoi-Patriarchen in ihren Anweisungen für Kirchenglieder auf der Arabischen Halbinsel in frühomajadischer Zeit, in: D. Kreikenbom/F.-C. Muth/J. Thielmann (Hg.): Arabische Christen, Christen in Arabien, Frankfurt am Main 2007, 105–119.

2 Siehe hierzu B. Lewis: Die Juden in der islamischen Welt. Vom frühen Mittelalter bis ins 20. Jahrhundert, München 1987.

I. Der Islam und das Christentum

1 Die Literatur ist unübersehbar geworden, erwähnt seien nur: J. Waardenburg: Muslims and Others, Berlin 2003; T. Andrae: Der Ursprung des Islams und das Christentum, Uppsala 1926; K. J. Kuschel: Streit um Abraham, München 1994. – Koranverse werden hier und im Folgenden nach der Übersetzung von M. Henning, Stuttgart 1991 zitiert.

2 Zu Nadschran vgl. I. Shahid: The Martyrs of Najran. New Documents, Brüssel 1971; A. Abel: La convention de Nedjrân et le développement du «droit des gens» dans l'Islam classique, Courtrai 1945; W. Schmucker: Die christliche Minderheit von Nagran und die Problematik ihrer Beziehungen zum frühen Islam, in: T. Nagel/G.-R. Puin/C.-U. Spuler/ W. Schmucker/A. Noth (Hg.): Studien zum Minderheitenproblem im Islam 1, Bonn 1973, 183–281.

3 Grundlegende Literatur zu den Schutzverträgen: A. S. Tritton: The Caliphs and their Non-Muslim Subjects, 2. Aufl. London 1970; A. S. Tritton: Non-Muslim Subject of the Muslim State, Journal of the Royal Asiatic Society of Great Britain and Ireland (1942), 36–40; A. T. Khoury: Das

Problem der religiösen Minderheiten im Islam, in: J. Schwardtländer (Hg.): Freiheit der Religion. Christentum und Islam unter dem Anspruch der Menschenrechte, Mainz 1993, 380–384; A. Fattal: Le statut légal des non-musulmans en pays d'Islam, Beirut 1958; A. Noth: Abgrenzungsprobleme zwischen Muslimen und Nicht-Muslimen. Die «Bedingungen Umars» unter einem anderen Aspekt gelesen, Journal of the Royal Society of Antiquaries of Ireland 9 (1987), 290–315; A. T. Khoury: Christen unterm Halbmond. Religiöse Minderheiten unter der Herrschaft des Islam, Freiburg 1994; vgl. auch den in der vorigen Anmerkung genannten Band von Nagel u. a.: Studien zum Minderheitenproblem.

4 Die erste Ansicht vertritt A. S. Tritton, die zweite A. Fattal (siehe vorige Anmerkung).

5 El Hassan bin Talal: Das Christentum in der arabischen Welt, Wien 2003, 63. Der Prinz bezieht sich nur auf die juristischen Vorschriften in der späteren Überlieferung, die er auf eine Verwandlung koranischer Anweisungen zurückführt. Das Faktum, dass die frühen (möglicherweise ad hoc entstandenen) Verträge hier von den späteren Rechtsgrundsätzen zu unterscheiden sind, die das Zusammenleben zwischen muslimischer Majorität und nichtislamischer Minorität regeln, war schon A. Noth bewusst: Die literarisch überlieferten Verträge der Eroberungszeit als historische Quellen für die Behandlung der unterworfenen Nicht-Muslime durch ihre neuen muslimischen Oberherren, in: Nagel u. a.: Studien zum Minderheitenproblem, 282–314, bes. 314.

6 Durch die Jahrhunderte verfolgt dies ganz unter diesem Aspekt: Bat Yeor: Der Niedergang des orientalischen Christentums unter dem Islam, 7.–20. Jahrhundert. Zwischen Dschihad und Dhimmitude, Gräfelfing 2002.

7 Vgl. M. Tamcke: Minderheitenpsyche und kulturelle Codes. Beobachtungen zu «assyrischen» Quellen des 19. und 20. Jahrhunderts, Hallesche Beiträge zur Orientwissenschaft 38 (2004), 203–214.

8 K. Binswanger: Untersuchungen zum Status der Nichtmuslime im Osmanischen Reich des 16. Jahrhunderts. Mit einer Neudefinition des Begriffs «Dimma», München 1977; H. Motzki: Dimma und Egalité. Die nichtmuslimischen Minderheiten Ägyptens in der 2. Hälfte des 18. Jahrhunderts und die Expedition Bonapartes, Bonn 1979.

9 Die Übersetzungen zu Giwargis Warda nach H. Hilgenfeld: Ausgewählte Gesänge des Giwargis Warda von Arbel, Leipzig 1904.

10 Vgl. D. Thomas: Ali ibn Rabban al-Tabari: A convert's assessment of his former faith, in: M. Tamcke (Hg.): Christians and Muslims in Dia-

logue in the Islamic Orient of the Middle Ages, Beirut/Würzburg 2007, 137–155.

11 Vgl. D. Gutas: Greek Thought, Arabic Culture. The Graeco-Arabic Translation Movement in Baghdad and Early Abbasid Society, New York 2005; W. M. Watt: Der Einfluss des Islam auf das europäische Mittelalter, Berlin 2001; H. H. Schöffler: Die Akademie von Gondischapur. Aristoteles auf dem Wege in den Orient, 2. Aufl. Stuttgart 1980.

12 Vgl. M. Tamcke: Abraham von Kaschkar, in: W. Klein (Hg.): Syrische Kirchenväter, Stuttgart 2004, 124–132.

13 Die Zitate und Bemerkungen zu Bat Yeor beziehen sich auf: Niedergang des orientalischen Christentums, 276–277.

14 D. Lyko: Gründung, Wachstum und Leben der evangelischen christlichen Kirchen im Iran, Leiden/Köln 1964; die Zitate: 104 f.

15 Diese und die folgenden Zitate aus: Die Reise des Pastors Lazarus Jaure nach Sautschbulak, Missionsblatt für unsere liebe Jugend 15, Hermannsburg September 1912, 2–3; wieder abgedruckt bei M. Tamcke: «Eingeborener Helfer» oder Missionar? Wege und Nöte des Lazarus Jaure im Dienste der Mission, in: M. Tamcke/W. Schwaigert/E. Schlarb (Hg.): Syrisches Christentum weltweit. Studien zur syrischen Kirchengeschichte, Münster 1995, 355–385, der Text 381–383.

16 K. Röbbelen: Hilferuf für die beraubten Christen im persischen Urmiagebiet, Hermannsburg 1908.

17 R. Schami: Damals dort und heute hier. Über Fremdsein, Freiburg 1998, 26.

18 Ebd., 75.

19 Zitiert nach der Neuübersetzung von W. Hage: Kalifenthron und Patriarchenstuhl. Zum Verhältnis von Staat und Kirche im Mittelalter, in: W. Breul-Kunkel/L. Vogel (Hg.): Rezeption und Reform, Darmstadt/Kassel 2001, 11.

20 H. Suermann: Orientalische Christen und der Islam. Christliche Texte aus der Zeit von 632–750, Zeitschrift für Missionswissenschaft und Religionswissenschaft 67 (1983), 120–136, Zitat: 129.

21 Eine deutsche Übersetzung der Synodalakten bietet O. Braun: Das Buch der Synhados oder Synodicon orientale, Wien 1900 (Neudruck Amsterdam 1975); hieraus sind auch die Zitate entnommen.

22 C. D. G. Müller: Kirche und Mission unter den Arabern in vorislamischer Zeit, Tübingen 1967, 19.

II. Christliche Völker im Orient

1 F. Naumann: Asia, Berlin 1899, 107.

2 S. Huntington: Der Kampf der Kulturen. Die Neugestaltung der Welt-
politik im 21. Jahrhundert, 7. Aufl. München 1998, bes. 249–260. (Vgl.
etwa 252: «Wo hört Europa auf? Es hört dort auf, wo das westliche
Christentum aufhört und Orthodoxie und Islam beginnen.»)

3 Naumann: Asia, 62–63.

4 P. Rohrbach: Im Lande Jahwes und Jesu, 2. Aufl. Tübingen/Leipzig
1911, 308–309.

5 J. G. Wörrlein: Reise von Gudur über Jerusalem nach Hermannsburg,
Kleine Hermannsburger Missionsschriften 23 (1901), 51.

6 Naumann: Asia, 62–63. Vgl. zur Kaiserreise zudem: T. H. Benner:
Die Strahlen der Krone. Die religiöse Dimension des Kaisertums unter
Wilhelm II. vor dem Hintergrund der Orientreise 1898, Marburg 2001;
J. S. Richter: Die Orientreise Kaiser Wilhelms II. 1898. Eine Studie zur
deutschen Außenpolitik an der Wende zum 20. Jahrhundert, Hamburg
1997; A. Carmel/J. Eisler: Der Kaiser reist ins Heilige Land. Die Palästi-
nareise Wilhelms II. 1898. Eine illustrierte Dokumentation, Stuttgart
1999.

7 L. Schneller: Reisebriefe aus heiligen Landen, Köln 1910, 38–40.

8 Wörrlein: Reise, 40; dort auch das folgende Zitat.

9 Zur weiteren Information (auch über Literatur) empfiehlt sich der Artikel «Armenien» von W. Hage/B. Spuler in der Theologischen Realenzyklopädie 4 (1979), 40–63.

10 Katholikos Karekin II. Sarkissian: Die orientalisch-orthodoxen Kirchen,
in: H. Claß (Hg.): Christen im Mittleren Osten, Frankfurt am Main o. J.,
17–20, hier: 20.

11 Grundlegende Literatur: C. D. G. Müller: Grundzüge des christlich-
islamischen Ägypten von der Ptolomäerzeit bis zur Gegenwart, Darm-
stadt 1969; A. Gerhards/H. Brakmann: Die koptische Kirche, Stuttgart
1994; W. Boochs: Geschichte und Geist der Koptischen Kirche, Lang-
waden 2004; W. Reiss: Erneuerung in der Koptisch-Orthodoxen Kirche,
Hamburg 1998.

12 Ibn Taghribirdi nach der Übersetzung bei Bat Yeor: Niedergang des
orientalischen Christentums, 356.

13 J. Madey: Melkitische Kirche, in: H. Kaufhold (Hg.): Kleines Lexikon
des Christlichen Orients, Wiesbaden 2007, 346–348; J. M. Neale: The
Patriarchate of Antioch, London 1873; J. Chammas: Die Melkitische
Kirche, 2. Aufl. Köln 2001; R. Panzer: Identität und Geschichtsbewusst-

sein. Griechisch-orthodoxe Christen im Vorderen Orient zwischen Byzanz und Arabertum, Hamburg 1998.

14 R. Glei/A. T. Khoury: Johannes Damascenos und Theodor Abu Qurra. Schriften zum Islam, Altenberge 1995; H. Menges: Die Bilderlehre des hl. Johannes von Damaskus, Münster 1938; D. J. Sahas: John of Damascus on Islam. The «Heresy of the Ishmaelites», Leiden 1972.

15 S. H. Griffith (Hg.): Theodore Abu Qurrah: A Treatise on the Veneration of the Holy Icons, Louvain 1997; C. Horn: Theodoros Abu Qurrah, in: Klein: Syrische Kirchenväter, 83–101.

16 Metropolit George Khodr: Die (Griechisch-)Orthodoxen im Mittleren Osten, in: Claß: Christen im Mittleren Osten, 20–23, hier: 22.

17 I. Nabe-von-Schönburg: Die westsyrische Kirche im Mittelalter, Heidelberg 1977; T. H. Benner: Die syrisch-jakobitische Kirche unter byzantinischer Herrschaft im 10. und 11. Jahrhundert, Marburg 1989; P. Kawerau: Die Jakobitische Kirche im Zeitalter der syrischen Renaissance, 2. Aufl. Berlin 1960; W. Hage: Die Syrisch-jakobitische Kirche in frühislamischer Zeit, Wiesbaden 1966.

18 G. Endress: The Works of Yahya Ibn Adi. An Analytical Inventory, Wiesbaden 1977; E. Platti: Yahya Ibn Adi, théologien chrétien et philosophe arabe, Louvain 1983.

19 S. H. Griffith: Free Will in Christian Kalam: Moshe bar Kepha against the Teachings of the Muslims, Le Muséon 100 (1987), 143–159.

20 S. H. Griffith: Dionysius bar Salibi on the Muslims, in: H. J. W. Drijvers (Hg.): IV Symposium Syriacum 1984, 353–365; vgl. auch R. Ebied: Prejudice and polarization towards Christians, Jews and Muslims: «The Polemical Treatise» of Dionysius Bar Salibi, in: Tamcke: Christians and Muslims in Dialogue, 171–183.

21 D. Weltecke: Die «Beschreibung der Zeiten» von Mor Michael dem Großen. Eine Studie zu ihrem historischen und historiographiegeschichtlichen Kontext, Louvain 2003.

22 Vgl. zu ihm den Artikel «Gregor Barhebräus» von W. Hage, in: Theologische Realenzyklopädie 14 (1985), 158–164; H. Takahashi: Barhebraeus: A Bio-Bibliography, Piscataway 2005.

23 H. Suermann: Die Gründungsgeschichte der Maronitischen Kirche, Wiesbaden 1998; P. Dib: Histoire de l'Église Maronite, Beirut 1962; B. Dau: Religious, Cultural and Political History of the Maronites, o. O. 1984.

24 W. Baum/D. W. Winkler: Die Apostolische Kirche des Ostens, Klagenfurt 2000; A. R. Vine: The Nestorian Churches, London 1937; J. F. Coakley: The Church of the East and the Church of England, Oxford

1992; P. Kawerau: Amerika und die orientalischen Kirchen, Berlin 1958; W. Wigram: Our Smallest Ally, London 1920; G. Yonan: Ein vergessener Holocaust, 2. Aufl. Göttingen 2006.

25 S. H. Griffith: Muslims and Church Councils: The Apology of Theodore Abu Qurrah, Studia Patristica 25 (1993), 270–299.

26 S. H. Griffith: The Apologetic Treatise of Nonnus of Nisibis, Aram 3 (1991), 115–138.

27 M. Tamcke: Ebedjesus, in: M. Vinzent (Hg.): Metzler Lexikon christlicher Denker, Stuttgart/Weimar 2000, 216–217.

28 Vgl. hierzu A. Lampart: Ein Märtyrer der Union mit Rom, Einsiedeln 1965.

29 Leider immer noch der einzig wirklich umfassende Überblick: J. Richter: Mission und Evangelisation im Orient, 2. Aufl. Gütersloh o. J.

30 Handschrift im Institute of History, Archeology and Near Eastern Heritage, Balamand University, Libanon. Die Handschrift ist ohne Autor- und Datumsangabe und entstammt der Sammlung des Geschäftsmannes Dimitri Sehadeh (1820–1914) aus Konstantinopel; vor seinem Tod schenkte er seine Bibliothek dem Patriarchen. Zum Ganzen vgl. H. Holtz: «The Greek Church and Protestant Mission». Der missionarische Impuls der griechisch-orthodoxen Kirche in der Sicht von Rev. D. D. Henry Harris Jessup, in: M. Tamcke (Hg.): Koexistenz und Konfrontation, Münster 2003, 387–416.

III. Interreligiöse Dialoge

1 Nach der von B. Pirone angefertigten Übersetzung bei A. Feldtkeller: Die «Mutter der Kirchen» im «Haus des Islam». Gegenseitige Wahrnehmungen von arabischen Christen und Muslimen im West- und Ostjordanland, Erlangen 1998, 48.

2 Hierzu vgl. M. Steinschneider: Polemische und apologetische Literatur in arabischer Sprache zwischen Muslimen, Christen und Juden, nebst Anhängen verwandten Inhalts, Leipzig 1877 (Nachdruck Hildesheim 1966); R. G. Hoyland: Seeing Islam as Others Saw it: A Survey and Evaluation of Christian, Jewish and Zoroastrian Writings on Early Islam, Princeton 2001.

3 S. H. Griffith: Disputes with Muslims in Syriac Christian Texts: From Patriarch John (d. 648) to Bar Hebraeus (d. 1286), in: F. Niewohner (Hg.): Religionsgespräche im Mittelalter, Wiesbaden 1992, 251–273.

4 F. Nau: Un colloque du Patriarche Jean avec l'emir des Agaréens et faits divers des années 712 à 716, Journal Asiatique 11/5 (1915), 225–279;

N. A. Newman: The Early Muslim-Christian Dialogue: a Collection of Documents from the First Three Islamic Centuries, Hatfield 1993.

5 M. Heimgartner: Die Disputation des ostsyrischen Patriarchen Timotheos (780–823) mit dem Kalifen al-Mahdi, in: Tamcke: Christians and Muslims in Dialogue, 41–56. Zum arabischen Text der Disputation vgl. H. Putman: L'Église et l'Islam sous Timothée I (780–823), Beirut 1975. Die Edition mit Übersetzung des syrischen Textes durch M. Heimgartner erscheint in der Reihe Corpus Scriptorum Christianorum Orientalium.

6 M. Hutter: Theodoros bar Konai, in: Klein: Syrische Kirchenväter, 139–151; S. H. Griffith: Chapter Ten of the Scholion: Theodore Bar Koni's Apology for Christianity, Orientalia Christiana Periodica 47 (1981), 158–188.

7 Heftige Reaktionen löste etwa H. Martyn im Iran aus. Die wohl bekannteste Kontroverse um den deutschen Missionar Pfander findet sich dokumentiert in: C. F. Eppler: Karl Gottlieb Pfander, ein Zeuge der Wahrheit unter den Bekennern des Islam mit Blicken in Vergangenheit und Gegenwart des Mohammedanismus, Basel 1888; C. Schirrmacher: Mit den Waffen des Gegners: Christlich-muslimische Kontroversen im 19. und 20. Jahrhundert. Dargestellt am Beispiel der Auseinandersetzung um Karl Gottlieb Pfanders «Mizan al-haqq» und Rahmatullah Ibn Halil al-Utmani al-Kairanawis «Izhar al-haqq» und der Diskussion über das Barnabasevangelium, Berlin 1992.

8 G. Goltz: Eine christlich-islamische Kontroverse um Religion, Nation und Zivilisation. Die osmanisch-türkischen Periodika der Deutschen Orient-Mission und die Zeitung «Balkan» in Plovdiv 1908–1911, Münster 2002; A. Damianov: Die Arbeit der «Deutschen Orient-Mission» unter den türkischen Muslimen in Bulgarien von Anfang des 20. Jahrhunderts bis zum 2. Weltkrieg, Münster 2003.

9 Dieser Abschnitt speist sich aus meinen Vorarbeiten zu einer Monografie über die «lutherischen Nestorianer». Mit Rücksicht auf das im Erscheinen befindliche Werk wird hier auf Quellennachweise verzichtet.

10 Lazarus Jaure: Aus Sautschublak, Missionsblatt für unsere liebe Jugend, Hermannsburg Juni 1913, 2 f.; wieder abgedruckt bei Tamcke: «Eingeborener Helfer» oder Missionar?, 383–385.

11 Vgl. dazu die Edition und Übersetzung von S. Talay: Lebendig begraben. Die Entführung des syrisch-orthodoxen Priesters Melki Tok von Miden in der Südosttürkei, Münster 2004, bes. 63–67.

IV. «Fünfte Kolonne des Westens» oder «Motor der Modernisierung»?

1 E. Banse: Das Orientbuch, Straßburg/Leipzig 1914, 313 f.

2 G. Haccius: Hannoversche Missionsgeschichte III,1, Hermannsburg 1914, 413.

3 K. Maurer: Bericht über die Visitation in Persien, Hermannsburg, 28. Juli 1910, Circular Nr. 10, 1–4.

4 Naumann: Asia, 106.

5 So wundert es nicht, wenn eine neue Monografie über die Geschichte der christlich-muslimischen Koexistenz im modernen Ägypten genau mit diesem Charakteristikum im Titel aufwartet: S. S. Hasan: Christians versus Muslims in Modern Egypt. The Century-long Struggle for Coptic Equality, Oxford 2003.

6 Das Interview, ursprünglich auf Englisch gehalten, erschien am 28. August 2001 in italienischer Übersetzung in der Zeitung «Il Manifesto».

7 Zu diesem Abschnitt vgl. K. Al-Maaly/M. Naggar (Hg.): Lexikon Arabischer Autoren, Heidelberg 2004; A. Neuwirth/A. Pflitsch/B. Winckler (Hg.): Arabische Literatur, postmodern, München 2004. Hier findet sich auch weitere Literatur zu den Autoren. Im Folgenden werden jeweils Titel und Erscheinungsjahr der deutschen Übersetzung angegeben.

8 Vgl. R. G. Khoury: Mayy Ziyada (1886–1941) entre la Tradition et la Modernité, Neckarshausen 2003.

9 Bezeichnend ist hier der Artikel bei Al-Maaly/Naggar, 239–241: «Er ist ein Christ, aber mit islamisch-arabischer Kultur». Bezeichnend, weil es mit dem Christsein bei Schami nicht weit her ist, und auch weil trotz dieses allseits bekannten Umstandes an den religiösen Begrifflichkeiten festgehalten wird und schließlich Christsein und islamisch-arabische Kultur durch ein «aber» zu voneinander zu scheidenden Dingen werden, womit die alten Traditionen christlich-arabischer Kultur negiert werden.

10 Übersetzungen und Informationen zu seiner Biografie: S. Boulos/F. al-Azzawi/M. al-Rawi/A. K. el-Janaby: Mittenaus, Mittenein: Lyrik aus dem Irak, Berlin 1993; S. Boulos: Ein unbewohnter Raum. Erzählungen, Meerbusch 1996.

11 Vgl. A. Noth: Der Islam und die nichtchristlichen Minderheiten, in: W. Ende/U. Steinbach (Hg.): Der Islam in der Gegenwart, 4. Aufl. München 1996, 684–695.

12 Vgl. zum Folgenden: Niedergang des orientalischen Christentums, 228–230.

13 Übersetzung zitiert nach Panzer: Identität und Geschichtsbewusstsein, 85.

14 El Hassan bin Talal: Christentum in der arabischen Welt, 92.

15 Ebd., 93.

16 A. Flores: Die arabischen Christen: Auswanderung, Resignation oder gleichberechtigte Teilnahme?, in: Die Zukunft der orientalischen Christen, Hamburg/Berlin 2001, 8–28, Zitate: 25.

17 Übersetzung zitiert nach R. Wannous: Georges Khodrs An-Nahar Artikel, in: M. Tamcke/A. Heinz (Hg.): Die Suryoye und ihre Umwelt. 4. deutsches Syrologen-Symposium in Trier 2004, Münster 2005, 73–86, Zitat: 75.

V. Zur gegenwärtigen Lage der Christen im Orient

1 Zur Palästinensischen Befreiungstheologie, die fast ausschließlich von Protestanten vertreten wird, vgl. U. Gräbe: Kontextuelle palästinensische Theologie: streitbare und umstrittene Beiträge zum ökumenischen und interreligiösen Gespräch, Erlangen 1999.

2 Vgl. S. P. Brock: North Mesopotamia in the Late Seventh Century. Book XV of John Bar Penkaye's Ris Melle, Jerusalem 1987, 51–75; W. G. Young: Patriarch, Shah and Caliph. A Study of the Relationships of the Church of the East with the Sassaind Empire and the Early Caliphates up to 820 A. D., Rawalpindi 1974, 103. Zu Johannan dem Aussätzigen vgl. J. M. Fiey: Nisibe, métropole syriaque orientale et ses suffragants des origines à nos jours, Louvain 1977, 69–70 (27 a. Jean de Dasen). Zum Ganzen auch: M. G. Morony: Iraq after the Muslim Conquest, Princeton 1984.

3 Zur theologischen Interpretation des Werkes vgl. G. J. Reinink: Paideia: God's Design in World History According to the East Syrian Monk John Bar Penkaye, in: E. Kooper (Hg.): The Medieval Chronicle II: Proceedings of the 2nd International Conference on the Medieval Chronicle, Amsterdam 2002, 191–198; P. Bruns: Das arabische Reich in der Weltgeschichte des Johannan bar Penkaje, Oriens Christianus 87 (2003), 47–64. Zum Text: H. Kaufhold: Anmerkungen zur Textüberlieferung der Chronik des Johannes bar Penkaye, Oriens Christianus 87 (2003), 65–79; A. Scher: Notice sur la vie et les œuvres de Yohannan bar Penkaye, Journal Asiatique 10/10 (1907), 162–165; A. Baumstark: Eine syrische Weltgeschichte des siebten Jahrhunderts, Römische Quartalschrift für christliche Altertumskunde und Kirchengeschichte 15 (1901), 273–280.

4 Zitiert nach Hage: Kalifenthron und Patriarchenstuhl, 17.

5 Zu den folgenden Ausführungen vgl. meine Arbeiten zum Völkermord an den Assyrern, wo auch alle Zitate nachgewiesen sind: M. Tamcke: Der Genozid an den Assyrern/Nestorianern (Ostsyrische Christen), in: T. Hofmann (Hg.): Verfolgung, Vertreibung und Vernichtung der Christen im Osmanischen Reich 1912–1922, Münster 2004, 95–110, sowie: Die Vernichtung der Ostsyrischen Christen im Osmanischen Reich und den osmanisch besetzten Gebieten des Iran, in: Der Völkermord an den Armeniern und syrischen Christen, Frankfurt am Main 2005, 38–48.

6 Jaure Abraham berichtet in seinem Brief vom 16. Juli 1919 über die Vorgänge und die Flucht. K. Röbbelen veröffentlichte große Teile daraus unter dem Titel: Ein Brief aus Persien, Nachrichten aus der lutherischen Mission in Persien 6/2, Hermannsburg 10. November 1919, 1–4, Zitat: 3–4.

7 Alle Zitate aus ihrem Buch: Tausendundein Schmerz, 6. Aufl. Bergisch Gladbach 1998.

8 Zum Folgenden vgl. Mar Aprem: The Assyrians Today, in: M. Tamcke (Hg.): Syriaca II. Beiträge zum 3. deutschen Syrologen-Symposium in Vierzehnheiligen 2002, Münster 2004, 281–296; M. Tamcke: Hermannsburg, die Assyrerfrage und der Völkerbund, in: G. Gremels (Hg.): Die Hermannsburger Mission und das «Dritte Reich». Zwischen faschistischer Verführung und lutherischer Beharrlichkeit, Münster 2005, 151–166.

9 R. Strothmann: Heutiges Orientchristentum und das Schicksal der Assyrer, Zeitschrift für Kirchengeschichte 55 (1936), 17–82, dieses Zitat: 71, das folgende: 41.

10 H. P. Hohn: Irak. Land zwischen den Strömen, München 1963, 33.

11 Aus der Fülle der Libanon-Literatur seien mit Blick auf das Thema genannt: W. Sanders: Die Christen im Libanon, Hamburg 1990; D. Vorländer: Libanon. Land der Gegensätze, Erlangen 1980; T. Petschulat: Zur Entstehung und Entwicklung armenischer Präsenz im Libanon, in: M. Tamcke (Hg.): «Dich, Ararat, vergesse ich nie!» Neue Beiträge zum Schicksal Armeniens und der Armenier, Münster 2006, 97–104.

12 O. Oehring: Zur Lage der Menschenrechte. Die Türkei auf dem Weg nach Europa – Religionsfreiheit?, Aachen 2004; S. Runciman: Das Patriarchat von Konstantinopel. Vom Vorabend der türkischen Eroberung bis zum griechischen Unabhängigkeitskrieg, München 1970; M. Rahn: Die Entstehung des Armenischen Patriarchats von Konstantinopel, Münster 2002; M. Knüppel: Die Türkisch-Orthodoxe Kirche. Ein Beitrag zur türkischen Religionspolitik, Göttingen 1996; W. Baum: Die

Türkei und ihre christlichen Minderheiten, Klagenfurt 2005; W. Baum: Die christlichen Minderheiten der Türkei in den Pariser Friedensverhandlungen (1919–1923), Klagenfurt 2007; W. Schwaigert: Zur Situation der Christen in der Türkei, in: M. Tamcke (Hg.): Daheim und in der Fremde. Beiträge zur jüngeren Geschichte und Gegenwartslage der orientalischen Christen, Münster 2002, 11–24.

13 Literatur zum Völkermord an den Armeniern: H.-L. Kieser/E. Plozza (Hg.): Der Genozid an den Armeniern, die Türkei und Europa, Zürich 2006; Y. Ternon: Tabu Armenien. Geschichte eines Völkermords, Berlin 1981; W. Gust: Der Völkermord an den Armeniern. Die Tragödie des ältesten Christenvolkes der Welt, München 1993; R. Hosfeld: Operation Nemesis. Die Türkei, Deutschland und der Völkermord an den Armeniern, Köln 2005.

14 Der Völkermord an den Armeniern vor Gericht. Der Prozess Talaat Pascha, Neuauflage Göttingen 1980, 64. (Die 1. Aufl. Berlin 1921 hatte den Untertitel der Neuauflage als Titel.)

15 Das Zitat findet sich am Endes des mit dem Katholikos geführten Interviews von M. Kopp: Das armenische Kirchenoberhaupt Karekin II. über den Dialog der Kirchen nach dem Vatikan-Papier, Rheinischer Merkur 32, 9. August 2007.

16 Vgl. hierzu T. Akcam: Armenien und der Völkermord, Hamburg 1996.

17 S. de Courtois: The Forgotten Genocide, Piscataway 2004; D. Gaunt: Massacres, Resistance, Protectors. Muslim-Christian Relations in Eastern Anatolia during World War I, Piscataway 2006.

18 Deutsche Ausgabe: Vergossenes Blut. Geschichten der Greuel, die an den Christen in der Türkei verübt, und der Leiden, die ihnen 1895 und 1914–1918 zugefügt wurden, Lane/Glosser 2002.

19 Die Verfolgung und Vernichtung der Syro-Aramäer im Tur Abdin 1915, Lane/Glosser 2005.

20 Offener Brief der Kirchen vom 23. September 2003 an den Ausschuss für Menschenrechte der türkischen Nationalversammlung «Zur Frage der religiösen Bedürfnisse von christlichen und nicht-muslimischen Minderheiten in der Türkei», in: O. Oehring: Zur Lage der Menschenrechte, 84–87.

21 Bisher gibt es keine deutsche Ausgabe des auch als «Tobbya» bekannten Werkes; eine englische Version ist allerdings im Internet zugänglich.

22 Vgl. J. Pink: Neue Religionsgemeinschaften in Ägypten. Minderheiten im Spannungsfeld von Glaubensfreiheit, öffentlicher Ordnung und Islam, Würzburg 2003.

Literaturhinweise

Bat Yeor: Der Niedergang des orientalischen Christentums unter dem Islam: 7.–20. Jahrhundert. Zwischen Dschihad und Dhimmitude, Gräfelfing 2002.

W. Baum/D. Winkler: Die Apostolische Kirche des Ostens, Klagenfurt 2000.

W. Hage: Das orientalische Christentum, Stuttgart 2007.

El Hassan bin Talal: Das Christentum in der arabischen Welt, Wien 2003.

H. Kaufhold (Hg.): Kleines Lexikon des christlichen Orients, 2. Auflage Wiesbaden 2007.

C. D. G. Müller: Geschichte der orientalischen Nationalkirchen, Göttingen 1981.

W. Reiss: Die Darstellung des Christentums in Schulbüchern islamisch geprägter Länder. Teil 1: Ägypten und Palästina, Schenefeld 2005.

U. Spuler-Stegemann (Hg.): Feindbild Christentum im Islam: eine Bestandsaufnahme, Freiburg 2004.

M. Tamcke: Das orthodoxe Christentum, 2. Auflage München 2007.

M. Tamcke (Hg.): Orientalische Christen zwischen Repression und Migration. Beiträge zur jüngeren Geschichte und Gegenwartslage, Münster 2001.

Bildnachweis

S. 22: Illustration zu Mohammed Rafi Bazil: Hamli-i Haydari
(Das Leben Alis). Ms. Oriental 2936, fol. 214, British Library London.
AKG-Images.

S. 40: Reproduktion von Ms. VatSyr 191, fol. 29r, Biblioteca Apostolica
Vaticana Rom.

S. 69: Reproduktion aus einem Katalog der Staatsbibliothek Berlin zur
Ausstellung im Vestibül 16. März bis 29. April 2000. M. Pehlivanian
(Hg.): «Armeni syn die menschen genant...», Berlin 2000, Seite 144.

S. 80: Reproduktion aus G. P. Badger: The Nestorians an their Rituals,
London 1852 (Nachdruck: London 1969), Band 1, Seite 54.

S. 96: Reproduktion aus A. Thevet: La Cosmographie Universelle, Paris
1575, Band 1, Buch 8, fol. 265, Staats- und Universitätsbibliothek
Göttingen.

S. 104: Reproduktion aus J. Awetaranian: Geschichte eines Mohammeda-
ners der Christ wurde, Potsdam 1930, Bildeinlage ohne Seitenzahl.

S. 118: Foto in Privatbesitz der Familie Melki Toks. Die Reproduktion
wurde freundlicherweise zur Verfügung gestellt von Privatdozent
Dr. Shabo Talay, Erlangen.

S. 131: Cris Bouroncle, AFP/Getty-Images.

S. 149: Mustafa Ozer, AFP/Getty-Images.

S. 160: Roger Viollet, Getty-Images.

S. 166: Ahmad al-Rubaye, AFP/Getty-Images.

S. 175: Armin T. Wegner, Hulton Archive/Getty-Images.

S. 184/185: Karte, Der christliche Orient, © cartomedia, Karlsruhe.

Personenregister

Abbas I. 160
Abd al-Malik 67, 76, 98, 153, 155, 156
Abdallah ibn at-Taiyib 39
Abdischo bar Berika s. Ebedjesus
Abdülhamid II. 105, 174
Abdülmecid II. 171
Abgar 62
Abraham 23, 56, 68, 100, 136
Abraham bar Lipeh 57
Abraham von Kaschkar 39
Abu al-Faraj s. Barhebräus
Abu Bakr 26, 52
Abu Raita 81
Afeworq, Gebre Jesus 181
Aflaq, Michel 134
Aram I. 71
Atatürk, Mustafa Kemal 171
Avicenna s. Ibn Sina
Awetaranian, Johannes 104–112
Azuri, Najib 86

Al-Baladhuri 51 f.
Balakian 175
Banse, Ewald 123
Barhebräus, Gregor (Abu al-Faraj/ Ibn al-Hakim) 83 f.
Bartholomäus I. 149
Baschir Chehab II. 167
Basilius von Caesarea 39
Al-Basri 103
Bat Yeor 41, 43, 143–145
Benedikt XVI. 149
Benjamin I. 71, 122
Boulos, Sargon 140 f.

al-Bustani, Butrus 169
al-Bustani, Salim 170
al-Bustani, Sulaiman 170

Cahid, Hatib 106, 109
Cantine, James 92
Chamoun, Camille Nimr 168
Chatami, Mohammed 9

Dadischo von Beth Qatraje 57
Dardan, Aiyleen 163 f.
Dink, Hrant 180
Dionysios bar Salibi 82

Ebedjesus/Abdischo bar Berika 88 f.
Ebeling, Gerhard 17
Eftim I. 173
Eftim II. 174
Enver Pascha 177
Ephraem der Syrer 38
Ephrem I. Barsaum 177–179
Eutychios von Alexandria 94 f.

Fach ed-Din II. 167
Al-Farabi 39
Feisal I. 78, 86
Foda, Faraj 148
Friedrich II. 17, 41

Gabriel Qatraja 57
Al-Gahiz 84
Gazan 88
Ghali, Butros 129

Al-Ghazali 84
Gibran, Khalil 139
Giwargis I. 54 f., 57
Giwargis Warda 33–35
Georgios Scholarios/Gennadios
  171
Gregorios V. 172
Grigor Magistros 68

Habash, George 134–136
Habib abu Raita s. Abu Raita
Habibi, Emil 136
Haccius, Georg 124
Al-Hakim 73, 153
Harun ar-Raschid 48, 102
Al-Haschimi 103
Hassan bin Talal 28, 145–147
Henanischo (Mönch) 39
Henanischo (Patriarch) 38, 154–156
Hohn, Hans Peter 165
Hunain ibn Ishaq 38, 103
Huntington, Samuel 64
Hussein I. 135

Ibn al-Hakim s. Barhebräus
Ibn Sina/Avicenna 39 f.
Ibn Taghribirdi 74
Ignatius II. 83
Isaak von Ninive/Isaak der Syrer
  39, 57
Ischojahb II. 49
Ischojahb III. 38, 49–55, 57, 60
Ismet Inönü 173

Jaballaha III. 88 f.
Jabra, Jabra Ibrahim 137
Jakob Baradaios 81
Jaure Abraham 112, 161 f.
Jesus Christus 21, 23, 29, 43, 56,
  62, 64, 68, 76, 79, 87 f., 93, 99 f.,

102 f., 107–109, 114–116, 119,
  141, 144, 156
Johannes Sullaqa 90
Johannan I. 97–102
Johannan bar Penkaye 156 f.
Johannan «der Aussätzige»
  154–156
Johannes Hormizd 159
Johannes von Damaskus 38, 76 f.,
  97
John Joseph 154
Joseph I. 90

Kanaan, Fuad Qablan 137
Karekin II. Sarkissian 70, 176
Kemal ed-Din 83
Kemal Pascha 173
al-Kharrat, Edwar 137
Khodr, George 78 f., 148
Khoury, Elias 136
al-Khoury, Faris 134
Al-Kindi 82, 103
Kléber, Jean-Baptiste 128

Lazarus Jaure 44–46
Lepsius, Johannes 69
Ludwig IX. 85
Luther, Martin 65, 109, 126
Lyko, Dieter 42–44

Maalouf, Amin 138 f.
Al-Maghribi 103
Al-Mahdi 102
Al-Mamun 38, 85
Maremmeh 49
Maria 21, 76, 89, 99, 102, 119
Marrash, Fransis 138
Martyn, Henry 91
Matta al-Maskin 183
Matta ibn Yunus 39

Maurer, Karl 124
Maximus Confessor 39
May, Karl 124
Mehmet VI. Vahideddin 171
Mehmet Ali 128, 130
Mehmet II. «der Eroberer» 174
Meletius II. 78
Melki Tok 117
Michael I. 83
Mina, Hanna 137
Mitri, Tarek 144
Mohammed 21–25, 37, 49, 51,
    68, 76, 87, 97, 102, 114, 119
Mohammed (Bruder Abd
    al-Maliks) 67
Mose 56, 99 f., 107, 117, 119
Mose bar Kepha 82
Muawiya I. 66
Müller, Caspar D. G. 56

Naoum, Jusuf 170
Napoleon Bonaparte 74, 126–128
Naqqash, Marun 138
Nasrallah, Emily 137 f.
Nasser, Gamal Abdul 130
Naumann, Friedrich 63–65, 125
Nelson, Horatio 127
Nestorius 89
Nonnus von Nisibis 87
Noth, Albrecht 141
Nuaima, Mikhail 138

Omar I. 26–28, 49, 94 f.
Omar II. 28

Pachomios 39
Pamuk, Orhan 180
Pera Johannes 112 f.
Petros VII. 128
Pfander, Karl Gottlieb 91

Qarabaschi, Abdemesih Neman
    von 179
Qusta ibn Luqa 39

Ar-Razi 84
Ruhi, Edhem 105 f.

Sabaheddin 105
Sadat, Anwar 130, 182
Saddam Hussein 165
Sahak III. 67
Samuel (Bischof) 130, 183
Sayigh, Taufiq 138
Schami, Rafik 47, 139
Schehadé, George 138
Schenouda III. 9, 131, 182
Schneller, Ludwig 65
Schweitzer, Albert 17
Selcuk Erenerol 174
Shammas, Anton 137
Shidyaq, Ahmad Faris 138
Simeon von Rewardaschir 52
ibn Sinaya, Elias 103
Sleman de Beth Hanno 179
Sophronios 94
Spittler, Christian F. 92
Strothmann, Rudolf 165
Suleiman von Gaza 76
Sylvanus von Qardu 37

al-Tabari, Ali ibn Rabban 36 f.
Tai-Tsung 157
Talaat Pascha 175 f.
Tentawi, Mohammed Sayid 9
Theodor abu Qurrah 76
Theodor bar Koni 38, 87, 102
Theodor Studites 39
Theophanes Confessor 94
Thomas (Apostel) 157
Tiglatpileser III. 144

Timotheos I. 38, 48, 102, 158
Timur-Lenk 43, 84, 90

Al-Walid I. 67
Warda, Pascale Ischo 9
Al-Warraq 82
Wegner, Armin T. 175
Wilhelm II. 65, 125
Wörrlein, Johann G. 65

Yahya ibn Adi 81

Yahya ibn al-Muadjdjim
    103
Yazdegerd III. 51
Yazid I. 76
Yovakim von Bursa 174
Yovhannes III. 67

Zehni, Mustafa 106, 108, 110
Ziya, Ali 106–111
Ziyada, Marie Ilyas 137 f.
Zwemer, Samuel M. 92

Geschichte und Kultur des Orients

Geschichte und Kultur des Orients

Georg Bossong
Das Maurische Spanien
Geschichte und Kultur
2007. 128 Seiten mit 7 Abbildungen und 2 Karten. Paperback
C. H. Beck Wissen in der Beck'schen Reihe Band 2395

Heinz Halm
Der Islam
Geschichte und Gegenwart
7. Auflage. 2007. 103 Seiten. Paperback
C. H. Beck Wissen in der Beck'schen Reihe Band 2145

Heinz Halm
Die Araber
Von der vorislamischen Zeit bis zur Gegenwart
2. Auflage. 2006. 128 Seiten mit 2 Karten. Paperback
C. H. Beck Wissen in der Beck'schen Reihe Band 2343

Ralph-Johannes Lilie
Byzanz
Geschichte des oströmischen Reiches 326–1453
4., durchgesehene Auflage. 2005. 128 Seiten mit 2 Karten.
Paperback
C. H. Beck Wissen in der Beck'schen Reihe Band 2085

Martin Tamcke
Das orthodoxe Christentum
2., durchgesehene Auflage. 2007. 112 Seiten mit 5 Abbildungen.
Paperback
C. H. Beck Wissen in der Beck'schen Reihe Band 2339

Peter Thorau
Die Kreuzzüge
3., durchgesehene Auflage. 2007. 128 Seiten mit 7 Abbildungen
und 3 Karten. Paperback
C. H. Beck Wissen in der Beck'schen Reihe Band 2338

Verlag C. H. Beck München